U0076931

課後昭顧

經營與管理

劉鎮寧　著

作者簡介

劉鎮寧

學 歷

國立中正大學教育學博士

現 職

國立屏東教育大學師資培育中心助理教授

經 歷

國民小學教師、組長、主任、校長
附設幼稚園園長、附設補習學校校長
私立正修科技大學、輔英科技大學幼兒保育系兼任助理教授

專 長

組織經營與管理、學校行政、教育領導、教師專業發展

推薦序

　　托育服務是兒童福利中重要且必須落實的措施，課後照顧服務則屬托育服務的一種，近年來在實務工作的推動上愈來愈受到社會普遍的重視。尤以教育部在 2003 年公布國民小學課後照顧支持系統推動計畫以來，不僅放寬國小課後照顧師資條件，鼓勵各校多多開辦，同時為加強課後照顧師資人力培訓，教育部也研擬了相關課程，讓有需要的縣市可以參考使用，希望更多學校可以配合家長開辦課後照顧。足見課後照顧服務隨著社會進步、經濟發展和家庭型態的改變，它的必要性與日俱增，而朝向專業化、法制化的目標也成為必然的趨勢。

　　另一方面，從家長為孩子選擇課後照顧中心時的想法和謹慎態度，亦可深刻地體會課後照顧對家長及孩子的重要性。例如：課後照顧中心是否有立案、內部空間是否合乎規定、安全設施夠不夠、師生的比例為何、老師是否符合資格、每年消防安全檢查的結果、孩子的活動空間，以及娃娃車與司機的資格等等都是家長所關心的問題。顯見一個合法經營的課後照顧中心，所要面對的工作是繁雜且重要的，唯有業者投入更多的關注，才能讓孩子獲得優良的教保品質，並獲得家長的肯定。

　　本書的作者係本校師資培育中心助理教授劉鎮寧博士，在國小教育服務期間，先後擔任過教師、組長、主任和校長等職，實務經驗非常豐富。他的主要研究領域是與學校經營管理、教育計畫與評鑑、校務發展策略與評鑑、學習型組織、成人教育有關。如今他能站在兒童課後照顧服務的觀點，將研究的領域結合他在國小教育二十餘年的實務經驗，完成《課後照顧經營與管理》一書，搭起課後照顧經營管理理論和實務之間的橋樑，我非常認同他在

學術研究和實務工作上的自我要求和傑出表現。

綜觀本書的架構,共分成三篇十五章,主要目的在貫穿課後照顧的基礎與背景、經營理念、管理策略有關的重要課題。其中在經營理念的部分,包括了知識管理、創新管理、行銷管理、危機管理、認知發展、社會發展、多元智能等七大取向;在管理策略的部分,則涵蓋了行政管理、教學工作、評量工作、班級經營、兒童輔導、專業成長等六大主題。

本書內容可謂非常充實且相當嚴謹,不僅可作為教學和研究參考之用,對有興趣於課後照顧經營管理的實務工作者,或對大專校院幼保、幼教科系的學生應有所助益,或可作為政府部門推動課後照顧相關業務之參考。為肯定劉鎮寧博士向學的精神與態度,故樂之為序。

國立屏東教育大學前校長

劉慶中 謹識

2013 年 7 月 15 日

自序

　　課後照顧是指為六到十二歲的國小兒童在放學後，以及寒、暑假期間所提供的各種日間照顧或學習方案。設置的主要目的是為了協助父母親對兒童照顧和教導的實踐與完善，促進兒童在生理、心理、智能、社會等層面獲得良好的發展，並避免兒童在課後受到不必要的傷害或其他不良因素的影響；因此，課後照顧服務方案蘊涵了教育和保育的意義與功能。換言之，課後照顧服務方案的從業人員，也必須同時具備教育和保育的專業知能，才能發揮自己的角色功能。

　　睽諸當前課後照顧的市場現況，可說是百家爭鳴，正因為如此，包括課程內容、師資、設備、管理、費用等與課後照顧有關的問題，所造成的品質確保和爭議，是值得政府部門和社會大眾加以正視的課題。如果課後照顧辦理單位沒有正確的經營理念和管理策略，其實真正受影響的還是消費者。除此之外，既然課後照顧是先進國家對社會福利重視下所推動的重要政策，那麼政府自當有其責任對相關的法令和當前現況做一彙整、檢視與修訂，並應將課後照顧納入管理和評鑑的系統，才能真正讓兒童獲得良好妥善的照顧，因為這是他們應當享有的權力，也是國家對人民的責任與基本承諾。

　　本書在 2007 年 9 月出版時的書名定名為「課後托育經營與管理」，因為當時課後照顧的法源不同、主管機關多頭馬車，且其發展又已處在蓬勃發展的階段，坊間所出版的相關書籍亦都以課後托育作為主題。但隨著我國幼托整合的推動和兒少福利法的通過，公立或民間所辦理的課後照顧均由教育部主政管理，教育部並在 2012 年 6 月 4 日公布「兒童課後照顧服務班與中心設立及管理辦法」。因此本書配合政府相關政策的推動，將書名重新定名為「課

後照顧經營與管理」，並在內容上將上述法令的主要條文作一歸納整理和說明，以供讀者了解。

本書在架構和內容上，共分為三篇：

第一篇「基礎與背景」，首先說明課後照顧的意義、發展背景與功能，係提供讀者對課後照顧服務方案的基本認識。接著，從運作機轉、辦理型態、方案內容、人員資格與專業倫理、問題省思，進一步說明課後照顧的基本機制。我們必須對這些概念有清楚的了解，才能選擇最合適的經營理念和明確的管理策略，從事課後照顧服務方案的相關工作。

第二篇「經營理念」，主要從組織經營管理的角度，包括知識管理、創新管理、行銷管理、危機管理等四個層面，以及從課後照顧從業人員應具備的教育理念，包括認知發展、社會發展和多元智能等三個層面，詳細介紹及探討每個理論的內涵，並提出具體可行的策略供讀者參考。

第三篇「管理策略」，主要從行政管理、教學工作、評量工作、班級經營、兒童輔導、專業成長等六個主題，詳細說明每個主題應建立的正確觀念和具體做法。

本書能夠完成，要特別感謝國立中正大學成人及繼續教育研究所的師長們在我求學期間給我的啟迪和指導、國立屏東教育大學前校長劉慶中博士對我的提攜、國立高雄師範大學教務長王政彥博士對我的鼓勵，以及過去在擔任國小校長期間對我校務推動工作大力協助的夥伴們。除此之外，本書的出版，荷承心理出版社副總經理兼總編輯林敬堯先生惠予全力支持，以及執行編輯林汝穎小姐的專業協助，一併致謝。由於作者個人學識經驗有限，勉力完成本書，疏漏之處在所難免，敬祈各界先進不吝賜正是幸，以作為日後再版修訂時的參考。

劉鎮寧 謹誌

2013 年 7 月 14 日

目錄

第一篇 基礎與背景

第二篇　經營理念

第 **1** 篇

基礎與背景

第一章

課後照顧的基本認識

本 章 大 綱

第一節　課後照顧的意義
第二節　課後照顧的發展背景
第三節　課後照顧的功能
第四節　問題討論

壹、了解課後照顧的意義、發展背景和功能
貳、增進對課後照顧服務方案意涵的了解

第 一 節
課後照顧的意義

壹、前言

隨著社會環境的轉變，家庭組成狀況已漸趨向核心家庭的型態，其中又以雙薪核心家庭（dual-earner nuclear family）居多數；除此之外，單親家庭（single-parent family）亦為普遍的現象，就兒童的主要照顧者來說，父親有工作者占全體的97%左右，母親有工作者比例約占75%，致使學齡前的幼童，乃至在學兒童放學後的照顧問題，愈來愈受到重視。

根據2005年台閩地區兒童及少年生活狀況調查報告分析，在學兒童放學後到晚餐前的安排，以參加課後輔導或上才藝班，以及托保母或課後照顧中心為主，而且此一現象有逐漸取代家人照顧的趨勢（郭靜晃，2006）。更有研究指出，父母對於課後照顧的需求，除了基本的生活照顧外，更包含增強或是補充學校課業的功能，甚至才藝或語言課程也不可或缺（馮燕，1999）。

有關兒童課後照顧的問題，同樣地，在歐美國家也普遍獲得重視，Clinton在擔任美國總統期間就曾公開宣示：「我們必須讓每一個孩子在放學之後，均有一個安全而且對其身心有益的去處。我計畫將現有的課前與課後輔導方案（Before and After School Programs）予以擴充，希望能幫助多達五十萬名的兒童們能對毒品、酒精和犯罪說不，而對讀書、足球、電腦及光明的美好未來張開雙臂歡迎。」

接著在Bush總統接任後，也積極推動課後輔導方案，特別將課後輔導方案列入「別讓孩子落後法」（No Child Left Behind）的重要項目之一，在2002年正式啟動課後教育與安全方案。至於在歐洲先進國家方面，像德國、法國、比利時、義大利、西班牙、丹麥等國家，三到六歲兒童進入公共托育體系早已成為常態。

　　顯見不論是零到六歲學齡前幼兒的托育，或六到十二歲在學兒童的課後照顧，已成為社會變遷過程中的必然；相對地，課後照顧的設立及其服務的品質必須受到更大的關注與檢驗，因為課後照顧在保育和教育的觀點下對兒童的影響不容忽視。亦即，好的課後照顧服務方案，會對兒童的認知發展、人格發展、人際互動、情緒管理、社會適應等層面產生正向的價值（Broberg, 1997; Posner & Vandell, 1994）。因此，一個經營完善的兒童課後照顧機構或團體，必須正視服務兒童年齡、不同發展需求和個別差異的重要性。具體言之，兒童獲得良好妥善的照顧，是他們應當享有的權力，更是國家對人民的責任與基本承諾。

　　有關各國課後照顧制度的比較，如表 1-1 所示。

貳、課後照顧的意義

　　課後照顧（after-school programs）是托育服務（day care service）的一種類型，所謂托育服務，依《社會工作百科全書》（Lansburgh, 1979）的定義：「兒童的托育是為補充父母的照顧與教養，在家庭外提供一段時間的組織化照顧、督導及發展機會，其組織與服務型態是多樣化的。托育服務主要是由父母授權，以完成父母不能親自照顧時的任務。而提供托育服務的單位可包括：兒童發展中心、育兒學園、托兒所、幼稚園、家庭式托兒、課前課後輔導、假期托育，以及全日托育中心等。」

　　另外，根據美國兒童福利聯盟（Child Welfare League of America, 1984）指出：「托育服務係以家庭為基礎，提供利於兒童及其父母的一種服務，其目的在於補充父母對於孩子的照顧和保護，藉由機構化的服務，確保兒童的身心得以健全發展。」

　　據此可知，托育服務相較於父母照顧孩子的職責，所表現的應當是一種補充性的功能，並非替代性的角色。而托育服務的方式，則包括有半日托：指每日收托時間為三到六小時者；日托：指每日收托時間為七到十二小時者；全托：指收托時間連續二十四小時以上者。原則上，兩歲以上的兒童除非家長因特殊情形無法照顧，經主管機關核定外，不得全托；臨時托：指家長因

🪡 表 1-1　各國課後照顧制度之比較

國別＼面向	美國	英國	德國	日本	香港	台灣
社會問題	學生學力不強，兒少犯罪增高	婦女就業、托育費高、機構不足	家庭結構快速變遷、鑰匙兒犯罪率高	家庭育兒負擔重，導致少子化人口現象	社會救助家庭因照顧兒童而無法工作，以至於學生誤交損友	少子化、婦女勞動參與率增加、升學主義壓力
中央政府反應	聯邦教育部規劃方案、撥款推動方案	教育部擬定標準，規劃多元托育型態，並撥款補助	視兒童照顧為國家責任，設兒童少年局管理	將兒童課後照顧納入兒童福利法及社會福利事業法中，由各級政府補助經費	訂定課餘托管計畫津貼制度，提供家庭經費補助	設兒童局，提供特殊境遇家庭托育費用補助
地方政府責任	協助社區申請聯邦經費	依中央規定管理托育機構的運作和品質	將課後照顧當作教育機構的社會教育任務	區村里負主要辦理之責，並建立跨地區兒童托育機構聯繫網絡	----	依中央規定管理托育機構的運作和品質
定位功能	促進社區／家庭功能，提升學生能力／成就、預防青少年犯罪	補充家長在學生課後照顧能力之不足	社會教育機構、補充家庭教育功能不足	提供無父母照顧學生之課後遊戲及生活之場所	支援受助家庭、低收入戶家庭、單親家庭和新來港家庭之照顧功能	補充家長在學生課後照顧能力之不足，但亦有淪為代理父母之虞
照顧對象	有需要的學生	有需要的學生	14 歲以下的學生	10 歲以下學生及 10 歲以上特殊需要學生	6-12 歲學生	6-12 歲學生
提供者	公立學校、民間組織	民間機構	社教活動中心、學校	區里辦公室、各種民間團體、民間企業	市場上各種機構，包括營利業者、福利慈善團體與非營利組織	以市場化為主，佐以學校主辦或公辦民營

資料來源：課後照顧服務的一般性考察：現況處境與未來展望（頁 17-18），王順民，2005，台北市：財團法人國家政策研究基金會國政研究報告。

臨時事故送托，每次以十二小時為上限。

　　就年齡層的角度觀之，顧名思義，課後照顧是指為六到十二歲的國小兒童在放學後所提供的各種日間托育或學習方案。如果從廣義的時間範圍來看，則應當包括兒童在放學後，以及寒、暑假期間的服務。教育部在 2012 年 6 月 4 日所公布的「兒童課後照顧服務班與中心設立及管理辦法」，即對「課後照顧服務」一詞做出定義，係指招收國民小學階段兒童，於學校上課以外時間，提供以生活照顧及學校作業輔導為主之多元服務，以促進兒童健康成長、支持婦女婚育及使父母安心就業。整體而言，課後照顧設置的主要目的，就積極性的意義，是為了協助父母親對兒童照顧和教導的實踐與完善，促進兒童在生理、心理、智能、社會等層面獲得良好的發展；至於在消極性方面，則可避免兒童課後受到不必要的傷害，或其他不良因素的影響。

　　為了使課後照顧發揮積極性的目的，在經營規劃上應掌握下列六點原則（Norm, Biancarosa, & Dechausay, 2003）：

1. 課後照顧的時間安排應不同於兒童在校時間，以使兒童產生多樣化的經驗。
2. 課後照顧的部分時間應使兒童獲致樂趣、指導和豐富性。
3. 課後照顧藉由基本能力和家庭作業支援兒童在校期間的課業學習，如同提供學業成就低下學童輔導教師一般。
4. 課後照顧的學習方式要多元化，如計畫、服務學習、戶外探索等，以深化學校學習，創造新興趣與能力。
5. 課後照顧應鼓勵和社區、家庭間廣泛且多樣化的聯繫，並努力呈現社區中不同的文化讓兒童知曉。
6. 課後照顧應鼓勵兒童從事他們自我的學習，並為自我設定目標。

　　總而言之，課後照顧是普遍的社會需求，是學校教育延伸的另一種類型的課後教育，透過一系列有目的的課後學習活動之安排，期能提供兒童安全的學習環境、擴充兒童的學習經驗、促進兒童的學習成就，以同時獲得課後照顧的積極性和消極性的教育意義與價值。

第 二 節
課後照顧的發展背景

本節主要從結構性因素、功能性因素、制度性因素三方面，簡要論述課後照顧為什麼會興起，且快速發展的背景與理由：

壹、結構性因素的發展背景

一、家庭結構的變遷

家庭結構的變遷可說是傳統社會轉向現代社會的特徵，根據行政院主計處所公布的「近十年來家庭組織型態概況」可知，從 1992 到 2002 年，家庭組織型態仍是以核心家庭為主，其次是三代折衷家庭，再次是以夫婦兩人的小家庭為主，顯見傳統大家庭的觀念已被小家庭所取代。但不可否認的，小家庭模式必然會喪失傳統家庭最可靠的親屬互助，面對多種家庭功能的要求也會出現不足。

究其因，造成家庭結構產生變化的主要原因，包括：高齡人口增加、出生率降低、愈來愈多的雙薪家庭，以及離婚率持續上升（王卓聖，2003）。相對地，因為家庭結構的變遷，將使得家庭功能和每個人原先所扮演的角色產生變化，即每個人不僅要負擔家庭內的角色，還要承擔更多家庭外的角色，因此透過其他制度的協助，更進一步協助成員處理原本應負擔的家庭功能，也疏離了原本傳統角色中家庭成員的互助觀念（林萬億，2003）。

二、婦女角色的變遷

社會變遷帶來婦女角色的改變，最大的特徵就是婦女就業率的提高，許多婦女不只是在經濟上扮演重要的角色，也在各類型社會參與上積極活躍。基本上，促使婦女就業增加的原因，包括：生育率下降、就業機會增加、社

會對於婦女就業態度的轉變、妻子對丈夫經濟依賴程度降低，以及因應都市化的發展家庭經濟趨於共同負擔現象（馮燕，1999；蔡文輝，1998）。

另一方面，行政院婦女權益促進委員會（2007）為因應婦女勞動政策攸關國家人力資源和經濟發展的主張，就指出幼兒收托、學齡前兒童教育、身心障礙者的教養及老人照顧不應只是婦女責任，更應當是家庭成員的共同責任、企業的社會責任，甚至是政府建構社會安全體系的一環。簡言之，從保障婦女權益的角度思考，婦女角色的變遷仍處在持續演進的過程中。

三、鄰里網絡功能的變遷

網絡是一種關係，一種互動類型，網絡中的成員可以是個人、部門、機構，或機構與機構的聯盟，所以網絡可說是一種多層次的概念（鄭讚源，1999）。所謂社會網絡則是指由一群人所形成某種特定的結合，可以用來解釋這群人所涉及的社會行為，因此社會網絡並不是一種靜態的人際關係，而是一種人群動能（Mitchell, 1969；引自 Scott, 2000）。

依此觀點來看，傳統的鄰里網絡是一種互動頻繁且相互扶持照應的關係，但是在現代社會中，鄰里網絡卻因為封閉式建築、人口流動性增加、住戶間的異質性提高等因素的影響，使得人與人之間漸趨疏離；相對地，在社區之中形成許多潛在的危險因子，這對家庭結構和功能改變的現代家庭來說，並無益於兒童的照顧。換言之，父母對於托育服務的需求將會愈大，也愈形依賴托育服務對兒童的安全照顧與教導。

貳、功能性因素的發展背景

一、預防犯罪的訴求

根據美國聯邦教育部的資料顯示（U. S. Department of Education, 1999），通常少年犯罪案件都發生在下午兩點到八點，學生在放學後係處於犯罪的危險時刻中。如果在這段時間，父母因為工作的關係，孩子缺乏督導，以致在放學後到不正當場所或在社區中遊蕩，容易結識不良少年；如果此時兒童的

成績表現也不佳、守法觀念差，都極有可能變成少年犯罪的高危險群。因此，基於事先預防重於事後處理的想法，父母應為兒童選擇一個免於犯罪機會發生的學習場所。

二、學習效能的強化

一般而言，六到十二歲的學齡兒童在放學後的作息，大多是以完成回家作業，上安親班、才藝班或補習班為主。但原則上，不論是學前教育或放學後的兒童及青少年活動，對父母來說，除了希望孩子學會該學的知識外，也期盼孩子能夠在這個時段獲得更多額外的學習服務。因此，就學習的成效觀之，課後照顧對學業成就不佳的兒童得以發揮補救教學的功能，或藉由有系統的規劃，課後照顧也可為參與的兒童提供擴充學習經驗的機會，或進一步補充學校教育無法提供或提供不足的部分，以強化兒童的學習效能。

三、家庭功能的補足

現在的核心家庭、單親家庭乃至隔代教養家庭，兒童缺乏適當人際互動與親情撫慰的機會。在課後照顧的機構中，兒童有機會和年齡相仿的同儕發展人際關係，促進社會性發展，並接受成人的督導，讓兒童在生命中多了重要的他人，給予必要的楷模學習對象（李新民，2001）。所以，就學習成效和家庭功能二者的思考，家長將孩子送到課後照顧機構及選擇良好課後照顧機構的理由，已不再單純因為家中無人照顧的需求，而是站在兒童發展的正向角度思考。

參、制度性因素的發展背景

一、教育政策的轉變與因應

綜觀我國教育改革的發展，1991 年以後可說是重要的分界點，從國民中小學新課程的實施到九年一貫課程的推動，其間更受到教育思潮的影響，改變了課程、教學和評量的概念與方式。當然教育品質的提升相對受到重視，

不論是軟硬體都逐漸獲得配套改進，但是這些現象看在許多家長的眼裡，有時是無所適從的。

最大的感受就在於，家長似已很難再用自己過去學習的舊經驗來指導孩子的課業，甚至可以發現，即使家長沒有工作或工作時間彈性較大，在孩子放學後，仍選擇將孩子送到課後照顧機構參與和課業有關的學習活動。什麼是好的教育、好的老師、好的學生，這愈來愈是一個見仁見智的看法，但不可否認的，不論教育制度如何改變，家長對子女學習的熱情是不會減少的。

二、社會福利的重視與落實

社會福利的觀念始於人類早年的慈善思想和人道主義、宗教的慈悲和德政的憐憫；然而，隨著社會變遷的腳步加劇，社會福利的觀念已有很大的改變。在二十一世紀的今天，可以肯定社會福利已不再是慈善和德政的結果，而是把社會福利視為國民應得的基本權利，以及社會發展所應遵循的方向和制度，因此，兒童人權受到重視後的兒童福利，自然受到更大的保障。

聯合國在 1959 年 11 月 20 日所通過的《兒童權利宣言》中，具體地對「兒童福利」一詞下定義：凡任何能促進兒童身心健全發展與正常生活為目的的各種努力及事業，均稱為兒童福利（引自馮燕，1997）。以我國來說，兒童課後照顧最早源自 1955 年政府訂定的「托兒所設置辦法」，作為因應農忙時節的臨時性托兒所的法規依據；1981 年在托兒所設置辦法中，則明確地規範滿足兒童照顧的福利服務（林海清，2005）。復以時代潮流和社會發展的需要，在 2001 年以後，又分別制定「兩性工作平等法」、「兒童及少年福利法」、「國民小學辦理兒童課後照顧服務及人員資格標準」（本要點已於 2012 年 8 月 27 日經教育部、內政部會銜發布廢止），以及「兒童課後照顧服務班與中心設立及管理辦法」，以彰顯政府透過制度的功能以促進每一國民最高度的發展，以達到社會人力資源充分運用的結果，進而實現更平等、安定、進步和繁榮的社會福利措施。

第三節
課後照顧的功能

從前述對課後照顧意義和發展背景的論述，可以清楚地確認，選擇良好的辦理機構或團體，對父母、兒童或整個家庭的影響，深具正面的價值功能。以下本節進一步從父母親和兒童二大層面，說明課後照顧的功能（Powell, 1987；李新民，2001；黃怡瑾，2000；曾榮祥、吳貞宜，2004）：

壹、從父母親的角度

一、彌補的功能

因為父母親的工作時間無法在兒童放學後的時間正常地給予孩子親子互動和人際溝通等家庭生活經驗，課後照顧機構可提供一個空間補充家庭正常照顧孩子功能的不足。

二、穩定的功能

從工作效能的角度，透過兒童課後照顧服務，可減少員工請假、曠職、離職等情形，提高工作品質，增加生產力。不僅能維護父母親的工作權，也可使兒童獲得妥善的照顧，對於家庭、社會、經濟均具有穩定的功能。

三、諮商的功能

即便對父母親來說，對於自己生活周遭的瑣事，也會有不愉快或感到困擾的時候，當父母到達課後照顧機構，而孩子尚未完成活動前，父母親可以和機構中的主管或老師分享個人在家中或工作上的心得或問題，以抒解心中的情緒。

貳、從兒童的角度

一、發展的功能

　　課後照顧可以提供兒童教育性和活動性的服務，協助兒童身心健全發展，以激發兒童生理、智能、情緒及社會性潛能的發展，在一個理想的社區生活經驗中，達成兒童期的發展任務。有關國小兒童不同階段的身心發展特徵，如表 1-2 所示：

表 1-2　國小兒童身心發展特徵

特徵╲類別 年級	身體發展	社會發展	情緒發展	認知發展
低年級兒童	1. 生長緩慢穩定 2. 小肌肉協調性仍不足，男生尤感困擾 3. 眼睛的協調性仍不充分	1. 高度自我中心 2. 直到七歲，對成人及同伴的意見顯出敏感 3. 男孩和女孩的興趣開始分歧 4. 七、八歲兒童開始做有組織的小團體遊戲	1. 此階段兒童常需要讚美和認可，難忍受失敗 2. 開始爭取大人的注意與愛護，並表現嫉妒 3. 大部分傾向自由表達情緒，因此常有生氣表現 4. 富想像力，因而易生恐懼心	1. 對於用力的活動易疲勞 2. 注意力短暫，對於長時間要求注意力的活動會顯出坐立不安 3. 對於需要動作技巧的活動，逐漸增加興趣 4. 發展較慢者，停留直覺思考，無法進行理論思考
中年級兒童	1. 協調性和肌肉控制有顯著進步 2. 小肌肉的發展直到十歲才達到相當的發展 3. 手眼的協調有良好的發展 4. 十歲時眼睛的功能和成人相同 5. 喜歡耗力的活動	1. 喜歡有組織性的遊戲 2. 開始形成同性幫派 3. 男、女孩學習其性別角色 4. 由於自我評價能力的發展，而對成人有批評的態度 5. 發展團隊精神	1. 逐漸注意別人的感受 2. 對別人的譏諷或批評相當敏感 3. 喜歡以助人行為或自我成就取悅教師	1. 注意力加長，能加長工作時間 2. 從經驗中學習的能力加強 3. 女孩語言技術成績較高，男孩數學空間能力較優異 4. 思考方式為具體運思期

（接下表）

特徵 類別 年級	身體發展	社會發展	情緒發展	認知發展
高年級兒童	1. 在急速生長前可能呈現緩慢現象 2. 個體差異顯著 3. 女孩較男孩早熟二年 4. 第二性徵開始發展 5. 肌肉急速成長 6. 眼睛功能已有良好發展 7. 易感染小疾病且易疲倦	1. 男孩喜愛有組織的遊戲 2. 表現顯著的情感成熟 3. 此階段的兒童重視同輩的規範 4. 從幫派的團員轉移到喜愛結交一、二個固定好友 5. 由於自我評鑑的能力及自我改進興趣增加，可能表現出批判及不合作 6. 男女孩間常會互相戲弄嘲笑	1. 兒童與成人因言行準則衝突而產生適應困難 2. 逐漸明白規則僅為一般性指導原則，不必過分拘泥 3. 兒童若在團體中或功課中得不到滿足、認可，則會採取犯罪的方式吸引同伴注意	1. 是非觀念開始萌芽 2. 兒童表現出較成熟及多樣化興趣 3. 概念化的能力增加，能進行抽象思考 4. 思考方式進入形式運思期

資料來源：領航明燈──國民小學導師手冊（頁7-8），陳寶山主編，1993，台北市：張老師。

二、預防的功能

　　透過課後照顧服務方案，父母親可以不必擔心孩子因長期缺乏成人照顧，以致出現社會、心理和健康上的問題；除此之外，課後照顧也可預防因社會問題對孩子帶來的外在危機。

三、補助的功能

　　課後照顧並非複製學校裡的課程，而是進一步提供兒童在校學習不足的輔助性方案；此外，對於發展遲緩、身心障礙、行為偏差、文化刺激不足、家庭教養問題的兒童，也可設計不同的學習或輔導方案，或協助聯絡相關單位予以輔導。

四、網絡的功能

採取政府民間合作的社區化課後照顧服務，或以國民小學為主的課後照顧服務，可建立社區的人群服務網，在過程中，得以充分結合社區公共資源成為課後照顧服務方案的一環。此一網絡化的形成，更能提高兒童課後照顧服務的學習品質。

第四節
問題討論

在讀完本章之後，你應該能回答下列與課後照顧基礎和背景有關的問題：

1. 何謂課後照顧？它的發展背景為何？
2. 課後照顧的積極性意義和消極性意義有何不同？在實務上該如何發揮？
3. 課後照顧有何功能？在實務運作上要如何發揮這些功能？
4. 課後照顧是不是一種社會制度，理由是什麼？
5. 我國的課後照顧制度和其他國家相比較，其異同點在哪裡？
6. 教育是一種「工作－成效」的概念，課後照顧是否也具有此特質？為什麼？

第二章

課後照顧的基本機制

本 章 大 綱

第一節　課後照顧的運作機轉
第二節　課後照顧的辦理型態與相關規範
第三節　課後照顧的服務內容
第四節　課後照顧人員的資格
第五節　課後照顧人員的專業倫理
第六節　課後照顧服務方案的省思
第七節　問題討論

壹、增進對課後照顧運作機制基本概念的了解
貳、了解課後照顧的辦理單位及其不同辦理單位間的
　　異同
參、了解課後照顧的服務內容及其人員的資格條件
肆、了解課後照顧人員應有的專業倫理
伍、增進對課後照顧服務方案的反省思考能力

第 一 節
課後照顧的運作機轉

壹、前言

對現在的父母來說，為自己的孩子選擇一個適合的課後照顧服務方案，除了要考量課後照顧辦理單位是否為合法的立案機構外，考慮的問題還包括：課程內容是否有助於孩子的學習成長、機構內的軟硬體設施是否符合規定、是否聘用具資格的工作人員，以及人員的配置比例是否合於標準；除此之外，像接送的方式、時間的配合或所需費用，也會是家長關心的課題。

一般來說，父母也會因個人特徵屬性的不同，例如：家屬關係、年齡、教育程度、職業、家庭所得等條件的不同，對課後照顧服務方案的選擇會有所差異（江佳樺，2005）。除此之外，從旁人口碑、過去經驗、親友關係、比較試讀等層面，進一步選擇課後照顧辦理單位，也會是父母關注的問題（邱永富，2000）。

本章主要的重點即針對課後照顧的運作機轉；辦理型態與相關規範；以及課後照顧服務的主要內容、人員資格、專業倫理與問題省思做一重點介紹。

貳、課後照顧的運作機轉

所謂運作機轉，係指課後照顧辦理單位透過輸送體系將服務方案提供給需求者的過程。基本上，一個完整的課後照顧運作機轉，應包括資訊、資源、服務使用者、服務提供者、成效等五大要素：

一、資訊

　　資訊的內容包括對資源、需求及服務內容等的了解，可包括外在資訊和內在資訊二種（馮燕，1997）。外在資訊即指發生於系統外，而有助於系統運作的相關訊息，例如，課後照顧辦理單位可資運用的相關機構或組織、顧客的需求及問題、尚未接受服務的潛在顧客等。內在資訊則指課後照顧辦理單位在提供服務的過程中，所需運用的資訊，例如，課後照顧人員的專業知能，以及有關人力、財力、物力等來源的資訊。

二、資源

　　課後照顧服務方案的資源，包括人力、物力和財力三個部分。首先在人力部分，依照本章第四節課後照顧人員資格之界定來看，目前能投入課後照顧工作的人力資源相當充足，應可滿足市場上的需求。在物力方面，國民小學所辦理的課後照顧服務方案，物力來源均屬政府資本門和經常門項下之經費所購得，而民間業者和民間團體所辦理的課後照顧服務方案之物力來源，則必須倚靠營業資金、服務收費的盈餘所得，或基金孳息、個人捐助等途徑取得。至於在財力方面，不論是國民小學、民間業者或民間團體所辦理的課後照顧服務方案，除了特定身分之兒童得以免費或酌予補助方式參與本服務方案，其他兒童則一律採收費服務方式辦理。

三、服務使用者

　　簡單來說，課後照顧服務方案的使用者，即指六到十二歲的國小學童。

四、服務提供者

　　係指當前國內課後照顧服務方案的三種不同類型之辦理單位，包括國民小學、民間業者和民間團體。

五、成效

　　運作機轉最後必須強調輸出的品質，即服務的效果問題。為了使課後照

顧辦理單位了解他們所提供的服務方案是否適切，應當對學生及其家長進行滿意度的調查。除此之外，課後照顧辦理單位也應建立內部的評核機制，了解單位內相關人員對工作環境和工作本身的滿意度，甚至可邀請外部人員進行實地的評鑑。主要目的是為了確保課後照顧服務方案的社會福利精神能體現在服務品質之中，以避免營利和市場取向的手法，扭曲了課後照顧服務方案的時代意義與價值。

第二節
課後照顧的辦理型態與相關規範

壹、課後照顧的辦理型態

依據「兒童課後照顧服務班與中心設立及管理辦法」之規定，國內辦理課後照顧的型態，可分為兒童課後照顧服務班和兒童課後照顧服務中心二大類型，茲分別說明如下：

一、兒童課後照顧服務班

兒童課後照顧服務班（簡稱課後照顧班）是指由公、私立國民小學設立，辦理兒童課後照顧服務之班級。

二、兒童課後照顧服務中心

兒童課後照顧服務中心（簡稱課後照顧中心）是指由鄉（鎮、市、區）公所、私人（包括自然人或法人）或團體設立，辦理兒童課後照顧服務之機構。

針對私人或團體所設立的兒童課後照顧服務，為因應 2012 年起由教育部主政辦理，現有的安親班須在 2015 年更名為課後照顧服務中心，而 2013 年以後新設立的課後照顧服務，均以兒童課後照顧中心稱之。

貳、課後照顧的相關規範

　　以下針對班級人數、參加對象與時間，以及文化不利地區的辦理方式等相關規範，做一說明：

一、班級人數

　　課後照顧班或課後照顧中心，每班兒童人數均以十五人為原則，至多不得超過二十五人。公立課後照顧班和課後照顧中心，每班以招收身心障礙兒童二人為原則，並應酌予減少該班級人數。

二、參加對象與時間

　　本項服務以國民小學在學兒童為對象，學校辦理本方案時，應充分告知家長資訊，儘量配合一般家長上班時間，包括學校上班、下班時段及寒暑假期間，並由家長決定自由參加，不得強迫。另依據「兒童課後照顧服務班與中心設立及管理辦法」第7條規定，公立課後照顧班應優先招收低收入戶、身心障礙及原住民籍兒童，凡具備上述身分之一者，可免費參加公立課後照顧班。若兒童情況特殊，經學校評估後，報直轄市、縣（市）主管機關專案核准者，可減免收費。

三、文化不利地區的辦理方式

　　依據「兒童課後照顧服務班與中心設立及管理辦法」第6條規定，直轄市、縣（市）主管機關於離島、偏鄉、原住民族或特殊地區，得優先指定公立國民小學、區公所設立課後照顧班、中心，或補助鄉（鎮、市）公所、私人或團體設立課後照顧中心。離島、偏鄉、原住民族或特殊地區依本辦法規定設立課後照顧中心有困難者，得專案報直轄市、縣（市）主管機關許可後，依許可內容辦理之。前項特殊地區，由直轄市、縣（市）主管機關認定。

第 三 節
課後照顧的服務內容

高品質的托育服務，除能適當滿足兒童生理照顧的需求外，最重要的是工作人員是否能營造一個好的學習與發展環境，有適當的活動設計給孩子發問、討論、動手操作、主動學習的自由度與空間，並有適當的來自大人的刺激與互動，以及安全依附感等（馮燕，1997）。有關課後照顧的服務內容，大致包括以下四個層面，茲分述如下：

壹、安全環境

站在預防和彌補的觀點，可以明確地了解安全環境的提供，對父母協助的重要性。首先從物理環境的角度觀之，一個固定處所的課後照顧服務方案，可以讓兒童免於在放學後接觸不良場所，成為犯罪的加害者或被害者。再者，從心理環境的向度來看，兒童每天放學會有專車和保育人員或相關工作人員負責接送，之後又有專人照顧和指導，讓父母和兒童都能放心地在此生活環境中學習。

貳、作業指導

隨著教育改革的發展，國小學生的回家作業已不再是傳統的抄寫和習作練習而已。尤其多元評量（multiple assessment）概念的興起，有愈來愈多的作業是採取實作評量（performance assessment）或檔案評量（portfolio assessment）的方式進行，這些類型的作業其立意固然良好，但也凸顯出幾個值得思考的問題，即作業完成需要花上比以往傳統作業更多的時間，有的家長更可能因為能力問題無從指導孩子，有些作業則需要有大人的參與才能完成。因為如此，作業指導也就成為課後照顧服務的重要項目之一。

參、興趣培養

綜觀國內課後照顧服務方案的內容可知，站在消費者需求和創新服務的立場，每個課後照顧辦理單位都會提供才藝的教導，例如棋藝、美勞、音樂欣賞、書法、作文、直排輪等的動靜態課程。此一做法跳脫了傳統單一型態的課後照顧服務方案，不但能展現課後照顧服務的經營特色，站在多元探索、加深加廣學習的觀點，對於兒童興趣的培養是值得肯定的。

肆、親職教育

課後照顧服務不只是提供兒童福利和兒童教育而已，還提供親子共學、家長成長的服務。學校當中常見的親職教育形式，包括專題演講、社區讀書會、家長成長團。這些親職教育提供了家長認知當前的教育改革走向，學習如何指導孩子家庭作業，例如，參與親師之間的協同教學（team teaching），以及運用網路的線上溝通和回饋來學習與兒童有關的教養新知，使家長不純然只是課後照顧的消費者，更是直接的受益者（劉淑雯，2003a）。

整體而言，課後照顧服務方案提供給兒童一個有助於同儕人際互動的安全環境，在課業指導和興趣培養，以及提升父母正確親職教育觀念和能力的情況下，有助於兒童潛能的自我開展。但值得注意的是，父母親是否以謹慎的態度為孩子選擇合適的課後照顧服務方案，對兒童的影響甚大，因為琳瑯滿目、迎合家長的課後照顧服務方案中，並非全部都以專業且正確的經營管理方式加以運作，一旦選擇到服務品質不佳的課後照顧辦理單位，不僅無法以正常的服務項目提供父母及兒童之所需，甚至有可能出現揠苗助長、扼殺兒童學習的反教育效果出現。

第四節
課後照顧人員的資格

依據「兒童課後照顧服務班與中心設立及管理辦法」第23條規定，課後照顧班、中心之執行秘書、主任及課後照顧服務人員，應具備下列資格之一：

1. 高級中等以下學校、幼稚園或幼兒園合格教師、幼兒園教保員、助理教保員。

2. 曾依中小學兼任代課及代理教師聘任辦法或國民中小學教學支援工作人員聘任辦法聘任之教師。但教學支援工作人員為高級中等以下學校畢業者，應經直轄市、縣（市）政府教育、社政或勞工相關機關自行或委託辦理之180小時課後照顧服務人員專業訓練課程結訓。

3. 公私立大專校院以上畢業，並修畢師資培育規定之教育專業課程者。

4. 符合兒童及少年福利機構專業人員資格者。但不包括保母人員。

5. 高級中等以上學校畢業，並經直轄市、縣（市）政府教育、社政或勞工相關機關自行或委託辦理之180小時課後照顧服務人員專業訓練課程結訓。

偏鄉、離島、原住民族或特殊地區遴聘前項資格人員有困難時，得報直轄市、縣（市）主管機關核准，酌減前項第二款或第五款人員之專業課程訓練時數。

本服務針對需要個案輔導之兒童，應視需要聘請全職或兼職社會福利工作或輔導專業人員為之；針對身心障礙兒童，應視需要聘請全職或兼職特教教師或專業人員為之。

至於前述指出自行或委託辦理之180小時課後照顧服務人員專業訓練課程，依據教育部（2007）的規定，180小時的上課內容，應依課程類別區分為基礎單元及參考單元，基礎單元最低時數120小時，參考單元應開設60小時，各縣市開辦相關培訓課程時應先行評估需求，以避免訓用無法合一。有關訓練課程參考方案，如表2-1所示。

至於辦理訓練課程的單位，得由各直轄市、縣（市）政府自行辦理；或

各直轄市、縣（市）政府委託立案之公私立機構、法人或團體辦理（包括具有兒童福利、兒童教育、社會工作、保育、家庭等相關科系的大專校院）；或由立案之財團法人、社會福利機構或社會教育機構提出申請計畫，經當地主管機關核准通過，並於課程結束後，提供收支概算表以及結算表供縣市政府查核，並定期進行考核。

而擔任本項訓練課程的講師資格如下：(1)曾任教育、特殊教育、兒童教育、兒童保育、兒童福利、社會工作、家庭等相關科系的大專校院講師職級一年以上；(2)曾任職於合法立案兒童福利、兒童教育相關機構三年以上實務工作經驗之正式主管人員，或五年以上實務工作經驗的工作人員；(3)專技師資，具有特殊專業造詣或成就，有具體績效或證明，足以勝任教學工作者。

表 2-1　國民小學辦理兒童課後照顧服務人員訓練課程參考方案

科目類別 最低時數	基礎單元（每單元以 3 小時為原則，最低時數 126 小時）	參考單元（每單元以 3 小時為原則，最低時數 54 小時）
課後照顧服務概論（6 小時）	◎課後照顧理念、政策工作倫理 ◎課後照顧方案的設計、管理、評估	□課後照顧人員的情緒管理與人際溝通 □課後照顧人員的生涯規劃 □課後照顧人員的性別平等教育概念與意識 □課後照顧之行政作業 □自訂
兒童發展（9 小時）	◎兒童發展週期的生、心理特徵（含性發展與性教育） ◎兒童人際關係發展	□兒童發展的影響因素及理論 □自訂
兒童行為輔導與心理衛生（12 小時）	◎課後照顧與兒童行為輔導 ◎兒童偏差行為的探討與處理 ◎學生霸凌預防與處理 ◎學齡兒童與壓力 ◎兒童心理創傷的探討與處理	□常見兒童心理問題（睡眠、飲食、憂鬱、成癮等問題） □兒童行為改變技術 □兒童行為改變技術操作演練 □兒童晤談技巧 □兒童情緒管理 □偏差行為的探討：過動、情緒、反抗問題 □偏差行為的探討：攻擊、偷竊、逃學、說謊等 □自訂

（接下表）

科目 類別 最低時數	基礎單元 （每單元以 3 小時為原則， 最低時數 126 小時）	參考單元 （每單元以 3 小時為原則， 最低時數 54 小時）
親職教育 （6 小時）	◎課後照顧老師如何與家長溝通 合作 ◎家庭型態認識與處遇（含雙薪 家庭、分居家庭、單親家庭、 重組家庭、隔代教養等）	☐自訂
兒童醫療保健 （6 小時）	◎兒童生長發育與營養 ◎兒童常見疾病及流行病的預防 與處理	☐自訂
兒童安全及事 故傷害處理 （9 小時）	◎兒童事故的預防與處理 ◎急救的技巧與演練（含 CPR 心肺復甦術） ◎消防安全演練	☐危機處理概念、應變及流程 ☐自訂
兒童福利 （6 小時）	◎兒童福利（了解兒童福利服務 的類別及相關社會資源） ◎課後照顧如何落實兒童保護 （了解兒童保護的定義與兒虐 處遇、流程及相關法規政策）	☐自訂
特殊教育概論 （6 小時）	◎智能障礙、視覺障礙、聽覺障 礙、語言障礙、肢體障礙、身 體病弱、情緒行為障礙、學習 障礙、多重障礙、自閉症、發 展遲緩、其他障礙的認識與處 理	☐特殊教育的概念與發展趨勢 ☐特殊兒童的認識與處理 ☐自訂
初等教育 （6 小時）	◎課程教學與課後照顧的關聯 （認識教學方法、課程領域、 課程精神、統整課程、彈性時 間） ◎學校行政（介紹國小各處室及 家長會的組織和權責、愛心家 長團、緊急聯絡網機制等）	☐參觀見習（參觀國小社團時 間、分組活動、教學現場） ☐自訂

（接下表）

科目 類別 最低時數	基礎單元 （每單元以 3 小時為原則， 最低時數 126 小時）	參考單元 （每單元以 3 小時為原則， 最低時數 54 小時）
學習指導 （30 小時）	◎數學作業指導（包括真實數學、生活數學，包含作業指導常見問題與處理技巧） ◎語文作業指導（語文教學、語文輔導、寫字，包含作業指導常見問題與處理技巧） ◎自然與生活科技學習領域作業指導 ◎社會學習領域作業指導 ◎評量（多元評量、實作評量、檔案評量，包含作業指導常見問題與處理） ◎教學活動設計	□數學作業指導實習 □語文作業指導實習 □評量實習 □自然與生活科技學習領域作業指導實習 □社會學習領域作業指導實習 □教案編寫實習 □電腦輔助教學 □發問與講述技巧 □自訂
兒童體育及遊戲 （6 小時）	◎兒童體育與團康理論及活動設計 ◎兒童遊戲與休閒理論及活動設計	□兒童體育與團康實習 □兒童體育與團康進階實習 □球類及其他項目兒童運動 □兒童遊戲與休閒活動實習 □遊戲與兒童發展之關係 □兒童興趣培養 □兒童美術勞作與戲劇治療 □兒童音樂欣賞 □自訂
兒童故事 （6 小時）	◎說故事的基本概念與原則 ◎說故事的技巧，以及如何指導兒童說故事	□說故事道具製作／繪本與故事書 □說故事演練 □自訂
班級經營 （6 小時）	◎課後照顧班級常規建立，及教室規劃與管理 ◎課後照顧班級經營實習	□課後照顧班級經營進階實習 □了解預防、干預及糾正治療的行為管理方法 □紀律訓練對兒童行為之影響 □自訂

（接下表）

最低時數\科目類別	基礎單元 （每單元以 3 小時為原則， 最低時數 126 小時）	參考單元 （每單元以 3 小時為原則， 最低時數 54 小時）
社區認同與社區服務 （6 小時）	◎社區資源的連結及社區自然資源保育 ◎兒童對社區人文及地理環境的認識，與社區地圖的繪製 ◎社區與地球村的關係 ◎社區服務	□媒體、兒童與社區 □台灣族群文化、兒歌與民俗藝術（原住民、客家、河洛……等） □自訂
兒童品德教育與生活能力訓練 （6 小時）	◎兒童的自我認同 ◎正向行為與品德核心價值 ◎兒童生活能力訓練	□品德教育教學活動設計 □兒童創意生活能力 DIY 活動設計與實習 □自訂
合計	126 小時（每單元以 3 小時為原則）	

資料來源：國民小學辦理兒童課後照顧服務人員訓練課程參考方案，教育部，2012，台北市：作者。

　　以下進一步針對「兒童課後照顧服務班與中心設立及管理辦法」第 23 條條文所列相關人員的資格及其法源依據，做一說明：

(一)幼兒教育及照顧法

1. 幼兒園教保員

　　依據「幼兒教育及照顧法」第 21 條條文之規定，教保員除該法另有規定外，應具備下列資格之一：

(1)國內專科以上學校或經教育部認可之國外專科以上學校幼兒教育、幼兒保育相關系、所、學位學程、科畢業。

(2)國內專科以上學校或經教育部認可之國外專科以上學校非幼兒教育、幼兒保育相關系、所、學位學程、科畢業，並修畢幼兒教育、幼兒保育輔系或學分學程。

　　前項相關系、所、學位學程、科、輔系及學分學程之認定標準，由中央主管機關定之。

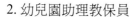

2. 幼兒園助理教保員

依據「幼兒教育及照顧法」第22條條文之規定，幼兒園助理教保員除該法另有規定外，應具國內高級中等學校幼兒保育相關學程、科畢業之資格。前項相關學程及科之認定標準，由中央主管機關定之。

(二)兒童及少年福利機構專業人員資格及訓練辦法

依據「兒童及少年福利機構專業人員資格及訓練辦法」所稱之兒童及少年福利機構的專業人員，包括托育人員；早期療育教保人員、早期療育助理教保人員；保育人員、助理保育人員；生活輔導人員、助理生活輔導人員；心理輔導人員；社會工作人員；主管人員等七大類。

1. 托育人員：指於托嬰中心、安置及教養機構提供教育保育之人員。托育人員應符合「兒童及少年福利機構專業人員資格及訓練辦法」第26條第2項資格。具備教保人員、助理教保人員資格者，於該法中華民國一百零一年五月三十日修正施行日起十年內，得遴用為托育人員。

2. 早期療育教保人員、早期療育助理教保人員：指於早期療育機構提供發展遲緩兒童教育保育服務之人員。

早期療育教保人員應具備下列資格之一：

(1)專科以上學校醫護、職能治療、物理治療、教育、特殊教育、早期療育、幼兒教育、幼兒保育、社會、社會福利、社會工作、心理、輔導、兒童及少年福利或家政相關學院、系、所、學位學程、科畢業或取得其輔系證書者。

(2)專科以上學校畢業，並修畢學前特殊教育學程或取得早期療育教保人員專業訓練結業證書者。

(3)高中（職）以上學校畢業，擔任早期療育助理教保人員三年以上者。

(4)普通考試、相當普通考試以上之各類公務人員考試社會行政、社會工作職系及格或具社會行政、社會工作職系合格實授委任第三職等以上任用資格者。

專科學校畢業，依身心障礙福利服務專業人員遴用訓練及培訓辦法取得身心障礙福利服務教保員資格者，於該法施行日起十年內，得遴用為早期療育教保人員。

早期療育助理教保人員應具備下列資格之一：

(1)高中（職）以上學校幼兒保育、家政、護理相關學程、科畢業者。

(2)高中（職）以上學校畢業，並取得早期療育教保人員專業訓練結業證書者。

高中（職）學校畢業，依身心障礙福利服務專業人員遴用訓練及培訓辦法取得身心障礙福利服務教保員資格者，於該法施行日起十年內，得遴用為早期療育助理教保人員。

3. 保育人員、助理保育人員：指於安置及教養機構提供二歲以上兒童生活照顧之人員。

保育人員應具備下列資格之一：

(1)專科以上學校幼兒教育、幼兒保育、家政、護理、兒童及少年福利、社會工作、心理、輔導、教育、犯罪防治、社會福利、性別相關學院、系、所、學位學程、科畢業或取得其輔系證書者。

(2)專科以上學校畢業，並修畢國民小學教師教育學程或取得保育人員專業訓練結業證書者。

(3)高中（職）以上學校畢業，擔任助理保育人員三年以上者。

(4)普通考試、相當普通考試以上之各類公務人員考試社會行政、社會工作職系及格，或具社會行政、社會工作職系合格實授委任第三職等以上任用資格者。

助理保育人員應具備下列資格之一：

(1)高中（職）以上學校幼兒保育、家政、護理相關學程、科畢業者。

(2)高中（職）以上學校畢業，並取得保育人員專業訓練結業證書者。

(3)具有三年以上社會福利機構照顧工作經驗者。

(4)初等考試、相當初等考試以上之各類公務人員考試社會行政或社會工作職系及格者。

4. 生活輔導人員、助理生活輔導人員：指於安置及教養機構提供少年生活照顧及輔導之人員。

生活輔導人員應具備下列資格之一：

(1)專科以上學校家政、護理、兒童及少年福利、社會工作、心理、輔導、

　　教育、犯罪防治、社會福利、性別學院、系、所、學位學程、科畢業
　　或取得其輔系證書者。

(2)專科以上學校畢業，並取得生活輔導人員專業訓練結業證書者。

(3)高中（職）以上學校畢業，擔任助理生活輔導人員三年以上者。

(4)普通考試、相當普通考試以上之各類公務人員考試社會行政、社會工
　　作職系及格，或具社會行政、社會工作職系合格實授委任第三職等以
　　上任用資格者。

5. 心理輔導人員：指於安置及教養機構、心理輔導或家庭諮詢機構及其他
　　兒童及少年福利機構，提供兒童、少年及其家庭諮詢輔導服務之人員。
　　心理輔導人員應具備下列資格之一：

(1)專科以上學校心理、輔導、諮商相關學院、系、所、學位學程、科畢
　　業或取得其輔系證書者。

(2)專科以上學校社會工作、兒童及少年福利、社會福利、教育、性別相
　　關學院、系、所、學位學程、科畢業，並取得心理輔導人員專業訓練
　　結業證書者。

6. 社會工作人員：指於早期療育機構、安置及教養機構、心理輔導或家庭
　　諮詢機構及其他兒童及少年福利機構，提供兒童及少年入出院、訪視調
　　查、資源整合等社會工作服務之人員。
　　社會工作人員應具備下列資格之一：

(1)社會工作師考試及格者。

(2)專科以上學校社會工作、兒童及少年福利、社會福利相關學院、系、
　　所、學位學程、科畢業或取得其輔系證書者。

(3)高等考試、相當高等考試之各類公務人員考試社會行政或社會工作職
　　系及格者。

　　專科以上學校畢業，於該法施行前，已修畢兒童福利專業人員訓練實施
　　方案」類訓練課程，並領有結業證書者，於該法施行日起十年內，得遴
　　用為社會工作人員。

7. 主管人員：指於機構綜理業務之人員。類型可分為托嬰中心、早期療育
　　機構、安置及教養機構、心理輔導或家庭諮詢機構、其他兒童及少年福

利機構等。

不同類型機構的主管人員之資格，可參考「兒童及少年福利機構專業人員資格及訓練辦法」第 12 條至第 15 條條文之說明。

····· 第 五 節 ·····
課後照顧人員的專業倫理

所謂專業倫理（professional ethic）係指專業人員應該遵循的道德規範和責任，目的在於規範成員的個人德性和社會責任（吳清山、林天祐，2000）。一般而言，專業倫理和一般倫理是相對的概念，專業倫理較屬於應用倫理學的討論範圍；一般倫理指的是那些適用於社會所有成員的規範，而專業倫理所涵蓋的範圍則是特別針對某一專業領域中的人員，諸如教師、醫師、護士、記者、律師等，且不同的專業領域，有其各自的專業倫理（朱建民，1996）。

在歐美先進國家，各種不同的職業團體或專業團體為了實踐專業倫理，大多訂有明確的倫理準則，詳細規定其團體成員在執行其職業或專業而與他人互動時，必須遵守的行為準則。這種倫理準則的具體內容隨各種不同的職業或專業而有所不同，但其基本精神卻是一致的（黃光國，1996）。一般而言，專業準則可以客觀表達出該行業的價值觀，也能夠使社會大眾藉此了解該行業的專業服務宗旨，及其專業理念或專業行為之內涵，並能作為所屬行業人員應遵守的道德規範，以及從事專業服務行為時的指標。

以美國「全美教育協會」（National Education Association）在 1975 年所制定的教師專業倫理準則為例，明確指出教師應對學生和教育專業有所承諾，茲分述如下（引自吳清山、黃旭鈞，2005）：

原則一：對學生的承諾

1. 不應限制學生學習過程中的獨立行動。
2. 不應不合理地否定學生獲得各種不同的觀點。

3. 不應故意壓制或扭曲與學生學科進步有關的事務。

4. 應做合理的努力以保護學生遠離有害於學習、健康和安全的情境。

5. 不應故意讓學生受到困窘或輕蔑。

6. 不應因為種族、膚色、信念、性別、國籍、婚姻狀態、政治或宗教信仰，不公平地：

　(1)排除任何學生參與任何計畫。

　(2)剝奪任何學生的利益。

　(3)答應給任何學生好處。

　(4)不應為個人私利而運用與學生的專業關係。

　(5)除非有專業目的之要求或法律上的需要，否則不應洩漏經由專業服務所取得的學生相關資料。

原則二：對專業的承諾

1. 不應運用其專業地位故意做成錯誤聲明或者是洩漏有關於能力與資格的重要事實。

2. 不應誤報其專業資格。

3. 不應幫助任何在品格、教育或其他相關屬性皆不適任的人，登記成為教育專業的一份子。

4. 不應對有關於將來可能成為專業地位的人之資格做錯誤聲明。

5. 不應幫助非教育專業人員進行未經授權的教學。

6. 除非有專業目的之要求或法律的需要，否則不應洩漏經由專業服務所取得之相關同事的資料。

7. 不應故意對某一同事做錯誤或惡意的聲明。

8. 不應接受任何會損害或明顯影響專業決定或行動的禮金、禮物或好處。

　　國內有關教師專業準則的訂定，則是全國教師會在 2000 年第一屆第二次會員代表大會所通過的全國教師自律公約，包括教師專業守則及教師自律守則二大項：

壹、教師專業守則

1. 教師應以公義、良善為基本信念，傳授學生知識，培養其健全人格、民主素養及獨立思考能力。
2. 教師應維護學生學習權益，以公正、平等的態度對待學生，盡自己的專業知能教導每一個學生。
3. 教師對其授課課程內容及教材應充分準備妥當，並依教育原理及專業原則指導學生。
4. 教師應主動關心學生，並與學生及家長保持聯繫。
5. 教師應時常研討新的教學方法和知能，充實教學內涵。
6. 教師應以身作則，遵守法令與學校規章，維護社會公平正義，倡導良善社會風氣，關心校務發展及社會公共事務。
7. 教師應為學習者，時時探索新知，圓滿自己的人格，並以愛關懷他人及社會。

貳、教師自律守則

1. 教師對其學校學生有教學輔導及成績評量之權責，基於教育理念不受不當行為之干擾。
2. 教師之言行對學生有重大示範指導及默化作用，基於社會良善價值的建立以及教師的教育目標之達成，除了維護公眾利益或自身安全等特殊情形下，教師不應在言語和行為上對學生有暴力之情形發生。
3. 為維持教師在社會的形象，教師不得利用職權教導或要求學生支持特定政黨或信奉特定宗教。
4. 為維持校園師生倫理，教師與其學校學生不應發展違反倫理之情感愛戀關係。
5. 教師不得利用職務媒介、推銷、收取不當利益。
6. 教師不應收受學生或家長異常的饋贈，教師對學生或家長金錢禮物之回

報，應表達婉謝之意。

整體來說，課後照顧專業倫理的建立、推動和實踐，在課後照顧專業團體尚未建立及制定專業倫理內涵前，除了個人的自律以及對專業知能的不斷提升外，中央及各縣市政府主管機關應發揮一定角色之功能。包括在各項培訓方案中規劃專業倫理的課程、在證照考試時可增列專業倫理的精神與內涵，以及輔導課後照顧從業人員籌組工會，進一步訂定同業工會專業倫理信條，以凸顯課後照顧在教育和社會福利體系的專業地位，以及課後照顧服務人員的社會責任，並使得課後照顧服務方案能獲得品質的保證。

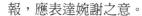

第六節
課後照顧服務方案的省思

本節主要從消費者導向所產生的問題、服務對象階層化的問題、課後照顧師資的證照與專業化問題等三個層面，做一說明：

壹、消費者導向所產生的問題

顧名思義，消費者導向係指站在消費者的立場，為滿足其需求所進行的各種策略運用。據此而論，如果家長所選擇的課後照顧服務方案，是希望孩子能獲得更高的附加價值，那麼除了基本的生活照顧、作業指導外，課後照顧辦理單位若再能提供課業和才藝的輔導和教學，勢必會受到更多家長的青睞。質言之，民間業者在市場機制自由操作的情形下，變相經營已成為不爭的事實。

即名為課後照顧，但實際上卻是以創造商機的營利手段，行補習和才藝的教導，但這些情形其實是違反現行法令的。如此一來，合法經營的課後照顧辦理單位，當面對學生流失或招生不足的困境時，恐將也會迎合家長的需求，改變原有的經營模式，服務內容亦將出現補習化的現象。

在此值得社會大眾及政府部門加以正視的問題是，隨著社會發展的演進，

家長的需求愈趨多元，尤其愈是都會地區的家長更是如此，倘若課後照顧辦理單位基於能在競爭白熱化的市場繼續生存，強調更貼心的服務品質，像是延長服務的時間、晚餐的供應、週休二日的機動班……等，也陸陸續續地出現時，我們不禁懷疑，到底課後照顧服務方案對家長來說，是替代性的功能還是補充性的功能。

貳、服務對象階層化的問題

　　民間業者所經營的課後照顧服務方案，在自由市場的法則下，以價格代表品質的優劣，以價格決定需求的方式，形成有錢、有社經地位者，才能享受到好的服務，而弱勢的人即使接受補助也難以享受到，以至於造成福利階層化（陳雅琴，1999）。而在國小所推動的課後照顧班，在地方財力及人力資源不足的地區，學校常礙於教師意願、經費問題，以及民間業者的利益考量，而無法正常開辦課後照顧班提供給有需要的兒童（魏意芳，2003）。

　　雖然，國民小學所開辦的課後照顧班的班次有逐年增加的現象，對於弱勢兒童的免費服務，政府也做到應盡的責任和義務。但不可否認的事實是，家長會依個人能力所得來選擇符合其需求的課後照顧服務。因此，對民間業者來說，愈是經濟活絡、住戶密度和品質較高的地區，愈是他們選擇開業的地方；相對地，愈是人口稀疏、住戶生活水平較低的地區，民間業者的興趣就愈不大。此一城鄉差距的現象，仍有賴中央及地方政府持續進行相關配套措施的研議與推動，以期逐年獲得改善。

參、課後照顧師資的證照與專業化問題

　　目前擔任課後照顧的教師因課後照顧機構的不同而有所不同，國小所辦理的課後照顧班，師資來源除了現有教師外，若學校委託立案之公、私立機構、法人或團體辦理時，只要是「兒童課後照顧服務班與中心設立及管理辦法」第23條規定的相關人員，都有可能成為本方案的師資。至於社區式的課後照顧機構種類繁多：附設課後照顧中心的幼稚園，由幼稚園教師負責；附

設安親班的才藝班，由才藝教學相關科系畢業人士擔任；至於公益慈善團體辦理的課後照顧，一般是由具備兒童福利、相關科系畢業者，或依「兒童課後照顧服務班與中心設立及管理辦法」受專業課程訓練結訓者擔任。

此一多元現象，若從學力而非學歷的角度思考，課後照顧師資的證照化和專業化表徵，是值得思考與正視的問題。換言之，政府應當更詳細地規定課後照顧服務方案的師資規範及建立證照制度，並全力推廣專業證照的觀念，以提升就業能力，未來不具有證照資格者應不得從事與課後照顧有關之服務。除此之外，對於課後照顧服務人員的工作時數、合理待遇，以及課後照顧服務方案的評鑑工作，亦可做一整體思考，以期建立更完善的制度。

第 七 節
問題討論

在讀完本章之後，你應該能回答下列與課後照顧辦理單位、內容和人員規範有關的問題：

1. 課後照顧的運作機轉包括哪些要素？它們彼此之間的關聯性為何？
2. 要從事課後照顧服務方案的工作，有哪些途徑可以取得資格？
3. 不同類型的課後照顧辦理單位，主要的差別在哪裡？請試從法令、服務內容、人員規範等角度說明之。
4. 如何避免課後照顧成為學校教育的附加活動？請試從課後照顧的服務內容討論之。
5. 弱勢族群的課後照顧服務愈來愈重要，請試從本章的重點說明應注意的事項。
6. 課後照顧的師資是否具有專業的表徵？為什麼？
7. 課後照顧人員應遵守哪些專業倫理守則？為什麼？
8. 當前課後照顧服務方案面臨哪些值得解決的問題？請試述其解決方案。

第 **2** 篇

經營理念

第三章

知識管理與課後照顧

本章大綱

壹、了解知識管理的內涵及其要素

貳、了解知識分享行為對知識管理發展的重要性

參、了解知識管理對課後照顧辦理單位的實務應用
　　價值

第一節
知識的內涵

壹、前言

隨著知識經濟（knowledge-based economy）時代的來臨，高科技及服務產業的蓬勃發展，使得知識和創新成為企業提升競爭力的關鍵要素，而知識則成為企業的根本價值所在。此一社會演進，再度印證了「知識就是力量」這句古老諺語所蘊涵的意義。其實，知識自始至終都是個人及組織發展的重要利基，唯有創新知識、活用知識，才能在此時代洪流中，繼續維持自身的優勢。

因此，有關知識管理（knowledge management）課題的探討與應用，對於組織革新將有正面的幫助。而知識管理概念的興起，亦已從理論的探究，發展成組織運作過程中可執行和可衡量的重要課題。若從研究和實務的角度來看，善用知識管理創造組織持久性的競爭優勢，係已獲得普遍的共識。而知識管理的核心，大致包括知識、資訊通信科技、人員和分享行為，其中人員的知識分享行為則位居知識管理發展和革新的關鍵。

根據 Robert（2000）的研究指出，影響知識分享的因素頗多，但成功的關鍵有80%與人有關，僅有20%和科技有關。換言之，在知識管理的範疇裡，不可單純地將組織成員當作知識管理過程中的一個組件，反而要將其視為是一位能夠將思考和行動結合在一起的知識工作者，在工作中，他們彼此分享和傳遞個人與組織的知識及經驗。

貳、知識的內涵

對於知識本質的釐清，東西方學者基於文化的差異，因此對於知識的見

解與探討有所不同。西方學者多在探討知識的聚集、分配，以及對既有已編撰的知識和資訊做評估，期望以資訊技術來獲取與分配外顯的知識（explicit knowledge）；所以，西方學者將知識視為一種物品，強調交易的互惠性，透過價格機制來管理知識，並以知識投資的短期經濟報酬為知識價值的衡量標準。但是，以日本企業為主的知識觀，則認為知識是存在於個人，而重要的是如何使個人內隱的知識（tacit knowledge），能在組織內與其他成員分享和相互交流，並轉化為組織的知識，進而創造組織智慧，以保持組織的競爭優勢（夏侯欣鵬，2000）。整體來說，儘管東西方學者對於知識概念的討論存有明顯的差異，但是都共同指出，知識時代已經來臨，組織所面對的新管理課題，就是從學習的過程中，累積、運用及管理知識；而內隱知識和外顯知識交互作用的結果，就是組織創造知識的動力來源。

一般而言，所謂「內隱知識」是主觀的，不易口語化與形式化，在個人、集團、組織等各個層級之中，透過個人的經驗、印象、熟練的技術、文化、習慣等方式表現出來。「外顯知識」則是指可以客觀加以捕捉的概念，具有語言性與結構性，例如：報告書、手冊、電腦程式等（劉京偉譯，2000）。

由於組織本身是無法創造知識的，必須透過人為的互動、溝通和分享，才能建立組織知識的運作機制。因此，知識是一種流量的概念，知識可以在知識擁有者與接受者之間相互地流動（Holtshouse, 1998）。也就是說，知識不但具有可轉換、可擴充，以及流動和分享的特質外，更是一種可不斷運用的組織資源。

第 二 節
知識管理的要素

知識管理乃是為了適應複雜化的社會，以創造價值為目的的一種策略性作為。而知識管理的架構，主要是以人和知識的合理搭配為主體，並透過知識策略的導入，保持組織發展的靈活性和創新性，進而為組織文化的革新，以及組織智力資產的累積、運用和創建，建立系統化發展的基礎。

至於在知識管理的運作層面，屬於直線運行的運作方式，係指從選擇組織需要與可用的知識著手，並依此基礎進行一連串的分享知識、取得知識和評估知識的相關活動；最後，則建立一個知識管理的廻圈系統重行運作，如圖 3-1 所示：

圖 3-1　知識價值鏈

資料來源：Questions in knowledge management: Defining and conceptualising a phenomenon, by R. P. Uit Beijerse, 1999, *Journal of Knowledge Management, 3*(2), p. 104.

另一觀點，則是從價值網絡的角度，可將知識管理的核心過程，區分為下列六項要素，如圖 3-2 所示：

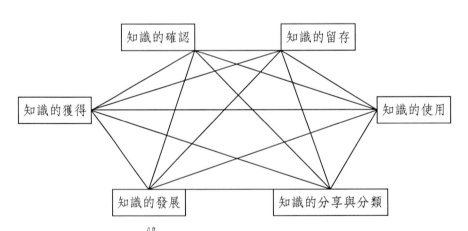

圖 3-2　知識管理的核心過程

資料來源：*Managing knowledge: Building blocks for success* (p. 30), by G. Probst, S. Raub, & K. Romhardt, 1999. New York: John Wiley & Sons, Inc.

1. 知識的確認：如何獲得內部和外部的現存知識。

2. 知識的獲得：從外部所獲得的專門知識。

3. 知識的發展：組織如何建立新的專門知識。

4. 知識的分享與分類：如何將知識放在組織中的正確位置。

5. 知識的使用：如何保證知識是被應用的。

6. 知識的留存：指知識能夠被證實且並無遺失或破壞。

雖然上述這六個要素，在知識管理的過程中，是一個順序發展的概念，但事實上，彼此之間其實是相互交錯影響，進而為組織知識創新產生更多無形的價值。

綜上所述，知識管理的要素可區分為知識的選擇、知識的取得、知識的分享、知識的應用與創新，以及知識的儲存等五大項，茲分別說明如下：

壹、知識的選擇

實踐知識管理必須重視組織知識的彙集與再利用。因為知識的彙集將有助於組織各部門知識共享機制的建立，但其先決條件，則在於組織如何有效掌握知識的來源，並選擇適於組織發展所需的知識。

原則上，組織知識的選擇工作，應考量下列二個要素：(1)專精、深化和了解的程度；(2)知識多元化的程度。因此，組織成員必須將自身的工作與組織任務、特性，做更縝密的連結，方能有效地從組織內和組織外，選擇個人和組織所需的知識（吳思華，1998）。

貳、知識的取得

所謂知識的取得，係指組織從外部或內部取得知識的管理工作。一般而言，組織取得外部知識的方式，可由專家小組、併購與聯盟等型態來獲取其他組織的知識（胡瑋珊譯，1999），或者透過學術單位、政府機構、研討會、報紙、期刊、雜誌等途徑取得。而組織內部知識的取得，則可藉由組織成員內隱知識或各部門文件檔案等方式的運用，取得所需的知識。

參、知識的分享

　　知識分享係指個人或組織將知識傳播、擴散到組織內的個人、團體或部門，進而促進知識的流通、共享與實踐。而組織知識分享的管道，可包括資訊與合作關係的網絡，以及組織所生產出的設計物、機器設備、內部研討會、成果展與教育訓練。另一方面，組織亦可建立種子人士或種子部隊，作為擴散與吸收知識時的關鍵人物（譚大純、劉廷揚、蔡明洲，1999）。

肆、知識的應用與創新

　　基本上，知識的應用就是產生功能上的效能與效率。就效能而言，知識應用的結果是要順利完成某件事情；以效率而言，知識應用是要增加速度。因此，知識應用係屬工作實際運作的層面（劉淑娟，2000）。而知識創新，實為知識在分享與應用之後，對個人智慧與創造力的激發，甚至是內在頓悟後所產生的結果。因為知識始自分享開始，隨著不同個體的轉化、內省，即可能逐漸失去它原有的本質，若從知識管理的觀點加以詮釋，係為知識價值創造的開始。整體來說，組織促進知識創新的策略，包括建立組織學習小組、問題解決團隊或簡化作業流程等方式，促使組織成員能夠持續不斷地累積、探索與創造新的知識。

伍、知識的儲存

　　知識管理在本質上是沒有終點的，因此，知識的儲存成為組織工作中不可或缺的要項。就功能面來說，不僅可以有計畫地建立組織系統化知識，也可避免組織成員太過依賴組織中的特定人士，一旦該人員流失，勢必對組織的知識資產造成莫大的影響。基本上，知識儲存的方式，最為現代組織普遍運用的，即以資訊通信科技為媒介所據以發展的資料庫或互動式平台為主；除此之外，將組織知識存在於組織內的物件、活動、制度、結構等範疇之中，

亦為可行之途徑。

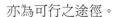

第三節
知識分享行為的概念、動機與情境

壹、知識分享行為的概念

簡言之，知識具有分享的特質，而此分享是一種使人知曉的行為（Nancy, 2000）。就過程來說，知識分享得以幫助他人發展新的行動能力；就內容而言，知識分享並非片段的資訊或資料的分享，且分享過程中所產生的資訊必須合乎邏輯，亦即包含推理機制（黎士群，2000）。換言之，知識分享的結果可促進個人從真實的整體中看見創造性的過程。

以下本節進一步從溝通、學習、市場以及知識互動等四個觀點，對知識分享的內涵做一析論：

一、溝通觀點的知識分享

知識分享可視為人際之間一種溝通互動的過程（Hendriks, 1999）。在此歷程中，參與者彼此分享訊息、觀念、事實或態度，以謀求組織知識發展的共識與契機。因此，溝通和協調的過程，即代表組織成員能夠具有知識分享的運作能力。

二、學習觀點的知識分享

簡單來說，知識分享是一種學習的過程（Senge, 1998）。其重要的價值不是在於個人擁有多少知識，而是在於個人追求新知和智慧的能力，也就是個人的學習能力，尤其隨著知識半衰期的逐漸縮短，個人必須不斷地重新學習新知識，在組織中不只要利用自己的智慧，也要竭盡所能地運用他人的智慧（陳琇玲譯，2001）。

三、市場觀點的知識分享

知識分享的過程猶如企業內的知識市場，買賣雙方經過溝通之後，即進行知識的交易，因為他們相信此一交易行為能使他們獲得好處。基本上，組織內的知識市場與商品市場最大的不同在於，知識的交易多半不涉及金錢的報酬，也不需要訂定買賣的契約（Davenport & Prusak, 1998）。

四、知識互動觀點的知識分享

透過內隱知識和外顯知識的互動，可以區分為四種不同的知識轉換模式（Nonaka & Takeuchi, 1995）：

(一)共同化

由內隱到內隱，是藉由分享經驗從而達到創造內隱知識的過程，所產生的知識，稱為共鳴的知識。

(二)外部化

由內隱到外顯，其過程係將內隱知識透過隱喻、類比、觀念、假設或模式表達出來，所產生的知識，稱為觀念性知識。

(三)結合化

由外顯到外顯，係將觀念加以系統化而形成知識體系的過程，所產生的知識，稱為系統化知識。

(四)內部化

由外顯到內隱，係以語言或故事傳達知識，或將其製作成文件手冊，促使外顯知識轉化為內隱知識的過程，其所產生的知識，稱為操作性知識。

至於在知識分享的類型上，Hendriks（1999）的研究指出，知識分享的類型包括下列兩個步驟：

(一)知識擁有者的知識外化行為

例如，演講、建立知識資料庫等，均可視為知識的外化行為。基本上，外化的行為未必是個人可知覺的，但此行為的確能夠促進知識的分享。

(二)知識需求者的知識內化行為

例如，邊做邊學、閱讀書籍、使用資料庫等行為，均屬於知識需求者吸

收他人知識的方式。

再者，若從時間和對象兩個角度，知識分享可區分為下列四種類型，如表 3-1 所示：

 表 3-1　知識分享行為類型

時間＼對象	有特定對象	無特定對象
需要特定時間	1. 面對面溝通 2. 工作中的具體示範	1. 公開的演講 2. 在訓練或研討會中進行知識的教授
不需要特定時間	1. 將知識具體化後儲存在受組織管制不對外公開的資料庫中 2. 發表受組織管制的文件	1. 將知識具體化後儲存在組織公開的資料庫中 2. 發表公開的文件

資料來源：研發機構分享機制之研究——以工研院光電所研發團隊為例（頁 46），汪金城，2000，國立政治大學公共行政研究所碩士論文，未出版，台北市。

總而言之，以人為主體的知識分享歷程，所關涉的三個層面包括：人與自己、人與社會和人與科技。也就是說，知識的產生或取得，除了透過人際之間的互動，以及資訊通信科技的運用取得知識外，個體本身就是知識的生產者與分享者。而內隱知識和外顯知識結合的積極意義，即在於個體真正的實踐，是個體自我覺知、省察後的行動，而非一種名詞上的界定，見圖 3-3 所示。因此，組織如果能夠使成員有感覺需要去進行知識的分享，將有助於建立組織知識分享行為，而成員彼此間知識的傳遞、獲取、吸收與交流，也將更為頻繁，且更具成效。

貳、知識分享行為的動機

動機（motivation）係指引起個體活動、維持已引起的活動，並促使該活動朝向某一目標進行的內在作用。而在此所謂的活動，自然指的是行為活動，動機本身不屬於行為活動，動機只是一種促進行為活動的內在作用（張春興，

1994）。因此，知識分享動機可視為一種驅使組織成員在知識分享行為表現上的中介變項。整體來說，知識分享動機可區分為內在動機（intrinsic motivation）和外在動機（extrinsic motivation）二種，茲分別說明如下：

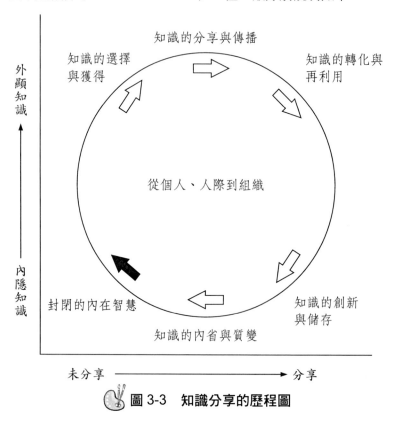

知識的分享與傳播

知識的選擇與獲得　　　　　　　　　　知識的轉化與再利用

外顯知識

從個人、人際到組織

內隱知識

封閉的內在智慧　　　　　　　　　　知識的創新與儲存

知識的內省與質變

未分享　　　　　　　　　分享

圖 3-3　知識分享的歷程圖

一、知識分享內在動機

在知識分享的內在動機上，知識工作者將需求依照個人的重要優先順序排列如下：第一是個人的成長，其次為作業的自主性，再來是任務的成就感，最後為金錢財富。由此可知，知識工作者普遍具有較高的自尊需求、偏好尋求職涯發展與成長、具有專業榮譽感、要求工作的自主性與自我管理、成就欲望強等特質，其所重視的是個人發展以及對專業的尊重（Tampoe, 1993；引自王文彥，2002）。此一觀點，若依照 Maslow 的需求層次論來看，知識

工作者的知識分享行為，係可滿足個人在歸屬感、自尊和自我實現上的心理需求。

而相較於 Herzberg 的二因子理論，知識工作者的知識分享行為之內在動機，則類似於二因子理論中的激勵因子（motivators），因為激勵因子的內涵包括成就感、肯定、工作本身、責任、成長機會等要素。因此，知識工作者樂於將知識分享給其他人，而這項行為的本身，就是他從事知識分享行為的目的，並非是個人為了獲得利益或外在酬賞，才願意與他人分享個人知識。

除此之外，同理心（empathy）也會影響個人知識分享的意願，因為知識擁有者的同理心特質愈強時，愈能感受到他人因對事物的不了解所產生的負面情緒，希望降低或祛除此負面情緒，因此會做出利他行為，即告知該事物相關訊息，所以分享意願較強。當然，除了上述各項因素外，人際之間的互動，有時也會因為利他行為的發生，雙方在相互回饋中產生加乘的功效。

總而言之，知識工作者的知識分享內在動機，會受到個人自我成長、自我實現和利他主義的影響，使其願意將個人的知識分享給其他人。所以，一位知識分享內在動機愈強的知識工作者，對其個人的工作、任務和責任勢必會有更高的要求，並且能持續不斷地創新。

二、知識分享外在動機

外在動機的驅使，可以從實質和非實質二個方向著手，前者指的是物質或金錢的酬賞；後者則是一種無形的獎勵，例如獲得他人的肯定。就此觀點來看，知識分享外在動機可視為知識工作者的利己性滿足行為（egocentric satisfaction behavior），因為利己性滿足行為強調個人自身利益的提升。也就是說，當個人利己性滿足愈獲增強時，其知識分享的意願就會愈高；反之，則會對知識分享意願造成負面的影響（Amabile, Hill, Hennessey, & Tight, 1994）。

以下進一步再從報酬的角度，針對利己性滿足一詞的概念做一論述，首先在實質層面上，它代表知識買賣雙方基於彼此對知識的欲求和獲益，抑或是買賣雙方對知識所進行的交換行為。其次在非實質層面上，代表的是知識工作者因個人的知識分享行為，在無形中產生的專家形象，不僅可以為個人帶來相對的地位或權力，也可使個人在職場上帶來更好的發展機會。因此，

不論是個人對個人抑或是個人對組織，此一利己性滿足行為均可視為互利主義下的市場機制。

簡言之，互利主義驅使下，帶給個人實質或非實質的酬賞與聲響，可視為個人知識分享外在動機的主因。而一個組織之中，市場機制的買賣雙方之所以願意進行知識的交易，是因為他們相信可以從中獲得報酬，這些報酬決定了個人知識分享的動機（Davenport & Prusak, 1998）。因此，知識分享外在動機的激發，除了受到知識工作者個人對知識分享行為價值觀和態度的影響外，其實是可以透過策略的運用，促進個人知識分享意願的提升。

參、知識分享行為的情境

照理說，人的本質應不至於會排斥分享，如果組織中的成員不願分享，就必須注意是否是情境所造成的影響（Hidding & Shireen, 1998）。所以就情境而言，有五個情境最適宜知識的創新，其中包括：讓成員有創新的意願；給成員一個富有挑戰性的情境；使成員自發性地進行創新；給成員充裕的資源；提供多樣化的情境（Nonaka, 1994）。據此可知，情境對知識分享和知識創新的重要性不言可喻，其功能無疑是要提高個人知識的可取得程度為核心。

因此對組織來說，影響知識分享的情境因素不容忽視，例如：不當的組織結構、分享氣氛冷淡的組織文化、次級團體的對立等（Davenport & Prusak, 1998）。換言之，如果組織未能具備知識分享的文化與環境，是很難促使組織成員將分享知識視為一種自然的行為（McDermott & O'Dell, 2001）。以下進一步從組織內部情境的角度切入，將知識分享情境分為以下三個層面：

一、組織文化

根據研究發現，組織文化中的文化特質，會影響組織成員對於知識的認知，由於組織文化特色的差異，使得具有不同文化特色的組織在認定對組織有用的、重要的或有效的知識，也會跟著有所不同，因此文化會影響行為，而透過組織文化建立社會互動的情境，則是促使文化對行為產生影響的方法（De Long & Fahey, 2000）。

　　因此，為了提高組織成員知識分享的意願，組織必須建立知識分享的文化，其做法包括：(1)找出最適合組織的知識管理方法，而非直接拷貝其他組織的知識；(2)將知識分享活動和組織核心價值做結合，以獲取同仁的重視；(3)建立與維持組織成員間良好的人際網絡關係；(4)將知識分享融入日常作業流程中等策略（McDermott & O'Dell, 2001）。

二、知識管理機制

　　知識管理制度能促進組織成員的知識分享意願，在組織因素中，影響分享的順序為：在社群剛成立時，領導風格對分享意願的影響最大；但是社群規模漸大時，領導者個人就無法管理這麼大的社群運作，必須靠管理制度來運作；當社群規模更大時，就要靠社群文化（吳清涼，2003）。因此，對一個有心推動成員知識分享意願的組織來說，必須建立完善的知識管理制度，在內涵上至少應包括：(1)績效評估面：將個人在團隊合作的表現列入考核項目；(2)獎勵制度面：建立明確的知識分享評估與獎勵制度；(3)作業程序面：將知識管理納入組織的日常作業程序（金承慧，2003）。

三、資訊通信科技的運用

　　運用適當的科技媒體，能夠加速促進內部資訊的流動（簡吟芳，2003），也能對知識分享意願有顯著正向的影響（梁桂錦，2002），因此，組織有責任透過資訊通信科技（information communication technology）去創造和取得組織的內外在資源，因為內外在資源的整合，是組織生存創新的利基。首先在創造內在資源方面，組織的發展技術不能受到限制，因為內在資源的產生，往往根植於組織無形的內在能力。而在此原則下，所產生的新知識對組織內不同階層的人來說，是有用的、是可以被學習的，也是可以被理解的。而在外部資源取得方面，則可透過與其他組織的接觸，學習其所擁有的知識，抑或是從組織外部輸入知識或技術。

　　基本上，對於透過資訊通信科技的運用，係可藉由資訊密度的發展來加以說明，即包括資訊使用的程度、資訊更新的頻率，以及資訊的正確性。換言之，對於知識分享行為的推展，若所需資訊的使用程度愈高，或資訊更新

的次數頻繁，或所提供的資訊正確度高，那麼其資訊密度也會相對地提高。所以，當組織成員運用資訊通信科技的技術與需求提高後，資訊通信科技在知識分享行為上的使用也就愈加重要。

第四節
知識管理與課後照顧的經營管理

雖然知識管理的理念主要來自於企業界，但是這種新的組織管理課題，除了確立知識為組織發展的重要資源，也奠定了組織學習的豐厚基石，使得個人、團隊和組織，得以在知識管理的歷程中，進行有意義的改變，進而實現知識創價理想之願景。以下本節針對知識管理的內涵，進一步提出知識管理取向的課後照顧服務方案發展策略，茲分別說明如下：

壹、課後照顧主管應營造良好的組織氣氛和環境，以促進內部良好的學習文化

課後照顧服務方案是一個兼具知識教導和照顧兒童的工作場所，站在知識管理的角度，任何一個工作場所都存在學習的契機，它可以是工作者個人的自我學習或檢討，可以是同仁之間的相互學習或觀摩，也可以是資源網絡發揮所形成的各種學習機會，因此，工作場所內的組織氣氛和環境就顯得格外重要。即內部成員是否感受到在這裡工作是安全的、人際之間是值得信任的，環境的規劃讓工作者感到便利、溫馨又具境教的價值，他們願意也喜歡在這裡工作，同仁彼此間相互幫忙、學習，以建立這個組織的學習文化。而這些除了靠每個人的努力外，課後照顧辦理單位的主管更有其責任和義務主動去營造，才能發揮更關鍵性的角色功能。

貳、課後照顧主管應發揮學習促進者的角色，並以身作則，改善內部人員對話和分享的風氣，以提升知識分享的意願

　　個人知識分享意願高低與否，攸關組織內部知識管理工作是否能夠順利推動。當然對任何一個組織而言，其運作不外乎是藉由「從上到下」與「從下到上」的交互作用中逐漸發展，在這裡所指的「從上到下」並不是一種威權、命令，而是強調組織中的管理階層也應身體力行。即課後照顧中心裡的主管，在知識分享意願的推動上必須以身作則，同時扮演學習者和學習促進者的角色，並正視內部人員對話和分享的風氣是否改善，才能使同仁彼此間的知識共享和活用程度更為提高。此一結果，除了必須具備前項良好的組織氣氛和環境外，就是要讓內部人員覺得對話和分享是出於真誠的平等對待，每個人都有相等的發言機會，彼此願意用心聆聽對方的想法，在過程中每個人都受到尊重，是基於公平原則下的互信與互動。

參、課後照顧服務方案應重視內部人員知識創新習慣和能力的養成，以強化服務方案品質的不斷提升

　　課後照顧服務方案所規劃的課程內容，對消費者來說，是一項產品，因此，產品的好壞會直接影響到消費者購買的意願，如果課後照顧辦理單位對於所安排的課程內容、教學方式、教室情境，或與照顧兒童有關的各項事務等層面總是一成不變，久而久之就會喪失市場競爭力，無法持續獲得消費者的青睞。據此而論，以知識管理的角度觀之，唯有內部人員勇於創新，不斷在各項服務內容上透過學習進一步檢討必須改進的事項，或提出兼具創意和務實的方案，勢必能夠讓課後照顧中心的服務品質保持最佳的狀態。但是創新不是搞噱頭、玩花樣，也不是一時的興起，它必須奠基在內部人員正確理念下所據以培養的習慣和能力，才是真正的創新。

肆、課後照顧服務方案應鼓勵內部人員參加相關研習訓練課程，以持續提升個人和整體的專業素養

知識管理的推動，課後照顧辦理單位有責任去創造和取得組織的內外在資源。在創造和取得內在資源方面，即重視內部人員知識的分享、流動和創新，其所產生的新知識，對組織內的所有人來說，是有用的、是可以被學習的，也是可以被理解的。而在外部資源取得方面，除了透過和其他組織的接觸，學習其所擁有的知識外，課後照顧主管應當積極鼓勵員工主動參與相關的研習訓練課程，甚至要有系統地安排不同工作屬性的同仁，每年至少必須參與一定時數的進修課程。此一結果，除了能持續提升個人的專業素養，更能將組織內外在的知識做更大的整合運用，強化組織整體的效能。

伍、課後照顧服務方案應充分發揮資訊設備的功能，建立完善的檔案管理和學習機制，以使相關人員便於使用和分享知識

隨著資訊科技的進步，人類的學習方式和習慣產生了改變。人們可以透過網際網路的使用迅速地蒐集所需的資料，並進行雙向的互動溝通。換言之，資訊科技的運用，不僅能有系統地彙集組織內有形的知識，也能夠藉由討論區的策略運用，消除彼此間的距離，以進行知識管理相關工作。因此，課後照顧辦理單位可考量人力、硬體與軟體等實際需求，建置內部的檔案管理系統，便於內部人員在工作上使用，提高工作效率，以及建置入口網站，隨時充實與更新網站內容，以最新的訊息呈現在使用者眼前。當然，網站設計應力求新穎並富有吸引力，激起使用者進入網站搜尋資料的興趣；除此之外，也可在網站附設討論區，提供使用者討論的虛擬空間。

e Marketer 網站針對網站設計共提出了以下十個法則（引自黃俊英，2005，頁 361）：

1. 管理你的形象：設計和保護你的品牌形象在線上和在任何其他媒體一樣重要。

2. 簡單的標誌：記得 K. I. S. S.（Keep It Simple, Stupid）。

3. 不要浪費時間：要讓你的消費者快速找到他們正在搜尋的資訊。

4. 保持產品的新鮮：蜘蛛可能經常結網，但如果任何人在你的網址上發現蜘蛛網，他們將不再回來。

5. 放棄：如果你的網站不能提供真正的價值，那任何人就沒有理由去訪問你的網站。

6. 最後還是要有資訊：當有人上你的網站時，不要讓他們空手而回，要提供給他們內容、內容、內容。

7. 要有互動：大眾媒體是被動的；新媒體是互動的。

8. 遵照十項法則：對上帝和 David Letterman 而言，十項已經夠了（註：指上帝的十誡和美國脫口秀名人 David Letterman 節目中的 Top Ten List 單元），因此要向他們學習，也要讓你的內容簡明扼要。

9. 推廣你的網址：如果你想要顧客到你的網址，就要善用推廣。

10. 法則將會改變：要經常並且盡可能做正確的改變，要趕上快速變動的網路事業趨勢。

第 五 節
問題討論

在讀完本章之後，你應該能回答下列與知識管理和課後照顧有關的問題：

1. 知識管理興起的原因是什麼？為什麼知識管理對組織的運作發展非常重要？

2. 何謂內隱知識？何謂外顯知識？要如何能獲取這二類的知識？

3. 知識管理的要素有哪些？它們彼此之間的互動關係為何？

4. 知識分享行為為什麼這麼重要？它對知識管理的影響在哪裡？

5. 課後照顧服務方案為什麼要推動知識管理的工作？

6. 課後照顧服務方案要如何做好知識管理的工作？

第四章

創新管理與課後照顧

本章大綱

第 一 節
創新的內涵

壹、前言

正因為《藍海策略：開創無人競爭的全新市場》一書的出版，更加凸顯組織創新經營與管理的重要性。因為當前的全球化競爭日趨白熱化，大多數企業削價競爭，形成一片血腥紅海；想在競爭中求勝，唯一的辦法就是不能只顧著打敗對手。成功的企業會在紅海中擴展現有產業邊界，創造出尚未開發的市場空間，形成無人競爭的藍海（黃秀媛譯，2005）。

職是之故，在全球競爭風潮及環境變遷的影響下，人們日益發現組織面對二十一世紀的挑戰，其關鍵因素與十九世紀和二十世紀的成功要素有明顯的不同。因為當傳統式的組織型態無法因應現今瞬息萬變的挑戰時，持續變革就成為組織生存發展的不二法門，期能透過組織成員學習能力和創造力的激發，進而不斷追求組織的進步與創新。

再者，從組織理論變遷的角度可知，從傳統理論時期，包括 Taylor 為首的科學管理學派；Fayol、Gulick 和 Urwick 為代表的行政管理學派；Weber 的科層體制，到行為科學時期強調的人群關係學派；Barnard 的互動系統觀點；Maslow 的需求層次論；Herzberg 的激勵保健理論；McGregor 的 XY 理論，再到系統管理學派興起後，Fiedler 所提出的權變理論等。在面對快速複雜的環境變遷時，對於展現組織應變及馭變能力的基本要求，仍有其困境。亦即，沒有任何一種組織理論可以充分地探析組織的問題與現象，因為組織處在一個動態且非均衡的開放系統之中。

國際知名經濟學家 Thurow 直指，當我們埋首一角，汲汲於清理過去的包袱之際，不要忽略世界正在如何變形、如何遠離我們而去。而當我們自行其是，卻慌亂於前所未見的難題和變動之際，不要忘記別人已經發展出的規則

與答案（引自齊思賢譯，2000）。換言之，在社會變遷的過程中，由於不確定因素的影響，使得組織在此環境因素下，為求創新突破，追求永續生存和發展，勢必要促使組織中的個人、團隊及其組織本身投入變革的行列之中。而創新管理理論的興起，正是組織面對社會發展，觸動變革的重要機制。

貳、創新的內涵

創新（innovation）一詞，從它的拉丁語源nova（也就是新），便可窺見端倪。一般認為，創新是指新事物或新方法的引進。詳細而言，創新是將知識體現、結合或綜合，以造就原則、相關、有價值的新產品、新流程或新服務。創新亦可從產品、過程、產品及過程，以及多元的觀點說明其內涵，如表 4-1 所示。此外，創新可分為漸進、激進二種。漸進創新是指開發既有的形式或技術，不是改善既存的事物，就是修改既有的形式或技術來達到不同目的。激進創新則是世上前所未有的事物，與現有的技術或方法截然不同，它至少具有下列三項特性中的其中一項（楊幼蘭譯，2004）：

1. 具有嶄新的功能特點。
2. 較已知的性能至少改善了五倍。
3. 至少降低三成的成本。

據此而論，創新是一種合於智慧性的創造特質，是一種高價值的思考信念，它會作用在新觀念、新制度、新技術、新產品、新材料，或任何新事物的歷程和結果之上。所以在創新歷程中，應當重視組織成員對現有事物或外在環境的覺察、醞釀、規劃、發展、突破和實現，即如何從抽象或新觀念中轉化成具體、可行動的實踐歷程。至於在結果上，除了獲得新思維和新產出外，還必須強化創新結果的利用和傳播，才能達成提升組織競爭優勢的目標。

表 4-1　創新定義分類一覽表

分類觀點	代表學者	創新的定義
產品觀點	Blau & McKinley（1979）；Burgess（1989）；Kelm et al.（1995）；Kochhar & David（1996）	以具體的產品為依據來衡量創新
過程觀點	Kimberly（1986）；Drucker（1985）；Amabile（1988）；Kanter（1988）；Johannessen & Dolva（1994）；Scott & Bruce（1994）	創新可以是一種過程，著重一系列的過程或階段來評斷創新
產品及過程觀點	Tushman & Nadler（1986）；Dougherty & Bowman（1995）；Lumpkin & Dess（1996）	以產品及過程的雙元觀點來定義創新，應將結果及過程加以結合
多元觀點	Damanpour（1991）；Russell（1995）；Robbins（1996）	主張將技術創新（包括產品、過程及設備等）與管理創新（包括系統、政策、方案及服務等）同時納入創新的定義

資料來源：市場導向、組織學習、組織創新與組織績效間關係之研究——以科學園區資訊電子產業為例（頁 26），林義屏，2001，國立中山大學企業管理學系博士論文，未出版，高雄市。

第 二 節
創新管理的定義、原則與策略

壹、創新管理的定義

　　創新管理係指組織領導者藉由系統化與持續性的努力，試圖透過創意環境的規劃安排，引發組織成員進行知識創新、技術更新、產品轉化的過程，並針對組織可能面臨的問題，激發組織成員願意突破現狀、接受挑戰的能力，

即一種有知覺、有意圖、精心策劃、深思熟慮的組織變革之歷程和結果，期以新的思維和行動，追求組織的永續經營與發展。

　　其實從組織演化的模式可知，組織發展的確有一段較長的漸進變革。至於促成這種「組織不連續」的原因，如果不是出現績效危機，就是因為技術、競爭或法律規範發生變化。比較不成功的公司，只是針對環境劇變做出回應；但比較成功的公司，卻能及早主動創新，重新塑造市場。對領導者而言，他的經營工作要兼顧下列二者：一方面他必須保留部分時間，經營一個相對穩定且漸進變革的世界；另一方面，也須撥出另一部分時間，經營一個革命性變革的世界（周旭華譯，1998）。

　　整體來說，創新管理源自組織成員創意的激發，而創意來自於新知（創新的重要泉源）；傾聽顧客的聲音；領先使用者（指一群需求遠遠超前市場趨勢的人）；共鳴設計（包括：觀察、記錄資料、思考與分析、腦力激盪、建立解決方案的原型等五個步驟）；創新工廠（指大型廠商設立的研發單位）與秘密計畫；創意的公開市場。為此組織領導者必須有效運用獎勵、創新的風氣、僱用創新人才、鼓勵創意交流，以及支援創新者，來達成組織創新經營管理的目的（楊幼蘭譯，2004）。

　　基本上，站在教育的立場，創新管理的具體作為必須同時思考目標與功能、組織與行政、角色與關係，以及課程等四個向度。有關目標與功能的創新，係指重新界定教育的目標與功能、教育的新措施，以及學校和環境的新關係。組織與行政的創新，強調教育制度、組織、管理程序、行政管理技術、機構或單位間的合作，以及參與決策模式的創新等。而角色與關係的創新，則指重新定義學生、教師、行政人員、家長和社區、教育行政主管機關的角色、職責，以及重新調整人際互動關係。至於課程的創新，則包括教育學生的過程，例如教學目標、內容教材、方法和評量等（OECD, 1997）。

貳、創新管理的原則

　　有關組織創新管理的原則，包括：組織學習原則、創造性衝突原則、突破現況原則、激勵支持原則，以及成效評估原則五大點，茲分別說明如下：

一、組織學習原則

　　組織學習強調過程和結果的整合發展，為能有效因應外在環境的改變，組織必須不斷進行程序和常規的修正，並轉化為具體行動，以提升組織的績效。亦即，組織學習乃是一種知識的累積、行動、檢證和創造的循環歷程，在過程中關注組織內部集體能力的提升，進而強化組織重獲競爭力的信念與方針，不斷追求組織的進步與成長。

　　從改變組織價值觀及規範的角度切入，組織學習具備下列三個層次的學習型態（Argyris & Schon, 1978）：

(一)單環路學習（single-loop learning）

　　強調在既定的組織目標、政策、規範下，謀合行動與結果間的關係，並連結手段與目標間的關係。此一學習層次著重回應現存問題，因此容易產生「刺激—反應」的行為特徵。因此比較適用於穩定的組織，這種學習方式又稱之為適應性學習。

(二)雙環路學習（double-loop learning）

　　強調在組織抽象的意圖下，重新修正目標、政策、規範與組織意圖的關係，設法找出問題原委，並往下找尋可行的具體作為。因此，雙環路學習是一種創新的學習，學習結果不只產生表面的變革，更可以造成組織深層結構的改變。

(三)再學習（deutero learning）

　　係植基於上述二個層次的學習成果上，所產生的學習經驗。當組織再次面對問題及不確定因素挑戰時，得藉由再學習的發生，提高組織解決問題的能力。

　　若從知識保存量的觀點來看，組織學習的型態區分為下列三種（Bowonder & Miyake, 1993）：

(一)維持性學習（maintenance learning）

　　個體為了維持既有的知識水準，減少原先離開學校所學知識和技能遞減所產生的差距，必須進行維持性的學習。

(二)適應性學習（adaptive learning）

　　個體在離開學校後，由於原先所學領域之知識和技術不斷擴增，個體為能跟上時代腳步所做的學習。

(三)創造性學習（creative learning）

　　個體為了能夠創造新的技術所進行的學習活動。

二、創造性衝突原則

　　儘管思考與技能的多樣化十分重要，但並非毫無風險。不同的思考風格無法營造完美的和諧，組織領導階層要有發生爭執和衝突的準備，並且要將衝突轉變成創造力。為了使衝突發揮創造力，組織成員必須傾聽彼此的意見，願意了解不同的觀點，並且互相質疑對方所持的假設。另一方面，組織領導階層必須防止衝突變成人身攻擊，或是私底下慢慢醞釀成一觸即發的可能性。防止衝突造成破壞的最好方式，便是為組織設置一套規範來處理衝突。簡單來說，處理創造性衝突的三個步驟包括：營造讓員工樂於討論難題的風氣；協助討論進行；以探討能做的事來結束討論（楊幼蘭譯，2004）。有關影響個人或組織創造力的心理因素，如表 4-2 所示。

三、突破現況原則

　　創新在於組織是否勇於突破現況困境，挑戰及開發個人、團隊和組織的最高潛能。因為從二十世紀末以來，人類社會正經歷著歷史演進過程中，前所未見的蛻變與成長，所面對的不僅是一個知識、科技與能力相互輝映的年代，同時，也身處在一個充滿變動與不確定性因素的環境裡。因此，企業組織已深刻地感受到不創新便死亡的困境。簡言之，具有創新管理機制的組織，其成員知道如何在安逸或困頓的環境中重建現實環境，讓隱藏的機會顯現出來，進而使組織能夠持續探索新方向、體驗新經驗、實踐新願景、發展新文化。

✂ 表4-2　影響創造力的心理因素對照表

創造力的絆腳石	創造力的基石
短視近利	資源豐富
太常、太謹守規則	能跳脫規則思考
認為玩樂是不可取的	活潑好玩
僅專注於正確答案	致力探究可能性
愛好批評、吹毛求疵	包容
怕失敗	能接受失敗並從中學習
對冒險感到不安	明智的冒險
難以傾聽不同的觀點或意見	積極傾聽、接受差異
缺乏對創意的開放態度	接受創意
政治問題與地盤之爭	合作、注重互惠
避免模稜兩可	容忍模稜兩可
褊狹	寬容
缺乏彈性	靈活
太快放棄	鍥而不捨
太在意別人的想法	心中自有主張
認為自己缺乏創造力	肯定自我的創造潛能

資料來源：如何做好創新管理（頁62），楊幼蘭譯，2004，台北市：天下文化。

四、激勵支持原則

　　創新管理強調在學習與工作的結合下，成員願意進行創新性的冒險，以維持組織競爭優勢的重要來源。因為創新冒險的實作意願，得以使成員充分發展新的觀念、有效應用新的技能，及創造組織新的知識，進而突破組織現況，使組織成為一個有效能的組織。因此，組織領導者要有容忍成員在推動創新管理過程中產生錯誤的雅量，對於積極推動及表現良好的成員，能給予口頭或物質上獎勵。當然，更重要的是組織領導者的親身參與，並確實提供人力與經費上的支持。質言之，創新冒險的實作意願，可以促進組織發展過程的動態變化性，不斷創造新的學習機會與情境，進而因應外在環境快速變化下所帶來的挑戰。

五、成效評估原則

在創新管理的過程中，持續改善必須成為組織發展過程中不可或缺的工作要項。此一作為，不僅包括個人的自我評鑑（self-evaluation），更涵蓋了與組織實務有關的程序、規範、策略和工具等，期能透過此歷程，將改善成果轉化成為組織知識、價值與信念的改變。因此，組織必須建立一套持續反饋的評估機制，方克作為個人、團隊和組織進行自我檢核之用，畢竟組織的資源是有限的，不可能無限上綱地投入後，卻未見應有的成果。所以，如果組織忽略了成效評估，極有可能使得組織在遵行程序中陷入經驗學習的錯覺，即使花了相當多的時間、資源和精力投入在工作之中，也未必能夠獲得良好的產出及成員能力的提升。

參、創新管理的策略

有關創新管理的策略，Hughes 和 Norris（2001）以學校為例，認為學校的創新經營是校長和學校成員間雙向影響力發揮的過程，以追求理想的實踐。其運作策略係可從以下四點切入：

一、學校組織結構的調整

推動學校創新經營，可以從建立有創意的學校結構著手，其可能的方向和做法，必須視學校的文化脈絡而定。例如：有效組合學校人員、妥適分配成員職責、角色分工，以及因應環境新設或進行組織再造、重建等。

二、精鍊成員的人際互動

推動學校創新經營，人的因素係為關鍵。思考的方向包括：以心理價值的方式鼓勵成員；改善學校的人際溝通；引入腦力激盪、名義團體技術；透過一系列的學習活動凝聚學校成員的向心力。

三、改善學校的微觀政治學

改善學校的微觀政治學的做法,包括:建立有限資源的分配;建立有效、多元的參與決定;建立創意的衝突解決機制等。

四、由文化意義的展現加以努力

學校創新經營可以從學校文化著手,在做法上可包括:建立學校識別系統;使創新成為學校日常生活核心;提高學校教師對於教學工作的意義感;建立積極正向的學習文化等。

吳清山(2004c)則是從觀念、技術、產品、服務、流程、活動、環境、特色等八個向度,提出學校創新經營可資運用的策略:

1. 觀念創新:如學校人員價值、思考方式、意識型態的改變。
2. 技術創新:如教學、評量、工作方式、資源運用的改變。
3. 產品創新:如學生作品、教師教具、教師著作、課程設計等產品出現。
4. 服務創新:如行政服務、社區服務、家長服務的改變。
5. 流程創新:如教務、學生事務、總務、輔導、人事、會計處理程序、開會流程的改變。
6. 活動創新:如開學典禮、畢業典禮、校慶、運動會、體育表演會、開學日、家長日、節慶、教學觀摩會、戶外教學活動、城鄉交流活動、畢業旅行、教師進修活動、教師自強活動、家長參與活動等方式。
7. 環境創新:如建築物造型的美化與改變、室內設備擺設的調整、環境空間的重新規劃、教學場所與運動場所的布置等。
8. 特色創新:如發展學校特色、形塑學校獨特文化。

總而言之,創新年代下管理致勝的關鍵思維,即在於現今的組織管理係有別於過去的組織運作型態,組織領導者及其成員應在創新管理理念的驅使下,擁有強烈的動機和使命感,及對內、外在環境的掌握和應變能力,才能夠使課後照顧服務在專業自主(professional autonomy)及自我更新取向(self-renewal approach)的原則下,符應社會大眾的殷切期盼。

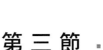

第三節
創新管理的過程

　　創新管理的流程始於激發創意和辨識機會這二項創造行為。第一項創造行為，是領悟出某種新事物，有時創意是來自於某種缺乏明顯商業價值的技術領悟，不過，大部分狀況是來自於對問題或機會的領悟。而第二項創造行為，便是發生在人們說：「我們所發明的這材料對顧客可能有價值」；「我們若能解決這問題，就能為顧客與股東創造價值」；「這也許能創造龐大的成本優勢」。一旦認清機會，就必須將該創意發展到決策者能夠評估的程度，因為能獲得肯定答案以及組織支持的創意，才會進入發展階段，邁向漫長、崎嶇的商業化之路。有些創意會抵達這條道路的終點，但大部分則不然。商業化是這些創意的最後考驗，在此由顧客做最終的評估。而創造力在創新流程中扮演著關鍵角色，它會激發出初步創意，並且在發展過程中改善創意（楊幼蘭譯，2004，頁 4-5）。圖 4-1 係可說明創意發想在創新管理過程的運作機制。

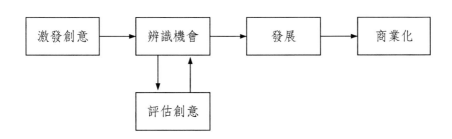

 圖 4-1　創意流程圖

資料來源：如何做好創新管理（頁 4），楊幼蘭譯，2004，台北市：天下文化。

　　簡言之，創新既是觀念性、也是認知性的思考信念與策略，而且目標明確且系統化的創新，經常始於對機會的分析。若從過程的觀點來看，創新無疑是一種有關想要開始改變程序與結果的理想，可能被一群接受者接受選擇

或拒絕的過程（OECD, 1973）。當然，對創新管理來說，為了免於組織走向凋零甚至死亡，組織應當避免下列三點禁忌：不要太聰明，創新必須普通人能夠操作才行；不要分心，不要一次想做太多事情；不要嘗試為未來而創新，要為現在而創新（蕭富豐、李田樹譯，1998）。

綜觀表 4-3 可知，創新管理需要組織整體的搭配，以及透過組織成員行為及彼此的互動關係，方克建立穩固的發展基石。而其終極目標，則在於組織效能的提升，因為真正的創新會為組織帶來實質的改變，而非僅止於認知上的不同。質言之，創新管理不僅關注組織實質的運作歷程及成果，亦強調組織文化和精神的具體表現。因此，一個組織到底該展現何種行為特徵，以凸顯其行動領域的正向價值，係為推動創新管理不可或缺的重要作為，即對於創新管理過程的了解，將有助於組織勾勒出更為清晰具體的發展圖像，以促進組織創新目標的達成。

第四節
創新管理與課後照顧的經營管理

進行創新管理的組織是一個持續學習、不斷排除障礙，勇於嘗試創新的現代組織。因此，組織對於自身的規範及相關策略的運作過程，必須進行檢視並加以修正，否則所形成的正向效果並不會長久。而其理想實踐之根本，即在於組織及其成員的反思能力，是否能夠對組織提出質疑、挑戰傳統，並培養系統思考的能力，從看見整體的思維中處理組織所面對的問題。以下本節進一步針對創新管理和課後照顧的整合探討，提出六項思考的方向供參考：

壹、課後照顧辦理單位應推動學習型組織，以為創新管理奠定良好的基礎

本質上，學習型組織（learning organization）是一個以人為本的組織，因為組織的任何層面，主動的力量都是人，它所營造的是一個兼具真誠與成長互動關係的學習文化。因此，課後照顧辦理單位發展成為學習型組織，將有

表 4-3　創新管理的過程模式

	Thomas D. Kuczmarski	Tom Peters	Debra M. Amidon	John P. Kotter	D. Leonard & J. Rayport
創 新 管 理 的 過 程	1. 創新藍圖 2. 發展一套新策略 3. 設計一套技術與創新結合 4. 設計一套階段性發展過程 5. 組織創新團隊 6. 建立獎勵制度 7. 灌輸創新的規範及價值觀	1. 投資於以實用為導向的新產品 2. 組成產品開發小組 3. 鼓勵快速而實際的測試，不要限於冗長的計畫 4. 廣泛地蒐集創新構想 5. 藉由系統的口碑相傳，銷售新產品或服務 6. 支持有幹勁的鬥士，以使公司在低迷時仍可創新 7. 管理你的日常事務，作為創新的典範 8. 只要事前能深思熟慮，即使失敗也應支持 9. 透過獎勵制度設定創新目標 10.展現新公司的創新能力	1. 為創新制定一個明晰、廣泛聯繫的策略 2. 任命某人負責公司範圍內的創新過程 3. 客觀地評價自己的創新能力—創造新思想使其市場化的能力 4. 組織一種協作行動，把包括所有利益相關者在內的整個企業聯合在一起 5. 追蹤觀察	1. 建立危機意識 2. 建立領導團隊 3. 建構願景 4. 溝通願景 5. 授權員工參與 6. 規劃並創造近程戰果 7. 整合成效並持續變革 8. 讓新做法深植企業文化	1. 觀察 2. 擷取資料 3. 回想與分析 4. 腦力激盪以尋求解決專案 5. 可能解決專案的原型發展

資料來源：創新管理在國民小學校務經營的意涵，馮清皇，2002，教師天地，117，頁38。

助於強化內部人員組織學習機制的運作，係值得課後照顧負責人和主管加以重視的課題。由於在學習型組織中，如果只重視個人學習的倡導，其個人學習的總合並不一定能創造出學習型組織，因此在組織中各小組或團隊應能彼此合作學習，從學習的過程中彼此交流、分享學習的成果。總之，面對社會變遷所帶來的挑戰，課後照顧辦理單位在因應此變遷的同時，必須尋找一個適合自己發展的最好方法，確保在演化的過程中，得以不斷學習、調適與永恆的存在。

貳、課後照顧辦理單位應進行理念的創新，重建組織經營管理的整體目標

課後照顧服務方案的組織發展較偏向以負責人為首的經營方式，因此其組織結構屬於保守穩定的狀態，以致在經費管理上是以量入為出的直線思考為主，如果學生人數每下愈況，就難以有持續性和全面性的發展。因此，課後照顧辦理單位的負責人和主管，應當主動對創新管理投入更多的注意力，並嘗試改變組織成員的價值觀念，力求經營理念的創新。

參、課後照顧辦理單位應進行組織的行政創新，建立高效能的行政運作品質

創新管理的應用，即以實際的理念、方法、工具、行動來改革組織目前僵化現存的觀念、制度、內容，使人力、物力、資源發揮其最大潛能，以實踐組織的目標。而有鑑於行政運作之良窳，攸關整個組織品質的好壞，因此課後照顧內部應當檢視現行各項行政制度與措施，並從服務創新和流程創新的角度，進行相關改革工作，讓內部的行政業務更順暢、更具適應力與效能。

肆、課後照顧辦理單位應進行課程教學方案的創新，以創造更高的附加價值

課程好比是一個人的軀體，教學則是賦予軀體生命的靈魂。由此可知，課後照顧服務方案的課程教學方案係為組織經營發展的核心。一個願意嘗試創新、力求突破現況的課後照顧辦理單位，會不斷引進新的課程和教學觀念、

方法或工具，使學生不僅學到知識，也學到方法、技巧，以及相關的態度、觀念和理想。

伍、課後照顧辦理單位應進行組織的績效創新，以順利達成組織的目標

所謂績效係指組織進行某項行動或計畫的歷程中，其結果除滿足個人或組織的需求，並順利達成預期的目標外，其所獲得利潤更應大於所付出的成本預算（黃哲彬、洪湘婷，2005）。因此，課後照顧辦理單位在進行創新管理時，並非只是不斷地投入大量資源，抑或是只要求創新發明而不管任何成本效益的經營模式；相反地，課後照顧辦理單位應當在有限資源中不斷尋求其他資源的投入，並善用現有的人力、物力資源，藉由創新管理機制的運用，創造出超過預期的利潤效益。

陸、課後照顧辦理單位應積極建構組織的創新文化，以維繫和提升組織創新管理的成效

組織文化乃是一種激勵組織成員、表現某種行動的集體力量，是一種潛在的、統一的整體，它提供組織成員意義、方向和奉獻的能量。職是之故，組織文化關涉組織成員彼此所認同的信念、價值觀和行為模式。據此而論，倘若組織成員習於舊經驗，面對環境的變遷仍無法反省舊有價值觀，其迎向變革的動機勢必是薄弱的。因此，在創新管理的運作中，必須透過評估、修正及改造的過程，創造組織成員集體性的了解，有效形塑積極正向的組織文化，進而透過組織成員具體表現於組織的日常工作中。

第五節
問題討論

　　在讀完本章之後，你應該能回答下列與創新管理和課後照顧有關的問題：

1. 什麼是創新管理？創新管理的原則有哪些？

2. 創新管理對一個組織的經營發展有何重要性？請舉例說明之。

3. 不同學者所提出的創新管理的過程模式，其相異之處在哪裡？

4. 課後照顧服務方案能進行創新管理嗎？為什麼？

5. 課後照顧辦理單位進行創新管理，可以有哪些具體的做法？

6. 課後照顧辦理單位要如何知道已做到創新管理的工作？請舉例說明之。

第五章

行銷管理與課後照顧

本章大綱

學習目標

壹、了解行銷及行銷管理的意義

貳、了解行銷管理的策略和步驟

參、了解行銷管理對課後照顧辦理單位的實務應用
　　價值

第 一 節
行銷概念的演進

壹、前言

　　行銷是指個人或群體經由創造、提供、交換有價值的產品，以滿足其需求與需要之社會的、管理的過程（Kotler, 1991）。因此，行銷是一種交換行為的過程，消費者以金錢換取自己需要的產品、銀行提供金融服務換取客戶的存款、報紙刊登新聞換取廣告收益等；行銷不僅限於有形的財貨交換，也包含無形的理念或服務的交換，社會團體發起公益活動以獲得民眾的參與，學校以辦學品質爭取學生前來就讀，在我們生活周遭，每天都要與他人交換需求或產品，無時無刻都在進行交換的行銷行為（曾光華，2002）。

　　簡言之，行銷是一種需求管理的過程，其目的是為了滿足消費者的需求和完成組織的目標。睽諸組織運作發展的演變，如果一個組織仍處於被動接受式地等待顧客上門，未求組織經營管理的轉型與創新，勢必會在此競爭洪流中遭到淘汰；反之，現代組織必須善用行銷策略掌握致勝關鍵，才能獲得消費者更多的關注，有效提升整體競爭力。

　　而此一觀點則被稱為行銷心態（marketing mindest），其應用在商場上就成了先感應再回應的模式：即先思考顧客需要什麼、他們願意出多少錢，有了這些認知之後，再決定該製造什麼產品，並計算出製造成本。所以，組織可以很快地區分銷售和行銷的差別，前者是說服顧客購買自己所生產的任何東西，後者則是了解顧客重視的價值，以滿足顧客的需要（李田樹等譯，2003）。

　　據此而論，課後照顧服務方案因著社會發展的需要，已然成為現今社會的附屬品，尤其有國民小學的地方，就隨處可見課後照顧服務方案的設立。而每個課後照顧辦理單位為求能有更多的學生數，增加每個月的收入，都必

須在出生率下降、學齡人口逐年減少的環境下，為成功招生做更多的準備和努力。畢竟課後照顧服務方案絕大部分的經費是自給自足，如果收支不平衡，根本無法繼續生存，遑論服務品質能夠改善或大幅提升。

　　儘管課後照顧辦理單位是以營利的觀點來追求利潤，但是從課後照顧服務的功能和內容來看，課後照顧服務方案必須提供家長對課程、師資，甚至是家長個人的需求，此內容可稱之為一種理念和服務的無形商品。因此，課後照顧辦理單位所行銷的產品，包括有形和無形二種，有形的產品像是教師的學經歷、課程方案、教材、教學設備、學習環境、空間規劃等可具體呈現的部分，而無形的產品則是家長想要獲得的利益，以及他們所認同的產品內涵，才能實質觸動家長的選擇動機。所以，行銷必須是每個課後照顧辦理單位應該知道，且必須採取的積極有效之作為。

貳、行銷概念的演進

　　行銷概念的演進歷經三個重要的時期，首先是 1900 到 1930 年，屬於生產導向時期，當時正值歐洲工業革命，造成龐大的市場需求，以致當時的行銷是以生產導向為主；第二個時期為銷售導向時期，在 1930 至 1950 年，因為市場大量生產的結果，導致產品囤積，因此如何行銷商品成為此時期的重點；到了 1950 年以後，由於消費者水準提升、辨識能力增強，愈能滿足消費者需求的產品愈能創造業績，此時期即稱之為顧客導向時期（余朝權，2001）。

　　因此在行銷概念的演進上，隨著社會變遷的影響，以及企業經營理念的推陳出新，使得行銷概念已經由生產導向、產品導向、銷售導向，轉變成顧客導向、競爭導向和社會行銷導向。實際上，與行銷有關的概念相當多，由於時代背景所形成的目標和工作型態也有所不同，以下本節臚列相關概念之名稱及其意涵，如表 5-1 所示（吳青松，1998；洪順慶，2003；宮文卿，2005；郭振鶴，1996；戴國良，2003）：

表 5-1 行銷觀念演進一覽表

名稱	內　　涵
生產導向	生產導向時期的背景是產品的需求遠過於供應，消費者重量不重質，業者只要能有產品，不須考慮消費者的需求，就可以把產品銷售出去。
產品導向	產品導向認為消費者喜歡高品質、高表現和高特徵的產品，業者致力良好產品的製作與改良，以產品的價廉、特色、功能與精良的品質，作為企業競爭的優勢；主張只要能生產最好的產品、設計最佳的品質，就可以擁有高市場占有率；但卻忽略時代、科技、消費人口、需求和政經結構的改變，而陷入較好產品戰略短視的行銷迷失。
銷售導向	銷售導向假定消費者具有購買惰性，不會主動購物，業者必須透過銷售人員運用宣傳策略加以誘導、說服或推銷來刺激消費者購買產品。因此，業者重視內部銷售人員的管理和訓練，強調個人推銷和廣告，締造銷售業績，卻忽略了消費者真正的需求，這種強力銷售產品增加利潤的手段，給予消費者不佳的印象，反而會被淘汰。
行銷導向	行銷導向開始重視和發掘消費者的需求，設計合適的產品和服務。重視顧客需求，贏得顧客的尊重、信賴與喜愛作為經營的使命。
策略行銷導向	策略行銷導向的經營哲學，不僅重視消費者需求的滿足，也強調競爭的重要性，在兩相權衡之下，尋找組織自身持久性的競爭優勢，即策略行銷強調整體的策略與規劃。
社會行銷導向	社會行銷導向的觀念認為，應在社會責任與顧客需求二者間力求平衡，負擔起企業的生態環境保護、社會公益贊助與社會道德重振的責任，並同時兼顧到顧客需求的滿足，謀求組織利潤和維護社會利益的目標。
全方位行銷導向	全方位行銷導向是以個別顧客的需求為起點，行銷的任務在於發展出和時空背景相融合的產品、服務，或能帶來特殊經驗的事物，以符合個別顧客的需求。
置入式行銷導向	置入式行銷是將產品置入在生活情境中，例如電影、電視節目或音樂裡，讓產品在不知不覺中達到行銷的目的。
關係行銷導向	關係行銷是以個別顧客為基礎，彙集有關顧客的資料，透過資訊科技和資料庫行銷，提供個別化的產品與服務，業者與顧客建立長期的關係，以贏得顧客對公司的認同、信賴和忠誠。
感動行銷導向	感動行銷是基於業者希望透過更高品質的服務人員、更有吸引力的促銷贈品和更周到的體驗服務來感動顧客，讓顧客感到幸福與意外的滿足之想法下，所形成的行銷觀念。

第 二 節
行銷管理的意義

　　行銷管理（marketing management）最重要的觀念來自於經濟學上的行銷，1950 年代逐漸受到重視，當時運用到企業的營利組織，其效果亦獲肯定；到了 1970 年代，則已將行銷觀念用在非營利組織（non-profit organization），引起一股風潮，深獲佳評。簡單來說，行銷管理是運用管理的方法，達到行銷的目的。詳細而言，行銷管理是一個組織透過內部和外部環境分析，並考量市場及顧客需求，有效運用產品（product）、價格（price）、通路（place）、推廣（promotion）、人員（people）的策略，以促進組織成長與發展，並達成組織目標（吳清山、林天祐，2004）。

　　以下本節則從本質、目的、內容、方法和過程等五個觀點，說明行銷管理的意義：

壹、行銷管理的本質

　　組織行銷管理的本質是組織對內、對外的一種交換行為。

貳、行銷管理的目的

　　一個組織的行銷行為主要是建立專屬的形象和品牌，其目的不外乎是爭取更多消費者的認同，以促進組織的永續發展。

參、行銷管理的內容

　　一般的行銷管理，主要內容包括：人員、產品、價格、推廣和公共關係。對於營利單位來說，在訂定價格上要考慮：成本結構、競爭者價格、知覺價

值、銷售額、目標利潤、最大利潤等因素（周文賢，2003）。

肆、行銷管理的方法

任何一個組織在行銷過程中所運用的方法並無一定的規則，基本上，必須衡酌社區環境、市場和顧客的屬性與需求，進行系統性的分析，以作為選擇行銷方法的參考依據。

伍、行銷管理的過程

強調一個組織在行銷行為上必須兼具分析、計畫、執行和控制等一系列整體的管理過程。

第 三 節
行銷管理的策略分析

一個以顧客為導向的組織，在行銷管理工作上，經常會問下列五個問題：(1)對誰行銷？(2)他們是誰？他們像什麼？(3)他們現在的感覺與需求如何？(4)當我們的策略執行後，他們的感覺和需求會改變嗎？(5)顧客對我們所提供的產品滿意情形如何（Kotler & Andreasen, 1995）？因此不同導向的思考策略，自然會在行銷管理工作上的表現有所不同，而有關行銷管理的策略分析，最早是以 McCarthy 所提出的產品、價格、通路和推廣的 4P 概念為主，但是在與教育有關的行銷組合概念上，則是以產品、價格、通路、推廣和人員的 5P 概念為核心（Gary, 1991）。茲分別說明如下：

壹、產品

產品的定位包括：核心產品、有形產品和無形產品三種（Kotler & And-

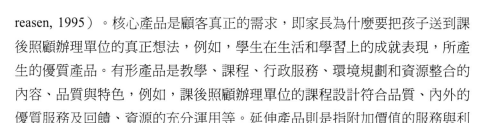

reasen, 1995）。核心產品是顧客真正的需求，即家長為什麼要把孩子送到課後照顧辦理單位的真正想法，例如，學生在生活和學習上的成就表現，所產生的優質產品。有形產品是教學、課程、行政服務、環境規劃和資源整合的內容、品質與特色，例如，課後照顧辦理單位的課程設計符合品質、內外的優質服務及回饋、資源的充分運用等。延伸產品則是指附加價值的服務與利益，例如，課後照顧辦理單位內的相關社團活動之參與經驗、口碑與信任感等。

貳、價格

價格是指顧客得到商品或服務所需付出的資源，其實消費者真正在乎的不是產品價格的多寡，而是產品品質的高低（彭曉瑩，2002），即所付出的金錢是否能獲得等值甚至超出的商品或服務。而與課後照顧服務方案有關的花費，例如學費、交通、點心、書籍等費用，以及父母在精神和時間上所付出的成本，亦可計算在內。

參、通路

通路是指產品如何分配傳送的方式，教育必須即時即刻地傳送予顧客，就教育機構而言，通路包括：學校的地點、外觀、校園內設備、周邊環境、交通，以及教育以外的服務（Gary, 1991）。以課後照顧服務方案來說，就必須考慮設立的地點及其周遭環境、內部應有的設備設施是否符合法令規範且便於使用、學生的交通接送問題，以及利用資訊通信科技，讓家長及學生充分了解相關資訊或進行雙向溝通，也包括如何讓內部環境和實體設施能充分發揮功能。

教育單位思考通路有以下二種型態：第一是對現有顧客的通路，即如何使產品和服務讓學生便利地接近和使用；第二是指潛在顧客，如何透過管道使其他有興趣的顧客能夠更了解這個組織（彭曉瑩，2002）。一般而言，課後照顧辦理單位設立地點之選擇，可參酌下列八個因素後，做出正確的選擇

（沈泰全、朱士英，2005）：

1. 潛在客戶的地區分布及數量。
2. 街道人流量與類型。
3. 位置的明顯度。
4. 位置的接近容易度。
5. 馬路寬幅及車輛速度。
6. 競爭者的相對位置。
7. 都市計畫變更。
8. 停車方便性。

肆、推廣

推廣是指組織為呈現其績效，所進行的廣告、銷售、促銷、宣傳或公共關係等行為，以達成其既定的工作目標。所以，課後照顧辦理單位應善用平面媒體、電子媒體、網路或夾報等媒介宣傳，在內容上，例如，服務方案的簡介、印有 logo 的宣導品、海報，或電話拜訪、當面解說、辦理成果展演、示範觀摩會、獎助學金、競賽，或藉由電子郵件、傳真等方式進行。此外，也要做好公共關係，強調內部人員的服務品質，發展經營特色，也是行銷管理的重要工作。

伍、人員

以課後照顧服務方案來看，內部的主管、行政人員、教保或保育人員是學生接觸最頻繁的人，他們的服務理念和待人處世的態度，會直接影響到其他人對課後照顧辦理單位的印象和風評。因此，課後照顧辦理單位應當重視相關人員專業素養、表達能力、敬業精神、服務態度等方面的提升，以降低因人員所造成的行銷阻力。

以顧客為中心的行銷特色是，一直有市場區隔的概念、注重顧客的需求、對顧客有高度反應、願意改變產品、勞務或理想。顧客中心的行銷概念，考

慮二個層面的問題，一為需求面，其次為供給面。需求這一面著重市場分析，行銷人員要經常反思三個問題：行銷對象是哪些人？他們有什麼特性？他們有什麼需求？供給面則著重產品分析，要思考的問題包括：我們提供什麼產品？為著什麼目的？這些產品滿足什麼需求？以及如何把產品送到顧客手中（魏惠娟，2003）。

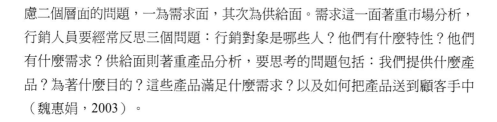

第四節
行銷管理的步驟

　　行銷管理工作要能發揮效果，必須遵循一定的程序，在每一個階段與其相關工作之人員，應當善盡職責和本分，才能有效看見行銷管理工作的效果。基本上，行銷管理可分為以下五個階段，茲說明如下：

壹、進行市場機會分析

　　組織應隨時注意市場變化，蒐集資料或動態資訊，分析行銷環境、消費者市場及購買行為，發掘市場的機會（方世榮譯，1995；郭振鶴，1996）。一般來說，組織可運用SWOT分析，針對組織內部的優勢（strength）、劣勢（weakness），以及組織外部的機會點（opportunity）和威脅點（threat）進行分析，以主動積極地發現適切可行的發展策略。

貳、選定目標市場

　　組織應當針對所要服務的顧客群進行市場區隔，鎖定特定的顧客進行行銷服務，而此服務的顧客可稱之為最有希望的目標市場，在有限資源的運用下發揮最大的效果。

參、訂定組織行銷目標

　　目標指引行銷管理的方向與作為（吳清山，2004b）。因此，一個組織的行銷工作必須確立明確的目標，例如，組織經營的理念與績效；提升組織的形象；擴大服務的對象，爭取更多民眾的認同和肯定等，進而發展有效可行的策略。

肆、發展組織行銷策略

　　行銷組合是行銷策略的基本核心，包括：產品策略、價格策略、通路策略、推廣策略和人員策略等五大項。各項策略的擬定必須注意其可行性，同時可考慮採取從點開始，漸次擴展到線再到面的方式，從多元向度的觀點出發，兼顧行銷資源的分配和可獲得之效益，以達到行銷的目的。

伍、執行及評估行銷方案

　　有了明確的行銷目標和策略後，組織必須有更明確具體的行動方案，包括有哪些內容、運用何種方式、由誰執行、需要多少經費、用什麼時間等向度之規劃，以實際的行動來執行行動方案，必要時可成立任務性或專責的單位負責相關工作。在過程中，則應落實控制和考核的機制，以確保高效率的行銷管理作業。

　　基本上，行銷控制的核心在於績效評估，行銷管理單位以銷售量、銷售金額、利潤、行銷成本、市場占有率、獲利率分析、市場服務分析及行銷組合效率的分析，來獲取評估資訊，作為行銷控制的依據（許長田，1999）。

第 五 節
行銷管理與課後照顧的經營管理

　　二十一世紀是行銷的年代，行銷管理成為組織生存和發展必須具備的能力，唯有走向市場、了解顧客、爭取認同、獲得支持，才能面對市場的挑戰。本節的重點主要針對行銷管理的相關內涵，提出以下六項可資參酌的想法，作為課後照顧經營管理上的參考：

壹、課後照顧辦理單位應重視對內部人員的行銷工作，讓內部人員更清楚地了解及認同組織的產品，以發揮個人的行銷效能

　　內部行銷的理念是僱用最好的員工及留住優秀的員工，組織先將服務提供給員工，讓員工把工作做好（Taylor & Cosenza, 1997）。即內部行銷強調組織對其內部成員所提供的訓練和士氣激勵，以改變員工的態度和行為，進而改造組織文化，建立共識與承諾，以奠定組織行銷成功的第一步（宮文卿，2005）。因為內部成員相較於外部顧客的角色來說，可說是和顧客接觸的第一線服務人員，只要員工熟悉組織的產品，並能展現高品質的服務態度，就可以和顧客產生良性的互動，發揮個人的行銷效能，為組織爭取更多的獲利。

　　一般來說，內部行銷的策略包括：(1)溝通、凝聚共識與建立願景；(2)激勵與鼓勵，涵蓋無形的重視員工意見、關懷，以及有形實質的報酬、薪資福利等；(3)提供教育訓練，包含培訓進修、在職訓練；(4)建立內部產品，整體的制度、氣氛，與組織的規章制度、團隊精神等；(5)員工的參與，鼓勵員工參與決策，主管賦予下級權力，工作具有自主性；(6)員工的招募與聘任（黃義良，2005）。

　　從圖 5-1 可知，內部行銷的運作尚需整體搭配組織和顧客之間的外部行銷，以及員工和顧客之間的互動行銷，進而建立一個完整的行銷體系。整體

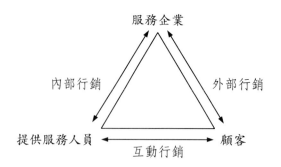

圖 5-1　行銷的三向度圖

資料來源：國民中小學學校行銷指標與行銷運作之研究（頁29），黃義良，2004，國立高雄師範大學教育學系博士論文，未出版，高雄市。

來說，內部行銷係行銷三向度的利基，藉由成功的內部行銷以收組織行銷的綜效。

貳、課後照顧辦理單位應活化對家長的招生手法，從多元向度的角度出發，建立企業識別系統，以吸引更多家長對課後照顧服務方案的關注

　　課後照顧招生的目的，無非就是希望有更多的家長願意選擇將孩子送到自己所經營的課後照顧服務方案，在招生過程中，其正本清源之道，就是平日的用心經營，而非只是一味地過度包裝、虛有其表。因此所謂的活化對家長的招生手法，必須建立在此基本前提之上，才具有實質的意義。

　　而當前影響課後照顧招生的因素相當多，包括：地點、教保理念、廣告包裝、家長口碑、課程規劃、顧客服務、教保品質、招生計畫或策略、創意形象、特色建立、硬體設施、組織氣氛、人員素質、同業競爭、親職活動規劃、價格等因素（曾榮祥、吳貞宜，2004）。據此可知，要發揮招生的實質效果，吸引更多家長的關注，課後照顧辦理單位應當站在看見整體的角度，對招生手法做通盤的檢討和思考，才能達成行銷管理的目的。至於企業識別系統的建立，可參考圖 5-2 的內容，做一整體的規劃。

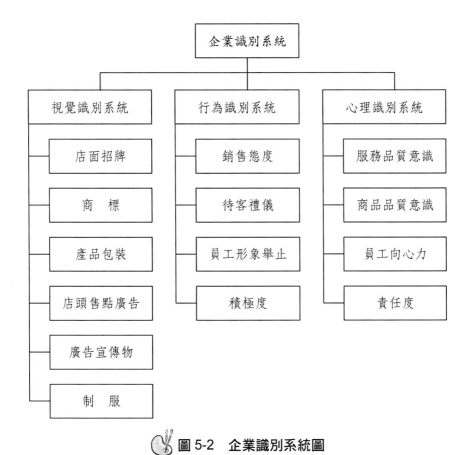

圖 5-2　企業識別系統圖

資料來源：圖解行銷——行銷人的第一本書（頁 112），沈泰全、朱士英，2005，台北市：早安財經文化。

參、課後照顧辦理單位應在遵守現行法令規範的原則下，了解及滿足家長的需求，提供適切的服務方案

　　企業界的行銷管理相當重視顧客需求和消費者行為，有消費者，才有市場；沒有消費者，再多大的努力也是白忙一陣，徒勞無功而已。而要引起消費者的注意力，就必須靠行銷，除了已經具備良好的口碑，否則消費者不會主動上門，所以，行銷管理相當重視消費者的行為與需求（吳清山，

2004b）。所以，對課後照顧服務方案來說，當然也不能忽略家長的需求，必須用心聆聽他們的意見，善用溝通、協調、回饋等機制，規劃適切的服務產品。但由於課後照顧服務具有教育和保育的功能，因此對於家長需求的滿足，必須在遵守現行法令規範的原則下實施為宜，以避免揠苗助長的錯誤理念，造成學生學習或發展受到更大的挫折與阻礙。

肆、課後照顧辦理單位應致力實踐對家長的承諾，透過家長間的口耳傳播，自然形塑應有的口碑，以爭取更多家長的支持

　　課後照顧辦理單位若能確實實踐對家長的承諾，並落實高品質的教學和行政服務，必定可以獲得更多家長的支持和肯定，尤其透過家長或學生在社區中的口語傳播，對於行銷工作的推動會更為順暢。因為在此觀點下的家長角色，不再單純是一位消費者；反之，有時家長會成為提供服務的人員，畢竟家長和家長之間的對話是可以直接說明，不須拐彎抹角，甚至因為彼此的熟識，也清楚對方的需求。因此，課後照顧辦理單位應當要不斷強化經營的效能，讓每一位家長感受在這裡所獲得的價值，讓家長行銷的功能在無形中發揮它的極大值。

伍、課後照顧辦理單位應衡酌市場消費能力，及熟悉相關補助措施，訂定合宜的價格，以符應一般家庭生活的能力

　　課後照顧服務方案的教學、保育和行政服務的品質固然重要，但是對大部分的家長來說，合理的收費甚至是物超所值的產品和服務，會是他們更關心的重點。因此，課後照顧辦理單位在制定價格時，應當針對實際提供的產品內容，以及市場上同類型產品的價格，審慎訂定消費者可接受的價錢範圍，甚至可訂定相關的配套措施，例如，折扣、贈品、獎學金、退費原則、付款期限等，讓產品和服務更貼近顧客的心理，獲得大眾的好感。

陸、課後照顧辦理單位應重視社會服務和公共關係的重要性，以建立良好的組織形象，獲得更多家長的認同與肯定

　　良好的社區關係有助於社區民眾對課後照顧服務方案的認識和了解，尤其給社區民眾的初始印象是非常重要的，因此，如何樹立課後照顧辦理單位的形象和品牌，是每個課後照顧辦理單位內的成員必須努力達成的事情，而社會服務和公共關係在此即可發揮關鍵的功能，因為社會服務和公共關係是促進及保護形象的具體行動。例如：辦理社區服務工作、提供親職諮詢服務、辦理社區課後照顧座談會、辦理生活講座等，都不失為是良好的策略，以更拉近課後照顧辦理單位和社區的關係，強化行銷的效果。

第 六 節
問題討論

　　在讀完本章之後，你應該能回答下列與行銷管理和課後照顧有關的問題：

1. 什麼是行銷？行銷管理對一個組織的重要性何在？
2. 行銷管理的策略有哪些？請分別舉例說明之？
3. 行銷管理的步驟為何？每一個階段必須掌握哪些重點？
4. 課後照顧辦理單位為什麼要做行銷管理的工作？
5. 課後照顧辦理單位的行銷管理策略有哪些？是否符合行銷管理的內容？
6. 企業、學校和課後照顧辦理單位的行銷管理有何不同？其相同點又為何？

第六章

危機管理與課後照顧

本章大綱

學　習　目　標

壹、了解危機管理的意涵

貳、了解危機管理的階段、策略和原則以增進對危
　　機管理的正確認知

參、了解危機管理對課後照顧辦理單位的實務應用
　　價值

-------- **第 一 節** --------
危機管理的意涵

壹、前言

俗話說：「天有不測風雲，人有旦夕禍福。」這句話放在時至二十一世紀的今天，仍可感受到古人對大自然和社會發展不確定性的先知先覺。尤其在這瞬息萬變的時代裡，從政府機構到私人企業，誰也無法保證自己絕對不會碰到突如其來的意外，尤其時代愈進步，環境愈複雜，危機（crisis）也愈多。

而危機的發生，有來自天然意外所造成的危機，更有人為疏忽或故意而釀成的災害。例如：眾所皆知的 921 大地震；SARS 風暴；莫拉克風災；國道三號七堵路段的走山崩塌；遊覽車翻覆；塑化劑風暴；校園營養午餐中毒事件等等。不論是突發性的，抑或是人為造成的事件，常存在你我身邊，而這些層出不窮的危機事件，都有可能引發一連串的連鎖反應，是危機抑或是轉機，考驗著決策者當下的反應。為了使危機發生的機率降低，以及讓危機發生後所造成的傷害減輕到最低程度，組織平日就必須做好危機管理（crisis management）的工作，因為危機通常是存在徵兆的，忽略徵兆往往容易形成致命的傷害。

而危機管理的概念始自 1980 年代後期，在歐美國家逐漸受到公私組織的重視與關切，例如，Fink 在 1986 年對《財星》雜誌前五百大的公司調查發現，有 89% 的人同意企業界的危機就好像死亡一樣，已成為不可避免的事情（韓應寧譯，1990）。因此危機管理工作的落實，必須成為每一個組織都要正視的問題，唯有平日就有危機管理的意識和機能，才能隨時做好處理危機的準備。簡言之，危機管理的目的乃是預期下一個危機、能避免下一個危機，更進一步達到管理下一個危機（Ramée, 1987）。

貳、危機管理的意涵

　　有關危機管理意涵的探討，主要包括危機的意義與特性，以及危機管理的意義二個部分，茲分別說明如下：

一、危機的意義與特性

　　「危機」一詞源自古希臘文，係指醫學上的轉捩點（turning-point），即病情轉好或惡化的關鍵時刻。就中文字面意義來解釋，危機是指危險和機會的組合（教育部訓委會，2003）。所以，危機本身並非全然代表負面的現象，但不可否認的，危機出現就是一種難關，處在當下的相關人員，往往需要在極短時間內做出關鍵性的決定和行動，以力求降低危機事件所帶來的傷害或損失。

　　組織內部發生危機的原因，不外乎包括下列幾點：組織運作僵化、事件發生處置延誤、行政管理無效率、資訊系統不良、溝通管道的不足、組織經營方向不明確、應變能力的不足、外在環境的顯著改變、組織動員與管理能力的欠缺、平時缺乏演習訓練（張茂源，2003）。然而不可否認的，危機的產生往往來自於漠視危機的徵兆，其原因有五：(1)存在僥倖心理，認為不會那麼倒楣；(2)對環境情境錯估；(3)對自己的形象或狀況過度自信；(4)認為處理危機的成本高於不去處理的可能損失；(5)受習慣領域制約，認為危機不會發生，或是即使發生，傷害也不大（邱毅，1998）。

　　一般而言，危機具有下列六項特性：

(一)危機具有威脅性

　　危機發生常常伴隨著損失、傷害或死亡等不同程度的威脅情形，假如不採取相關的應變措施，就會對個人或是組織產生負面的影響（Dutton, 1986）。而威脅造成的強度，端賴決策人員對其負面影響大小的評估，和可能發生的機率高低情形來決定。

(二)危機具有不確定性

　　Milliken 依決策人員覺察的不同，將危機的不確定性分為三類：(1)狀態

的不確定：指決策者對危機的真實狀態並不了解，因而無法預測危機可能的變化；(2)影響的不確定：指決策者對於危機的產生將會對組織造成何種影響，無法做明確的預測；(3)反應的不確定：指決策者雖要對外在環境的變遷或具威脅性的事件採取回應，卻不知要採取哪種備選方案，或對方案施行可能造成的結果無法預測（引自黃新福，1992）。據此可知，身在危機之中的決策人員所做的任何決定，其實都充滿了不確定感，這對決策人員來說的確是一種充滿挑戰性的考驗。

(三)危機具有急迫性

從危機的定義中可以了解，危機除了對組織的目標及價值產生嚴重的威脅外，亦具有時間和資訊不足的壓力，以致造成決策人員極大的心理壓力。在此情形下，若決定稍有不慎，不僅影響了決策的品質，還可能適得其反造成更大的損害，及組織內外的不安和混亂。

(四)危機具有階段性

危機的發生具有階段性的特徵，可分為：(1)危機警訊期；(2)危機預防／準備期；(3)危機遏止期；(4)恢復期；(5)學習期（孫本初，1996）。若從醫學的觀點來看，危機可分為：(1)潛伏期：即警告期，是危機發生前的階段；(2)爆發期：危機事件開始產生其嚴重的影響；(3)後遺症期：又稱善後期或恢復期；以及(4)解決期等四個階段（Fink, 1986）。由此可知，危機的發生並非毫無端倪可見，如果能重視預防和主動覺察的習慣，未必會有危機的出現。

(五)危機具有雙面性

危機隱含著雙重意義，即危險和機會。危險是指組織忽略了危機前的徵兆或處理危機不當，則危機將對組織生存目標及價值或組織結構造成威脅或損害；而機會則意味著危機亦可能是組織的一個契機，使組織因而能呈現新的風貌與改變其原有的價值理念，如同俗諺：「危機就是轉機。」不過，危機是「危」險還是「機」會，是噓聲還是掌聲，端看組織平時的準備和戰時的應變能力（吳昭怡，2004）。

(六)危機具有新聞性

從近年來大眾傳播媒體對新聞事件的報導可知，只要牽涉人命、社會大眾權利、政府效能與公權力、八卦問題，都會受到媒體的追逐和報導。而危

機的發生正由於它在當下所產生的爆發力以及後續的效應，十足具有新聞性，往往會成為媒體爭相報導的焦點。因此如何面對大眾傳播媒體，自然成為組織在面對危機發生時必須要有的能力。

二、危機管理的意義

所謂危機管理係指，當組織發生緊急且具威脅性的情境或事件時，對此所進行的一種有計畫、連續的和動態的管理歷程。即組織針對潛在或當前已發生的危機，在事前、事中或事後，利用科學方法，採取一連串的因應措施，且藉由資訊回饋不斷地修正調適，有效預防、處理與化解危機的歷程，以避免影響組織的生存和發展。

危機管理常常和「危機處理」（crisis control）一詞彼此產生混淆，但是兩者不論是在範圍、功能、策略之性質，以及構成的要素，都有明顯不同之處，如表 6-1 所示。

表 6-1　危機管理與危機處理的區別

	危機管理	危機處理
考量範圍	事前、事中與事後的管理	事後的處理
主要功能	事前的有效預防	事後的有效解決
策略之性質	主動的與積極的	被動的與消極的
構成要素	事前預防、事中化解與事後學習	事後善後

資料來源：校園危機管理機制之建構，陳啟榮，2005，教育研究與發展，1（2），頁 125。

第 二 節
危機管理的階段

　　針對危機管理階段的討論，本節係從危機爆發前、危機發生時和危機解決後三個時期，加以說明每一個時期應當建立的運作機制（Nunamaker, Weber, & Chen, 1989；吳宗立，2004；孫本初，1996；陳啟榮，2005）。除此之外，另輔以圖 6-1 的危機管理動態模式，以及後文中圖 6-2 危機管理設計模式，提供讀者對危機管理有更進一步的認識。

壹、危機爆發前的運作管理系統

一、危機管理計畫機制

　　進行危機計畫規劃時，首先要確定組織的目標，並針對環境中各項可能威脅組織目標的來源加以評估，據此考量其時間壓力和威脅強度以排定優先順序，之後進一步整合人力、物力、財力和技術等層面，發展出一套可資應變的行動計畫。

二、危機管理訓練機制

　　危機管理訓練的主要目的除了使組織成員對既有的危機應變策略有所了解和熟悉外，另一項目的則是透過各項訓練培養組織成員在危機當下分析與判斷的能力，以及透過訓練過程之發現，修正原有的計畫。

三、危機管理預警機制

　　組織若能盡早覺察問題，預先做研究討論，就愈能做出及時適切的因應措施；相對地，遭受危機威脅的程度就會減少。因此在運作中，組織應當建立一套用來偵測危機發生的標準，並發展出相關的應變措施，加強組織成員對初期危機警訊的注意與關切，讓危機消弭於無形之中。

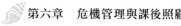

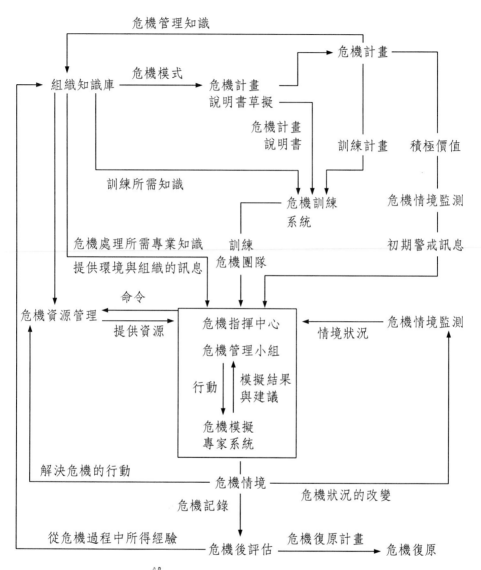

 圖 6-1　危機管理的動態模式

資料來源：Organizational crisis management systems: Planning for intelligent action. by Nunamaker, J. F. Jr. et al., 1989, *Journal of Management Information Systems, 5*(4), p. 16.

四、危機模擬演練機制

再好的計畫若不經實際的模擬演練，便是紙上談兵不切實際的做法，而進行危機模擬演練的目的無他，就是要培養組織成員具有危機管理的能力。模擬演練共分為三個層次，第一層是沙盤推演：指將危機計畫中的劇本內容，讓組織領導和管理階層藉由共同討論，找出合理可行的方案；第二層是幹部指揮演練：讓組織內的中階管理階層之相關人員，在指定的時間和地點，下達虛擬狀況具體進行操練各項指揮、管制、溝通和協調工作；第三層是全員參與：讓組織內的所有成員依照自己所扮演的角色，在設定的狀況中實際參與各項危機應變演練工作。

貳、危機發生時的運作管理系統

一、啟動危機管理小組

危機管理小組是由領導者及其幕僚、危機處理成員與危機處理專家所組成。當發生危機時，第一時間的研判和處置非常重要，危機管理小組應確實掌握關鍵5C，即指揮（command）、控制（control）、合作（collaboration）、溝通（communication）和協調（coordination），以有效化解或降低危機所帶來的損失與傷害。

二、啟動危機情境監測機制

組織對於危機情境的監測，可運用特有的監控技術及良好的溝通網絡，對危機做追蹤，並將所得的情報向危機管理小組報告，使危機管理小組能夠掌握可靠的訊息來對危機情境做出評估，並決定所需採行的因應對策。

三、啟動危機管理資源機制

危機管理資源機制專門負責協助決策者來取得、並分配解決危機時所需的資源。危機管理資源機制的功能是自動性的，用以支援幕僚人員，使危機

管理小組能全心全意於策略性的決策上，無須擔憂資源的支持問題。在運作過程，包括資源的種類、數量、配置地點等，從而建立危機管理資源機制的資料庫，以供危機管理小組運用。

參、危機解決後的運作管理系統

一、執行各項評估及調查工作

　　當危機結束後，組織需要成立一個調查及評估小組，負責對管理活動及危機成因進行調查和評估，以作為下次計畫的參考。在過程中應就下列六個問題進行了解：(1)電腦、溝通技術等作用是否發揮了既有的功能；(2)感應機制和決策者間的合作是否良好；(3)組織現存的知識和能力是否能對危機做有效的處理；(4)組織危機溝通網絡機制是否能如預期地傳達所需資訊；(5)組織所學到的知識是否可轉化為有利於組織本身的工具；(6)組織成員或是決策者在危機情境下所做的決策效果如何。

二、加速復原工作的進行

　　領導者應負起復原方向和先後次序的排定等責任。首先，必須在短時間內撫平組織成員心理所受到的創傷，並開誠布公地讓組織成員了解危機發生的原因、造成的傷害程度，以及處理情形，強調個人和組織的責任。並對組織內外部受到傷害的利害關係人給予適當的救助和補償，期能重建組織成員的信心，透過全員的努力加速復原工作的進行。

三、進行檢討及修正補強各系統運作機制

　　在危機中記取教訓重新獲得新的學習經驗，是危機結束後，組織一定要做的工作。不僅要將危機的成因、解決策略和其效果，發展成組織學習的教材，透過學習活動讓組織成員獲得新的知能，更要對現行的各運作系統進行分析和檢測，強化組織對危機預測及應變的速度與能力。

```
政策目標 ←→    危機管理系統         ←→ 危機環境
保障人民生命   1.發展內部適應變遷能力      對理性行為的限制
和財產的安全   2.建立結構與決策程序確保組織持續運作   不確定性
            3.有效整合組織、需求與資源       互動性
                                複雜性
                  運作假設            時效性
          1.不確定性使組織行為從因果關係轉為機率關係
          2.組織是執行政策目標的基本成員
          3.時間在危機事件的發展過程中扮演重要的角色
          4.創造力可克服危機環境中的複雜性
```

圖 6-2　危機管理設計模型

資料來源：危機管理研究——政策設計面之探討（頁 57），余康寧，1991，國立政治大學公共行政研究所碩士論文，未出版，台北市。

第三節
危機管理的策略與原則

壹、危機管理的策略

　　領導者在規劃危機政策時，應考慮變遷（change）、整合（integration）和持續（continuity）三項策略，茲分別說明如下（Comfort, 1988；何俊青，1997；吳宗立，2004）：

一、變遷策略

　　領導者依組織面臨的外在環境和內部結構特性，分別訂定具體的次目標，為此還必須維持機關間的溝通協調、資訊分享等機能的運作，使組織得以依環境的變遷做適當的調整。此種互動過程的有效進行，可依循以下三個途徑：

(一)危險評估

危險評估有助於目標的區分和劃分危險管理系統的範圍。在評估結構上，包括：(1)寬廣定義風險相關的系統程序並設立準則；(2)以科學方法預估危機的種類、可能性與嚴重程度；(3)描述危機爆發的可能狀況；(4)以精確性、適當性與社會價值審視前項評估結果（Witners, 1986）。

(二)控制分析

指設計或調配各手段，對可能發生或即將發生的災難加以管理。以可運用的工具為縱軸、危機的類型為橫軸，製成矩陣圖表，藉此了解可選擇的備選方案。

(三)資訊回饋與行動調整

資訊回饋的影響應再重新輸入組織，使成為政策修正和更新的原動力。回饋的資訊應包括政策的效能和效率、附加效果與順從度。

二、整合策略

整合策略的目的是在整合系統內不同功能的成員，使其採取一致的行動達成目標。其功能一方面在解釋政策目的，一方面則是蒐集資訊重新定義目標、調整步伐。

(一)與成員溝通

在合法性與專業性的前提下，進行單向與雙向的溝通，讓組織成員了解危機管理的過程，進而形成共識，一起面對所遭遇的困境，有效處理和化解危機。

(二)大眾傳播媒體的運用

大眾傳播可以協助災難前的教育工作、刺激其他機關或民眾對危機的重視、提高警告系統的效率與負責災區狀況的報導等，有正面的功能存在。但若媒體持負面觀點的報導，則會影響危機處理機關的公信力與工作人員的士氣。為此可設立專業發言人事先充分準備資料、事後主動提供資訊的方式，積極運用傳播媒體的正面力量。

(三)機關部門間的溝通

機關間應採面對面溝通的方式以了解彼此的需求和執行能力，才能相互

支援與配合。基於時效性的考量，可設立資訊中心統一接受各項訊息，並分配資源，且資訊中心必須和機關間保持資訊流通網絡的暢通，才能迅速動員相關組織進行救援工作。

三、持續策略

危機管理系統內單一機關不可能擁有全部資源，必須與其他單位相互支援與配合。為了建立彈性的結構和運作程序，以確保穩定且具應變的需求，必須考慮下列三個面向：

(一)成立正式組織結構

1. 危機管理組織採委員會的型態，設主任秘書吸收各方意見，對各階段的政策做整體的規劃，並研擬備選方案提交委員會討論。
2. 委員會的組成由組織的最高主管、各危機相關主管（行銷、營運、公關、勞資關係、人事等主管）、行政助理與支援人員、安全聯絡人員、謠言控制人員、專家（法律、財務、醫療、救難等）、受害對象等組成，定期召開會議對備選方案做出決定。
3. 當災難爆發時，此委員會亦可轉變成緊急應變小組，成為資訊傳遞和指揮中心。

(二)規劃社區團體

社區團體是潛在的人力資源，危機管理機關應善加運用。平日就應協助各社區成立各團體，或派專人予以輔導，通盤規劃該團體於危機處理時所能發揮的功能。

(三)資訊管理

資訊管理的目的是希望藉由掌握資訊的多寡、種類與來源，以便於有所需求或時間緊迫時，迅速獲得相關資訊作為決策的基礎。

貳、危機管理的原則

良好的危機管理強調事先應準備妥當，事發時快速因應，並尋求外界協助，誠實面對危機，以及靈活管理和正視諮詢專家的協助建議，以依據危機

程度採取適當的決定。

因此，組織成員在面對危機時，應具備正確的態度，包括：(1)鎮定：沉住氣，先把狀況弄清楚再說；(2)負責：不可推卸責任，應有面對現實的勇氣，任何推諉的動作均會使情況更加惡化；(3)誠實：面對各界質疑時，應將真相毫無隱瞞地披露；(4)果決：應就危機之來龍去脈分析，並在最短的時間內做出解決行動（秦夢群，1998）。

綜觀前述危機管理的意涵、階段和策略，以下進一步提出危機管理的七項原則供參考：

一、防患未然原則

組織平日就必須針對可能發生危機的人、事、物及其周遭環境，事前做好規範妥善管理，並對可能造成的危害加以評估，考量組織必須採取的策略與步驟，以消除或減輕危機發生的可能性。

二、系統規劃原則

依照科學原則進行系統規劃，以高效率達成組織計畫、活動、資源和程序的管控。將危機發現、危機確認，作為危機管理的出發點。並將各種資訊整合在資訊通信科技之中，以有效掌握危機管理的各項工作。

三、全員參與原則

危機的發生攸關組織的經營與發展，因此它對組織中的每一個成員來說，都是一項重要的課題，組織必須集結眾人的智慧、集思廣益，做好危機管理。

四、分層負責原則

危機發生應當避免團體思考（groupthink）現象的發生。所謂團體思考是指某團體因具有高度的凝聚力，強調團結一致的重要性，因此壓抑個人獨立思考及判斷的能力，放棄提出不同意見的機會，最後導致團體產生錯誤或不當的決策（孫本初，1996）。質言之，當組織發生危機時，應在危機管理小組的運籌帷幄下，採取專業取向的充分授權，專人職司管理。

五、勇於任事原則

當組織發生危機時，除了要冷靜鎮定以最快的時間了解及掌控全局外，最重要的就是勇於負責、誠實面對和主動回應，才能在危機中激起組織成員的向心力，以及外部成員對組織的信任。

六、掌握時效原則

危機發生時，不容輕忽時間掌握的問題，如何在有效時間內，啟動組織內部的各項運作機制，並採取適當的因應措施，是化解危機不致讓事件惡化的重要關鍵，以求進一步圓滿地處理和解決組織的危機。

七、教育訓練原則

危機管理可視為組織長期規劃和不斷學習、適應的過程。因此，組織平常就必須透過相關的教育訓練活動，建立及培養其成員健康危機意識和應變知能，才能在危機發生時，從容不迫地化危機為轉機。

第 四 節
危機管理與課後照顧的經營管理

現今任何一個組織皆須面對複雜、變化不定的環境，太多事情隨時可能發生變化。因此，課後照顧辦理單位應當正視潛藏的危機，平日就要處處留心，主動發覺組織內的危機因子，畢竟預防是危機管理的最佳策略。即課後照顧服務方案的經營必須具備危機意識，才能在面對危機發生時，有適當的警覺並能提出有效的解決方案。針對危機管理與課後照顧經營管理的整合探討，本節主要從以下五項做一說明，以供課後照顧中心參考：

壹、課後照顧辦理單位應提高危機意識，加強各項工作的安全防範措施

　　任何一個組織都會因其職業和文化屬性，在工作中有類似的危機發生。以課後照顧服務方案為例，像管教問題產生的師生衝突；管教問題所引起的家長抗議事件；教師與行政人員的衝突；收費與退費造成的家長抗議事件；門禁管理疏失；天然災害；意外事件；飲食衛生問題；負責人或員工捲款潛逃、侵占公款；推動措施的衝突；學生暴力事件等，都足以造成課後照顧經營管理上的問題。因此，課後照顧辦理單位應提高危機意識，平日就要推動各項工作的安全防範措施，力求以安全品質的維護為第一優先要務的目標。

貳、課後照顧辦理單位應與學校、社政、警政機關建立良好的互動關係，提供兒童更安全的學習環境

　　參加課後照顧服務方案的學生是以國小兒童為主，每個孩子來自不同的家庭，只要家庭功能不彰，孩子多半會伴隨不同類型的教養問題或偏差行為。對此課後照顧辦理單位應當要對每個學生有深入的了解，並和其就讀學校保持聯繫；對於部分需要特別留意的學生，必要時，亦應請求社政和警政機關的協助，及早發現問題，以確保兒童在安全的環境中學習。

參、課後照顧主管應重視員工和學生的安全教育，加強各項安全事項的宣導與訓練工作

　　課後照顧辦理單位為了防範意外事件的發生，平日在員工的教育訓練和學生的學習指導過程中，就應當加強安全教育的宣導，提升全體員工和學生的危機意識。當危機發生時，不僅要能自我保護，也要能夠發揮團隊的精神，共同參與各項危機工作的推動，以期能夠安然解決危機之困境。

肆、課後照顧辦理單位應根據一些具體的危險指標，預先擬定因應對策預防危機的發生

　　課後照顧辦理單位可藉由以下五個層面的思考，進一步發展及建立應注意的危機指標，包括：課後照顧服務方案遭遇愈來愈多的問題；特別受到政府、議會、新聞界或特定人士的關心；傷害到課後照顧辦理單位或其經營者的形象；危及課後照顧服務方案的根本並影響正常運作；嚴重威脅課後照顧辦理單位的生存與發展等徵候（改編自何俊青，1997）。而在每個指標的呈現上，應給予明確的概念性和操作性定義，並進一步提出具體可行的因應對策，以有效預防危機的發生。

伍、課後照顧辦理單位應當定期蒐集同業發生的危機事件，張貼於公布欄，提供員工學習之用

　　課後照顧辦理單位平日就應當注意新聞報導，蒐集全省各縣市發生有關課後照顧服務方案的危機案例，定期張貼在公布欄，除了供員工閱讀學習之用，亦可作為檢視內部運作的參考標準。除此之外，課後照顧辦理單位內部也要和職員工、社區民眾、學生家長保持暢通的溝通管道，以確實發揮危機管理機制的運作功能。

第五節
問題討論

　　在讀完本章之後，你應該能回答下列與危機管理和課後照顧有關的問題：

1. 組織為什麼要進行危機管理的工作？完整的危機管理工作必須包括哪些工作要項？

2. 為什麼危機就是轉機，請試述之。

3. 為什麼組織會發生危機？其原因有哪些？

4. 課後照顧辦理單位可能發生的危機事件有哪些？請舉例說明之。

5. 課後照顧辦理單位要如何防範危機的發生？

6. 一個良好的課後照顧辦理單位要如何做好危機管理的工作？

第七章

認知發展與課後照顧

本章大綱

學 習 目 標

壹、了解認知發展的意義

貳、了解 Piaget 和 Vygotsky 認知發展理論的重點及
　　其異同

參、了解認知發展對課後照顧辦理單位的實務應用
　　價值

第 一 節
認知發展的意義

壹、前言

　　學習是人類與生俱來的本能，以嬰幼兒來說，他們不需要學習和認識文字，也不必進入學校接受正規教育，他們自然就會在生活情境中漸漸地使用語言和人溝通。因為兒童的認知發展（cognitive development）會受到其與環境交互作用的影響；相對地，對事物處理的智能性反應，也會逐漸產生質的改變。但基本上，兒童與成人的思維和心智模式是截然不同的，他們不是成人的縮影，成人的思維內容和成熟度的縮減，並不等於兒童的表現水準，因為人類的認知發展有明確的階段，也就是說，個體是通過兒童期以及成人期而發展的。

　　因此，站在教育的角度觀之，學習和認知發展的整體思考，其必然性無庸置疑，但是教材的難易程度和邏輯的先後順序，就必須針對兒童的心智發展程度，做適當的安排。因為唯有懂得學生如何學習，才能更正確地施教，讓學生學習到有價值的知識和良好的習慣。總而言之，兒童的認知發展關係到為何教、何時教、如何教和教什麼的教育本質。本章的重點，即希望透過對兒童認知發展的探討，增進課後照顧工作人員對兒童學習有更深切的反省和思考，才能真正幫助學生有效學習，開啟學習的潛能。

貳、認知發展的意義

　　發展意指個體在生命過程中，身心結構與功能隨年齡增長產生漸進而連續的演變，此種身心的改變結果係受遺傳與環境、成熟與學習交互的影響（周立勳，2002）。而所謂的認知發展，則是指個體自出生後在適應環境的活動

中，對事物的認識以及面對問題情境時的思維方式與能力表現，隨年齡增長而逐漸改變的歷程（張春興，1994）。據此可知，不論是發展或認知發展，皆不是從全無到全有的轉變，而是歷經了若干的階段；換言之，認知發展並非一蹴可幾的心理狀態，它是階段性的，每一個階段內的發展具有層次上的高低，且它們是連續的，不同個體係有個別差異的存在，但原則上，兒童隨著認知的發展，他們的思維方式也會產生改變。

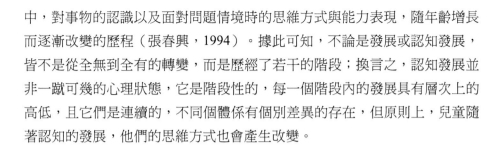

第 二 節
Piaget 的認知發展論

壹、Piaget 認知發展理論形成的影響因素

瑞士兒童心理學家 Piaget 的理論相當受到學術界的重視，主要原因是 Piaget 的理論融合許多的思想體系。其理論主要受到生物進化論（biological evolutionism）、理性主義（rationalism）、實務主義（practicism）與功能主義（functionism）、科學的歷史批判心理學（scientific historical critical psychology）和整體論對個體論五大智識潮流的影響（Kitchener, 1986；引自許瑛珆、洪榮昭，2003，頁 3-4）。

一、生物進化論

Piaget 為非達爾文學說的擁護者，與自然論者同主張，自然界必趨於一平衡狀態。因此，Piaget 認為認知的發展過程乃依循一固定的定律，且發展是為了消除主體與客體間於互動時所產生的衝突，以達到新的平衡狀態。由於受到進化論思維的影響，Piaget 認為可以利用進化的觀點，解釋知識如何獲得。

二、理性主義

受理性主義者倡議人為理性的動物，凡事皆可以數學邏輯推理得來的影響，Piaget 致力於邏輯分析臨床資料，並提出平衡模式來解釋個體理性層面的認知問題。

三、實務主義及功能主義

因受到實務主義兩位代表人物 Bergson 和 James 的影響，將實務主義中認為思想是連結行動和生物適應的論點，引進到自己的理論中，倡議個體須透過與環境調整的過程才能獲取知識。

四、科學的歷史批判心理學

Piaget 受此科學哲學思想所倡議的理念影響，竭力去探討知識和理念的本質及其極限的判準，故 Piaget 的研究法多採歷史批判式的調查法，來界定認知發展理論中的層次。

五、整體論對個體論

Piaget 既非整體論亦非個體論的追隨者，而是接受調和兩者所提出的第三種理論——關聯論（relationism），認為整體雖不等於個體總和，但是總體的特性可被個體所擁有。因此，對 Piaget 而言，社會可由個體、個體間的關係所組成的項目、構念間的關係、合作性的社會定理等來加以解釋，在 Piaget 的結構論（structuralism）及互動論（interactionism）中，都可看到其所依據的理念大多源於此。

貳、Piaget 認知發展理論的要義

針對 Piaget 認知發展理論要義的論述，主要從基模（schema）、組織與適應、平衡與失衡等三個層面，做一說明：

一、基模

基模是 Piaget 認知發展理論的核心概念，它是個體用來認知和適應外在世界時，在行為上所表現的基本行為模式，又稱之為認知結構（cognitive structure），因為基模是人類吸收知識的基本架構。而個體最原始的基模大多屬感覺動作的形式，基模會隨著年齡的增長過程，形成個體維持自身平衡的內在驅力，進而產生改變。

二、組織與適應

所謂組織是指個體在處理其周圍事物時，能統合運用其身體與心智的各種功能，從而達到目的的一種身心活動歷程。即組織是個體生存的基本能力，人類的組織能力會隨著身心發展由簡單而變成極複雜的地步。而適應則是指個體的認知結構或基模因環境限制而主動改變的心理歷程，在此過程中，個體會因環境的需要產生兩種彼此互補的心理歷程，一為同化（assimilation），另一為調適（accommodation）（張春興，1994）。

Piaget 認為，孩童在成長的過程中除了生理的成熟外，不斷會有外界環境的刺激，例如，人際的交流、物理經驗的獲得等。這些外來的刺激會使學童本身的認知基模產生不協調的現象，個體會根據已有的知識去解釋這些外來的資訊，並整合到原有的基模或認知結構中，這便是同化的過程。但是，若原來的知識體系解釋這類資訊有矛盾時，個體便會修正自己原先的認知結構，以重新解釋外來的資訊，這便是調適的心理歷程。同化與調適之間是並存而且是雙向的，當外來的資訊不斷藉由自我協調的作用加以整合時，兒童的認知結構便不斷改變；相對地，智力也隨其生活經驗的擴大而成長。

三、平衡與失衡

簡單來說，認知發展的內在動力就是平衡與失衡的交替出現所產生之結果。

當個體既有的基模能同化環境中的新訊息時，心理就會感到平衡，否則將會產生失衡，驅使個體改變或調適既有的基模。所以調適歷程的發生乃是

心理失衡的結果，調適歷程發生後，個體心理狀態又會恢復平衡。

參、Piaget 認知發展的階段

根據表 7-1 可知，Piaget 的認知發展階段共分為四期：感覺動作期（sensorimotor stage）、前運思期（preoperational stage）、具體運思期（concrete operational stage），和形式運思期（formal operational stage），茲分述如下（張春興，1994）：

表 7-1　Piaget 認知發展的階段

期別	年齡	基模功能特徵
感覺動作期	0 至 2 歲	1. 憑感覺與動作以發揮其基模功能 2. 由本能性的反射動作到目的性的活動 3. 對物體認識具有物體恆存性概念
前運思期	2 至 7 歲	1. 能使用語言表達概念，但有自我中心傾向 2. 能使用符號代表實體 3. 能思維但不合邏輯，不能見及事物的全面
具體運思期	7 至 11 歲	1. 能根據具體經驗思維以解決問題 2. 能理解可逆性的道理 3. 能理解守恆的道理
形式運思期	11 歲以上	1. 能做抽象思維 2. 能按假設驗證的科學法則解決問題 3. 能按形式邏輯的法則思維問題

資料來源：教育心理學（頁 90），張春興，1994，台北市：東華。

一、感覺動作期

指出生到二歲嬰兒的認知發展階段，具有運動的智力，沒有語言和想法，主要是靠視覺、聽覺、觸覺和手的動作，作為吸收外界知識的基模。在這個階段的末期，對物體的認識會發展出物體恆存性概念，另外則是可以在事後

憑著記憶模仿所看到的動作，對此稱之為延後的模仿（deferred imitation）。

二、前運思期

二到七歲兒童認知發展階段的特徵，包括：(1)具體性：雖然能操作符號，但仍依賴具體事物；(2)不可逆性：還不了解 5 ＋ 7 ＝ 12 和 12 － 7 ＝ 5 屬於同一件事；(3)知覺集中傾向：只能注意事物的某一面向或細節；(4)自我中心思考：只能從自己的角度看事情。所以，在這個階段的兒童雖然會運用思考，但卻是依直覺而非邏輯來解決問題。

三、具體運思期

指七到十一歲兒童的認知發展階段，在此階段的特徵具有以下五點：(1)序列化（seriation）：按物體某種屬性為標準排成序列，從而進行比較，例如甲比乙大，乙比丙大，所以甲一定比丙大；(2)去集中化（decentration）：面對問題情境思維時，不再只憑知覺所見的片面事實去做判斷；(3)守恆（conservation）：了解某物體的特徵，不會因其另方面特徵的改變而有所變化；(4)分類（classification）：將相同或相似特徵的事物放置在一起；(5)類包含（class inclusion）：分類思維時能區分主類與次類間之關係的能力。

四、形式運思期

指十一歲以上青少年認知發展的階段，在思維方式上具有以下三個明顯的特徵：(1)假設演繹推理（hypothetic-deductive reasoning）：指先對所面對的問題情境提出一系列的假設，然後根據假設進行驗證，從而得到答案；(2)命題推理（propositional reasoning）：指推理思維時，不必一定按現實的或具體的資料做依據，只憑一個說明或一個命題，即可進行推理，簡言之，命題推理可視為一種超越現實的思維方式；(3)組合推理（combinatorial reasoning）：在解決問題時，能獨立出個別的因素，並將這些因素做某種組合，來思考問題的解決，能逐漸發展出系統性思考的能力。

肆、Piaget 認知發展理論的反省思考

針對 Piaget 所提出的認知發展理論，由於受到發展心理學的理論衝擊，漸顯出其不足之處，例如：獨重知識認知而忽略社會行為發展；發展先於學習的理論缺少教育價值；各年齡組實際發展水平與理論不符等論點（張春興，1994）。對此學術界進一步提出 Piaget 認知發展理論可資修正的意見（Inhelder, Caprona, & Cornu-Wells, 1987）：

1. 不再視知識為自我建構，亦可從他人身上習得。
2. 必須對人的非理性層面加以重視，因為人自出生開始就生活在既有的風俗、習慣和體制之中。
3. 不應再認為所有的認知發展都是正向的，應當視發展為架構的轉移，人的成長不一定趨向更理性，而是不斷更新的心智模式決定人的行為。
4. 應當多強調人際間構念的研究，而非只探討個體的構念。

⋯⋯ 第 三 節 ⋯⋯
Vygotsky 的社會文化論

Vygotsky 生於 1896 年，在 1934 年過世。他和 Piaget 是同時期的心理學家。但不同於 Piaget 認知發展理論的觀點，Vygotsky 強調文化、社會對兒童認知發展的影響。但由於其理論中有濃厚的西方文化色彩，在 1936 到 1956 年間受到蘇聯政府的控制，禁止討論其理論，直至 1960 年代，Vygotsky 的理論才受到美國心理學界的重視。

壹、Vygotsky 社會文化論的要義

Vygotsky 的社會文化理論之觀點，主要強調社會和文化對一個孩子認知發展的影響，其要義包括語言發展、可能發展區（zone of proximal development）和社會文化三點，茲分別說明如下：

一、語言發展

語言是人類最原始的文化工具，個體用以修正行為、重建思想，以及形成高層次、自我規範的工具。Vygotsky 對語言發展的看法和 Piaget 完全不同。Piaget 視語言發展為認知發展的產物；但 Vygotsky 則認為語言是認知發展的工具。Vygotsky 將語言發展分為三個階段：社交性的語言（social speech）、自我中心語言（egocentric speech），以及內在語言（inner speech）。

社交性語言的主要目的只是溝通，使兒童能夠了解他人的想法。在自我中心語言階段，兒童對他人心智運作方式已有體認，但尚未能內化，因此在解決問題時必須藉由語言來引導，而有成人眼中自言自語的現象產生。即自我中心語言是兒童將外在事件內化的一個過程，兒童可藉由自我中心語言來幫助其思維。而內在語言的產生則代表兒童已能完全內化外在事件，在其解決問題時，已可利用個人的思維來幫助其解決問題。

二、可能發展區

不同於傳統測驗運用數字來界定個體智能的做法，Vygotsky 以可能發展區的觀念來解釋智能。Vygotsky 指出，每個人所表現出來的發展程度可以「實際發展程度」（level of actual development）稱之，但個體在學習之後所表現出來的則是「可能發展程度」（level of potential development）。可能發展程度與實際發展程度之間的差異即為可能發展區間。他認為，實際發展程度並不能代表個體智能的高低。依據 Vygotsky 的理論，可能發展區才能代表一個人智能的高低。據此而論，在了解兒童的實際發展程度後，可進一步確認其可能發展程度，以找出兒童的可能發展區，就可經由成人或同儕的互動與引導，激發出更佳的表現，使兒童的認知發展臻於最大發展的程度。

三、社會文化

個人的思考能力來自其所處的社會，此一命題，乃 Vygotsky 社會文化論的重要主張，從前述語言發展和可能發展區的介紹，更可清楚地了解兒童所

處環境對其認知發展的影響。因為 Vygotsky 認為知識並不是由個體獨自建構出來；相反地，知識是在互動過程中發展，尤其是在與一個比自己及所屬文化更有知識的人或組織的互動過程中所建構的。在互動的過程中，個人把與生俱來的能力轉化為更高層次的心理功能。

貳、Vygotsky 社會文化論的認知發展階段

Vygotsky 的社會文化論指出，兒童的認知發展大致可區分為下列四個主要階段（引自洪志成，2000，頁 75）：

一、非語文期

未能使用制式的語言文字符號來表達意念，例如，利用哭笑等有意義的聲音來表達好惡等意念。

二、指標性語文期

使用的語言符號被納入認知思考的結構。此一時期的語文具有標示的功能，用以連結外界具體的事物，例如，動物園一詞表示聚集許多不同種類動物供全家出遊的地方。

三、外在語文主導期

運用環境中的語言文字符號來導引自身行為，並解決面臨的困境。例如，使用手指計數來了解某物品的數量以比較大小，或是計畫進一步的分配給友人。

四、語文內化期

外在的語言文字可有可無，其所衍生出來的內在語文卻充作輔助性的刺激，可供個體有系統地掌控長期記憶中的訊息，以進行抽象化的概念理解與邏輯性的關係推演。

第四節
認知發展與課後照顧的經營管理

聯合國教科文組織二十一世紀國際教育委員會指出，二十世紀政治和社會的發展，呈顯出前所未有的進步與失序，為了能夠面對快速變遷下的挑戰，邁向新世紀的終身學習社會必須具備：學會認知（learning to know）、學會做事（learning to do）、學會共同生活（learning to live together）、學會發展（learning to be）四大教育支柱：

(一)學會認知

為因應資訊科技的日新月異所帶來的快速變遷，個人不僅要能獲得有系統的知識，更要具備獲得這些知識的方法。學會認知是生活的手段，也是生活的目的，它可以幫助我們認識環境，發展職業技能，並且與人溝通，從而獲得生活的樂趣。因此，個人應當從學習如何學習之中，加強注意力的訓練、記憶力的增強和思維能力的培養，建立個人終身學習的能力，以便在學習及工作的場域中順利發展。

(二)學會做事

學會做事所強調的不是一技之長的能力獲得，而是強調各種工作能力的培養，學會具有應付生活中各種情況及與人共同合作的能力，尤其工作世界現已從物質化轉向非物質化，服務業在經濟市場的地位愈益重要；相對地，人際關係與服務品質也就愈受重視。因此，在教育活動中，應當重視能力的培養與獲得，未來也將會是一個重視能力勝於講求文憑的新世紀。

(三)學會共同生活

教育的主要目的之一，是幫助人們了解世界上人與人之間的異同、種族的多樣性以及彼此相互依存的關係，由於地球村觀念的形成，人類更應該以多元的尊重與了解，以理智、和平的方式解決衝突，用同理心的態度去關懷他人，教師應當鼓勵學生培養好奇心及批判精神，將有助於建立正確的世界觀及對他人的尊重。

(四)學會發展

教育是幫助個體全面地發展自我，包括身心、智慧、感覺、審美意識、個人責任等的發展，為了達到此目的，教育應該發展一個人獨立的批判思考與判斷能力，以便使他們在人生各個不同的情況中發揮自我潛能，解決自我問題。

簡言之，教育的四大支柱強調人與群體的關係、強調能力與發展的關係，亦強調學習與改變的關係，而談到學習，就必須重視認知發展對兒童學習的影響。本節針對認知發展與課後照顧經營管理的整合思考，提出以下五點供參考，茲分別說明如下：

壹、課後照顧辦理單位應加強內部人員的教育素養，避免運用經驗學習的錯覺或誤導家長，以致影響兒童的學習和心智發展

由於課後照顧辦理單位內的員工並非皆具有合格教師的資格，在工作上卻必須負起兒童學習和課業的指導工作。因此，課後照顧辦理單位應加強內部相關人員的教育素養，尤其是與兒童學習有關的概念必須有所了解，才能清楚知道兒童的思考方式，施予適當的知識教學活動。

除此之外，課後照顧辦理單位內的工作人員，絕對要避免運用自己過去的學習和成長經驗，因為很可能會把錯誤的觀念複製在學生的身上，此一做法恐怕未見好處，就已戕害了學生。而對於學生在學習上的具體表現和可能影響的原因，也必須善盡告知之責，虛心看待兒童學習問題和自身經營管理的關係，才能對學生的學習和心智發展有所助益。

貳、課後照顧辦理單位應重視學生的個別差異，提供適當的教學活動，實施個別化教學

根據 Piaget 研究兒童認知思維的經驗，有以下三點建議（張春興，1994）：

1.在實施個別化教學時，盡量與兒童面對面溝通，讓兒童用自己的話說出

他對問題的看法，以及解答時的思維過程。

2. 對答對的兒童，讓他肯定自己的想法是正確的，並給予鼓勵。

3. 對答錯的兒童，讓他在毫無恐懼的情境下，說出他對問題性質的了解以及思維的過程。特別是在與正確答案核對時，讓兒童自由發表意見，使他有機會為他的不同思維方式做解釋辯護。如此，當他發現教師的答案比他所想的更好之後，才會對教師的改正心悅誠服。

參、課後照顧辦理單位應重視學生自發性和主動參與學習的習慣，以奠定終身學習的能力

培養學生自發性和主動參與學習活動的習慣，主要目的就是要強調學習自主性的促進，和重視個人學習能力的養成。因為有愈來愈多的學習是需要去挑戰的，例如：在探索和有意義的資訊中習得技能；在不同情境解決問題的精熟能力；在良好研究本質中獲得了解；在學校和訓練環境加強自我調整；實際學習技能；發展較高階級的技能；從經驗中增加個人的能力；期勉自己成為一個完整的個人（Van der Zee, 1991）。質言之，如果兒童未能從小培養自發性和主動參與學習活動的習慣，其認知發展的生機顯然是不足的，遑論日後能有效面對各式各樣的學習活動和更複雜的學習內容。

肆、課後照顧辦理單位可善用團體活動和語言遊戲，提升兒童學習興趣與成效

從 Vygotsky 的社會文化論可知，後天環境對兒童發展的重要性，尤其社會互動和孩子參與真實的文化活動，都是認知發展的必要條件。課後照顧辦理單位可善用團體和團體內有比學生表現更佳的同儕，以及成人指導的團體方式，進行相關的學習活動，勢必可在社會學習的歷程中促進學生的認知發展。而另外一個重要的因素就是語言，因為人與動物最大的差別，就在於語言和思想，顯見語言和思想對人類認知發展的影響。因此課後照顧辦理單位可透過語言遊戲的實施，不僅可提升兒童的學習興趣，也能促進其學習成效。

伍、課後照顧辦理單位可運用鷹架作用的概念，協助學生有更好的表現

所謂鷹架作用（scaffolding）就是指兒童在可能發展區別人所給予的協助。在教學過程中，課後照顧辦理單位內的指導人員應主動示範，為了提升學生的學習信心，可以先簡化作答，即作答的難度對學生來說不會太難，讓兒童願意且能夠持續參與學習活動；在此同時，並注意回饋給予的立即性和控制挫折感等原則，協助學生有更好的學習表現。

第五節
問題討論

在讀完本章之後，你應該能回答下列與認知發展和課後照顧有關的問題：

1. 何謂認知發展？認知發展對兒童的影響有多重要？請舉例說明之。
2. Piaget 認知發展理論的主要內容有哪些？
3. Vygotsky 社會文化論的主要內容有哪些？
4. Piaget 和 Vygotsky 的理論是否有異同之處？試申論之。
5. 為什麼課後照顧辦理單位要重視兒童的認知發展？
6. 課後照顧辦理單位如何運用認知發展在組織的經營管理之上？

第八章

社會發展與課後照顧

本章大綱

壹、了解社會發展的意義

貳、了解 Erikson 心理社會發展論的重要內涵

參、了解 Kohlberg 道德發展論的重要內涵

肆、了解社會發展對課後照顧辦理單位的實務應用
　　價值

第一節
社會發展的意義

壹、前言

　　對於個人社會發展（social development）的討論，如果從人格、品德和生命歷程的角度思考，可以更清楚地看見社會發展成功與否，對個人發展的長遠影響。首先就人格來說，個人的人格是在遺傳、環境、成熟和學習等要素的交互影響下所發展形成。照理說，完整的個體應當要創造出一個理想的人格，其養成就奠基於個性的改造，但是人格的發展和身體、智能、情緒、社會等面向都有密切關係，因此後天環境可以影響個人，但相對地，成熟的個體將來也可以改造後天環境。

　　品德則是指人的品格與道德，品格是人因道德實現所存在及顯現的價值格調，而道德是人在處世接物的各種人事現象中，依正直良善的言行法則而為之。所以，品德教育係依循教育原理傳授受教者處世接物的正道，解開是非善惡之疑惑，逐步內化為自身做人行事的最高準則，而不是一種意識型態的教育（李琪明，2004）。

　　至於生命歷程的覺察則更必須從積極正向的觀點，確立個人的生命價值、體現生命的意義，而這些如果沒有健全的人格和良善的品德，在實踐的道路上勢必會面臨不同的困境和挑戰。因此，本章的重點即希望透過對社會發展內涵的介紹，讓從事課後照顧工作的相關人員能夠重視和負起兒童社會發展的責任。在內容上，主要是以 Erikson 的心理社會發展論，和 Kohlberg 的道德發展論為主。

貳、社會發展的意義

「社會發展」一詞在教育心理學上的意義是，個體在成長階段，自嬰幼兒到青少年，由於社會文化因素的影響，使其在對待自己與對待別人的一切行為隨年齡增長而產生改變的歷程。社會發展又可視為人格發展（personality development），名稱雖異，而所指均為個體自小到大的成長歷程，故而又稱人格成長（personality growth）。社會發展的歷程稱為社會化（socialization）。個體經由社會化之後，由原本單純的自然人，經由社會環境中與人、事、物的互動，而逐漸學習到認識自己，了解別人，並進而在人己關係中學習到如何待人、律己、循規、守紀等合於社會規範的一切態度、觀念與行為（張春興，1994）。

據此而論，社會發展良好的個體必定能發展出健全的人格，但是在發展過程中必須和外界環境互動，而且外界環境會隨著年齡增長不斷地擴展，甚至複雜化，從一出生的家庭到學校再到社會，每一個時期都有特定的成長任務，但社會發展並非人人順利，是否能奠基於當下，再往上提升一層，係有賴於教育的功能循循善誘方始有成。

第 二 節
Erikson 的心理社會發展論

Erikson 的心理社會發展論屬於心理分析學派的理論。Erikson 主要是接受並奠基在 Freud 的性心理發展理論的口腔期（oral stage）、肛門期（anal stage）、性器期（phallic stage）和潛伏期（latency stage）的主張下，更進一步整體思考心理與社會變遷和文化觀點之間的相互關聯性。Erikson 是第一個將人格從嬰兒期到老年期的發展歷程分成八個心理社會階段的心理學家，八個階段如表 8-1 所示，第一個階段到第五個階段，是個體自出生後在家庭和學校環境中所形成的人格發展，第六個階段到第八個階段，是個體成年以後

表 8-1 Erikson 的心理社會發展期

期別	年齡	發展危機	順利者的心理特徵	障礙者的心理特徵
1	0至1歲	信任對不信任	對人信任,有安全感	面對新環境時會焦慮不安
2	1至3歲	自主行動對羞怯懷疑	能按社會要求表現目的性行為	缺乏信心,行動畏首畏尾
3	3至6歲	自動自發對退縮愧疚	主動好奇,行動有方向,開始有責任感	畏懼退縮,缺少自我價值感
4	6至青春期	勤奮進取對自卑自貶	具有求學、做事、待人的基本能力	缺乏生活基本能力,充滿失敗感
5	青年期	自我統合對角色混淆	有了明確的自我觀念與自我追尋的方向	生活缺乏目的與方向,而時感徬徨與迷失
6	成年期	友愛親密對孤僻疏離	與人相處有親密感	與社會疏離,時感寂寞孤獨
7	中年期	精力充沛對頹廢遲滯	熱愛家庭、關懷社會,有責任心、有義務感	不關心別人與社會,缺少生活意義
8	老年期	完美無缺對悲觀失望	隨心所欲,安享餘年	悔恨舊事,徒呼負負

資料來源:教育心理學(頁129),張春興,1994,台北市:東華。

的人格發展,茲分述如下(Ormrod, 1998; Schultz & Schultz, 1997;周立勳,2002;張春興,1994):

壹、信任對不信任 (trust vs. mistrust)

　　信任與不信任的發展任務,是生命開始所面臨的第一個危機,此階段是心理社會發展階段的口腔感覺期,這個時期嬰兒主要依賴母親或主要照顧者的照顧,其與世界的關係兼具生物性的生存和社會性關係的發展。這個時期

假使母親或主要照顧者能提供給嬰兒足夠的生理需求和愛、安全和關注，嬰兒將開始發展信任的感覺。假若母親或主要照顧者的行為是拒絕、疏忽或不在意，則嬰兒將缺乏基本的信任感覺，可能導致日後社會關係的發展。

貳、自主行動對羞怯懷疑（autonomy vs. shame and doubt）

此階段是一到三歲的學步期，Erikson稱之為肌肉－肛門期（muscular-anal stage），必須具備抓緊（holding on）與放鬆（letting go）的基本能力。這個階段的主要任務就是要能自主行動，而且要把羞怯懷疑減到最低的程度。因此，可讓幼兒經由學習去經驗他們自主行動的力量與獨立的能力，父母不應該阻止，應該持著寬容、等待與鼓勵，培育幼兒發展出自我控制（self-control）的感覺。假使父母常常嚴厲譴責幼兒，並阻止幼兒重複自主性的練習與探究，幼兒會變得在重複性裡困擾，不僅無法探究自主，也將會產生羞怯和懷疑。

參、自動自發對退縮愧疚（initiative vs. guilt）

此時期是三到六歲的學前階段，亦稱之為運動－生殖器階段（locomoter-genital stage）或遊戲的年紀（play age），這時期的小孩面對的任務是自動自發對退縮愧疚兩極間衝突的化解。所謂自動自發的意思，是面對世界的挑戰、負起責任並學習新的技能、感覺是有目標的，父母或老師可以鼓勵和支持孩童試著展現他們的想法、創造力、好奇心與想像力；反之，如果父母或老師不鼓勵和支持此類活動，孩童可能會對自己的需求與欲望產生退縮和愧疚感。

肆、勤奮進取對自卑自貶（industry vs. inferiotity）

這個階段正值兒童就讀國民小學，在Erikson的心理社會發展論裡屬潛伏階段（latency stage of psychosocial development），這個時期的任務是發展勤奮進取及避免過多自卑自貶的感覺。所以在活動的過程中，兒童透過全神貫

注、勤奮和毅力，認真完成任務，成功的經驗多於失敗的次數，能藉以加強及培養孩子擁有能力的感覺，進而養成勤奮進取的性格；反之，則會對自己的能力產生自卑感。

伍、自我統合對角色混淆（identity vs. role confusion）

Erikson心理社會發展論的第五階段開始於青春期的十二到十八歲之間，這個階段是人生全程最關鍵的時期，青少年開始考慮他們在成人世界裡要扮演的角色。至於青少年在經驗認同的角色，和判定什麼才是最適合自己的意識型態時，Erikson 提到必須在心理上的延緩償付（psychological mora-torium），也就是允許時間去經歷角色或身分認同和混淆的痛苦，也必須拒絕一些陌生的價值觀，以全心專注於對所選擇的意識型態之信仰（引自陳佳禧，2004）。

在這個階段，由於主觀的身心變化和客觀環境的影響，使青少年在自我成長上面臨了以下多種問題：(1)由於身體上性生理的成熟，使他感到性衝動的壓力，由於對性知識的缺乏和社會的禁忌，使他對因性衝動而起的壓力和困惑，不知如何處理；(2)由於學校和社會的要求，使他對日益繁重的課業與考試成敗的壓力感到苦惱，在求學時只模糊地知道求學成敗關係著未來，然而對未來的方向自己卻多半茫然無知；(3)兒童時期的生活多由父母安排，很多事情的決定都是被動的，可是到了青春期很多事情要靠自己做主，而且父母也期望他有能力去選擇，但是他們自己則往往因缺乏價值判斷的標準，而在從事抉擇判斷時，感到徬徨無措（張春興，1994，頁 133）。所以，自我統合是一種自我認同的發展，它是青少年在此時期生命的學習及個體自我概念的融合，並從自己所處的社會中發現意義感。

陸、友愛親密對孤僻疏離（intimacy vs. isolation）

這個階段是人生的青壯年期，它從青春期的最後一直延伸到大約三十五歲。在這個期間，開始學會獨立、投入職場，成為有責任感的成人。注目的

焦點是與他人的親密關係。因為他們有能力與他人形成親密的與相互的關係；換言之，是一種能維持一般友誼，並與同一伴侶保持持久關係的能力。如果個體無法建立像這樣的親密關係，造成個人的孤獨感並且拒絕他人、喜歡獨自一個人，同時不能夠與周遭的人達到滿意的合作關係，也害怕自我認同受到威脅，到了晚年生活，將會導致嚴重的性格問題。

柒、精力充沛對頹廢遲滯（generativity vs. stagnation）

　　這個階段大約是三十五到五十五歲之間的中年期，是生命週期中活動力和生產力最高的時期。個體會進一步發展成為關懷及照顧周遭的人、事、物，會感覺到生命的存有，能夠對家庭或社會的整體做出貢獻，願意將愛持續擴展，較少的自私，更多的相互關愛與犧牲奉獻。頹廢遲滯則是相反的一面，專於自我，變成完全的停止，並不參與人與人之間的關係和活動。他們找不到生產力和成就的感覺，停止對社會各個層面的生產，以致出現頹廢遲滯的惡性傾向。

捌、完美無缺對悲觀失望（integrity vs. despair）

　　心理社會發展論的最後階段，大約在六十歲左右。這個階段的任務是去回顧一生的生活與成就。如果個體能有足夠的能力應付過去生命中的成功和失敗，並且相信自己曾經有過幸福和豐富的人生，這就是完美無缺的過程。簡單地說，完美無缺含括接受現在和過去。在另一方面，假如回顧生命，對於錯過的機會和充滿悔恨的錯誤不能原諒時，所伴隨挫折、生氣的感覺，將會感到悲觀失望，在失落中也變得厭惡自己、鄙視他人。

······ 第 三 節 ······
Kohlberg 的道德發展論

　　繼 Piaget 提出道德認知發展階段理論之後〔此理論包括三大階段：無律階段（stage of anomy）、他律階段（stage of heteronomy）、自律階段（stage of autonomy）〕，同樣採用認知發展取向研究道德發展，而提出系統理論成為一家之言者，當推美國哈佛大學教授 Kohlberg。此一道德發展理論係基於 Piaget 的階段觀念，以及視兒童為哲學家的想法，從事道德方面的研究，且建構一套道德發展的階段，作為研究的架構（Kohlberg, 1981）。

　　Kohlberg 的理論能引起心理學界的重視，是因為在理論內涵上具有二項特點：(1)他排除了傳統上道德思想中的類分觀念，他認為人類的道德不是有無的問題，也不是歸類的問題，而是每個人的道德都是隨年齡經驗的增長而逐漸發展的；(2)道德判斷不單純是一個是非對錯的問題，而是在面對道德問題情境時，個人從人、己、利、害以及社會規範等多方面綜合考量所做的價值判斷（張春興，1994）。

　　基本上，Kohlberg 的道德發展論主要建立在以下七個假設基礎之上，茲分述如下（引自柯秋萍，2004，頁24-25）：

(一)假設基礎一：結構主義（structuralism）

　　認知結構是指心智運作組織化的型態，在道德領域中，經驗類型包括心智的運作，如贊成、責備、分配權力、責任、義務、從事應該的判斷，以及對價值、理想及規範界定的依據。

(二)假設基礎二：現象學（phenomenalism）

　　主張一個人的行為只在人的意識經驗架構內才能被理解，是人在解釋自己行為的情境而賦予的道德或非道德的地位。

(三)假設基礎三：交互作用論（interactionalism）

　　認知結構發展是有機體的內在結構與外在環境結構之間的交互作用過程。

(四)假設基礎四：認知序階（cognitive stage）

透過有機體的內在和組織化經驗的交互作用導引成認知序階，且從簡單的到更分化的、整合及複雜的結構。

(五)假設基礎五：自我（self）

自我認同提供了跨越時間、空間、角色關係的連續性，且自我、他人、關係、社會標準等概念，在認知分化及整合的過程中同時被分化。

(六)假設基礎六：角色取替（role-taking）

社會認知是建立在角色取替過程的基礎上，是覺察別人在某方面像自己，而且在一個相互期待的體系中，別人知道或對自我做回應。

(七)假設基礎七：平衡的概念（concept of equilibrium）

平衡是道德的終點或是界定者，是正義的原則，也許是互惠或平等。

表 8-2　Kohlberg 道德發展三期六段論

期別		發展階段		心理特徵
一	前習俗道德期 （9歲以下）	1	避罰服從取向	只從表面看行為後果的好壞。盲目服從權威，旨在逃避懲罰。
		2	相對功利取向	只按行為後果是否帶來需求的滿足以判斷行為的好壞。
二	習俗道德期 （9至20歲）	3	尋求認可取向	尋求別人認可，凡是成人讚賞的，自己就認為是對的。
		4	遵守法規取向	遵守社會規範，認為規範中所定的事項是不能改變的。
三	後習俗道德期 （20歲以上）	5	社會法制取向	了解行為規範是為維持社會秩序而經大眾同意所建立的。只要大眾有共識，社會規範是可以改變的。
		6	普遍倫理取向	道德判斷係以個人的倫理觀念為基礎。個人的倫理觀念用於判斷是非時，具有一致性與普遍性。

資料來源：教育心理學（頁144），張春興，1994，台北市：東華。

Kohlberg 的道德發展論的階段劃分，根據表 8-2 所示，包括：前習俗道德期（pre-conventional level of morality）、習俗道德期（conventional level of morality）和後習俗道德期（post-conventional level of morality），每一個時期內又涵蓋二個階段，亦稱之為 Kohlberg 道德發展三期六段論，茲分述如下（Kohlberg, 1985；柯華葳，1997；張春興，1994）：

壹、前習俗道德期

指九歲以下的兒童，在面對道德兩難情境從事道德判斷時，受制於行為結果的報償，對錯善惡係以行為結果的獎懲為依據。所以此一階段的道德推理注重個人，以自我為中心，並強調結果。

一、避罰服從取向（punishment-obedience orientation）

避罰服從取向是人類道德發展的最低水平，在行為表現上，只單純地為免於被懲罰而服從規範，不會考慮其他事情，即無關乎行為本身的價值或意義。

二、相對功利取向（instrumental-relativist orientation）

相對功利取向是一種利益交換的心態，會以被人讚賞的行為做規範，也就是說，為得到因讚賞而取得的利益而遵守規範，此一觀點是具體且現實的。

貳、習俗道德期

年齡範圍係指九歲以上的兒童一直到成人，在面對道德觀念是以他人的標準做判斷，以此作為發展自我道德觀念的方向，因此，他們會以家庭和團體的期望作為道德價值的指標。

三、尋求認可取向（good boy/nice girl orientation）

為了取得成人的好感，而會遵從成人認為的好孩子標準，同時也認為滿

足社會大眾認可的行為便是對的行為,因此,尋求認可取向是一種社會從眾(social conformity)的行為表現。

四、遵守法規取向(law and order orientation)

遵守法規取向是一種信守法律權威、重視社會秩序的心理取向,所以,遵守社會規範、嚴守公共秩序、尊重法律及權威的判斷,是這個階段的行為特徵。

參、後習俗道德期

後習俗道德期,是指個人的道德觀念已超越一般人及社會規範,對自我是有所要求,個人重視的是對自己良心的自律,以及對廣大社群共同利益的尊重。

五、社會法制取向(social-contract-legalistic orientation)

社會法制取向的道德觀,是以合於社會大眾權益所訂定之法規為基礎。作為道德判斷的標準,因此在這個階段,個體相信法律是為了維護社會和大眾的共同最大利益而制定的,一切會以大眾的利益為前提。因此,這個階段的特色是能夠遵守協議,滿足最多人的基本需求和權利。

六、普遍倫理取向(universal-ethical-principle orientation)

普遍倫理取向的道德觀,是個人根據他的人生觀與價值觀,建立了他對道德事件判斷時的一致性與普遍性的信念。其特色是以自由意志選擇普遍性原則以為行動的依據。處在這個階段的人,會認為他所做的一切是為了全世界人類的福祉著想。

第四節
社會發展與課後照顧的經營管理

　　在多元化的社會裡，有些人會因為價值觀的錯誤判斷，導致行為偏差，有些人也可能會找不到自己真正的價值觀與生活重心，不知人生何去何從，面對這種情況，對每一位身負教育責任的人來說都應該要有所警惕。尤其小學階段是養成學生良好品格的最好時機，因此在這個時期，我們必須協助學生建立正確的價值觀，如此才能確定生命的目標，找到生命中真正的快樂。

　　基本上，完整的教育應包含外在客觀知識的傳授與內在生命的成長，可惜的是，目前我們的教育太過於重視外在客觀知識的傳授，卻忽略了內在生命的成長，一般社會價值觀大都認為學生只要把書讀好即可，所以有些孩子講求自我，導致人際關係欠佳，衝突日益增加，不懂得對人感恩。尤其在少子化及家庭教育功能式微的當今社會，愈來愈多的兒童受到過度的保護與寵愛，挫折容忍力降低，而這些其實都攸關個人社會發展歷程中，個體是否能在不同時期學習適應不同的問題和建立正確的觀念與能力有關。以下本節即進一步從六個層面，提出社會發展理論可供課後照顧經營管理的參考面向。

壹、課後照顧辦理單位應建立完善的班級經營計畫，有效指導學生的生活常規

　　一個有組織和有效管理的班級是健全教學的基礎，也是師生及學生同儕間建立相互尊重和關懷班級氣氛的根基（Mcleod, Fisher, & Hoover, 2003）。因此，良好的班級經營架構應當兼重班級整體的發展和個別學生行為的了解，才能採取適當的策略，以促進班級效能的提升和強化學生正向行為的改善。就社會發展和班級經營的思考來說，首重班級常規的建立，因為組織的運作必須要有明確的規範，才能使組織的任務與工作順利地進行。原則上，在建立班級規範時，必須重視學生對此規範的理解，知道自己是這個團體的一份

子，有其責任去遵守共同的約定。而對於一再違反規範的學生，則必須進一步了解行為背後的原因，幫助學生克服困難，使班級在有效運作中，促進學生的人格發展。

貳、課後照顧辦理單位應正視學生的行為和心理問題，善用輔導理念適時地給予兒童正向的心理支持

以學校教育的觀點來看，學生輔導工作可以含括初級預防（primary prevention）、次級預防（secondary prevention）和補救的介入（remedial）三個層次。其中，初級預防層次的輔導工作是針對全體學生而設計，其目的在增進學生的能力與準備，以有效面對在個人發展階段中可能出現的發展與適應議題。次級預防層次輔導工作的主要對象是眼前遭遇學習或人際等困擾的學生，以及在不利因素下的高危險群學生（如低學業成就、單親家庭、人際適應不良等）。而補救層次的輔導工作則是從治療的角度提供協助，被動處理校園中某些具有長期困擾（如憂鬱症、邊緣性人格、低自尊、行為偏差等）的個案學生，或是遭遇生活突發性變動而引發危機（如中途輟學、校園暴力鬥毆、自殺、父母離婚等）的個案學生（林清文，2004）。

據此而論，課後照顧服務方案因為具有教育和保育的功能，因此對於學生正向行為的引導和心理衛生的保健，係責無旁貸。因此，除了要有良好的班級經營外，應具備學生輔導諮詢和家長親職諮詢的功能，並結合學校和社區的資源，建立轉介服務的制度，以增進學生的適應與成長，樹立課後照顧中心輔導工作人人有責的工作典範。

參、課後照顧辦理單位應加強學生的生活經驗，從生活實踐中促進學生的自我發展

教育是發展的助力，也可能是發展的阻力，因為如果家庭或學校對兒童們在教育上的要求，不能配合兒童的心理需求，不能使他們在求知中得到快樂、在學習中健康成長、在生活中準備生活，而只是基於望子成龍或升學主

義的觀點，強制兒童學習，難免使教育本具有的人格發展助力，變成人格發展的阻力（張春興，1994）。

因此，在求知中得到快樂、在學習中健康成長、在生活中準備生活的基本原則，對兒童人格發展的影響的確值得注意。此外，兒童的人格發展過程，亦必須掌握體驗、內省和實踐的運作核心，除了課本所教授的知識外，學生的生活經驗則是另一項重要的因素，因為個體自出生後即生長在人的社會裡。因此，課後照顧辦理單位可藉由社區認同、社區服務等相關活動的實施，讓兒童在生活實踐中學習、在學習中體驗自我、在體驗中懂得自我反省，進而為下一次的實踐獲得更多的自我發展。

肆、課後照顧辦理單位應重視楷模學習對兒童社會發展的重要性，使兒童在潛移默化中建立其個人學習的典範

個體自出生後在與他人互動的過程中，幼兒會藉由模仿學習他人的語調、姿態、動作。所以，模仿學習對個人的生活適應和人格發展，均有重要的功能。通常模仿只是單純地重複他人的某一回應，認同則指整套行為模式的接受。具體言之，一個理想的楷模認同的學習，絕不是只有模仿楷模的外顯行為而已，倒是楷模的內隱行為，更是值得引發其感動、傾慕、嚮往、認同的認知歷程（陳迺臣，2000）。

因此，課後照顧辦理單位應善用人類學習的本能，使兒童藉由觀察、閱讀等學習方式，在潛移默化中逐漸啟動自我成熟之路。舉例來說，課後照顧辦理單位內與兒童接觸的相關人員，應當發乎至誠，慎行身教，善施言教，一切以身作則，使學生在耳濡目染中學會良好的習慣。此外，透過閱讀亦不失為一重要策略，閱讀的內容範圍像是寓言故事、格言故事、名人傳記，表彰德性的戲劇、話劇、電影，或是好人好事的報導等。據此而論，課後照顧辦理單位在課程安排、教學規劃、圖書購置、圖書角的布置，以及學習教材皆可進一步地思考該如何結合，以碩實的內容豐富學生的涵養。

伍、課後照顧辦理單位可研擬品德教育教學方案，讓學生從閱讀、研究、寫作、討論中習得應有的觀念和生活實踐的能力

就品德養成的本質來看，其內涵關涉知識和行為二大層面，教育工作者會將知識轉化成課程，再藉由教學方案的編寫，將知識傳授給學生。而行為則是學生品德的外顯表現，透過外顯行為可讓人了解其內在對相關事物的看法，其中包括了這個人的所言所行。所以，在現行的課程領域裡或多或少會有與品德有關的知識內容。

例如：語文課程──涉及人生觀、世界觀、品格、修養等主題；數學課程──涉及理性論證；科學課程──涉及實事求是精神、踏實做事的態度，與造福民生的科技知能和素養；美藝課程──重視情的美化和慾的超脫，為品德修養中重要的一環；體育課程──講究團隊合作、守紀律、尊重公正規則、強化群性，培養堅強、奮鬥、自信等人格特質；此外，還有其他各種專業課程，自須包含其專業倫理的內容（陳迺臣，2000）。因此，課後照顧辦理單位可藉由統整課程的規劃，以品德作為統整課程的核心主題，在過程中輔以閱讀、研究、寫作、討論等方式，讓學生習得應有的觀念和生活實踐的能力。

陸、課後照顧辦理單位對於學生良好行為的表現應給予肯定和鼓勵，強化學生正向行為的連結

從教育的觀點言之，所謂學習即指行為改變的過程，它可以藉由模仿，也可以是外在環境影響下的改變，也可能是學習內化後的自我覺識和再學習。但不論是透過何種途徑強化學生的行為，使學生能在認知、情意和技能等層面持續地正向發展，乃是教育的想理和目標。因此，課後照顧辦理單位對於學生良好行為的表現應給予肯定和鼓勵，此一作為在客觀意義上，象徵社會公平正義的實踐，也象徵著人際互動的內在本質，即知善、行善、共構善的社會，也象徵著鼓舞和激勵的價值。至於在被肯定和鼓勵的人之主觀感受上，

則象徵著對行為表現的認可和能力的肯定。簡言之，榮譽制度的建立、觀察學生的行為表現並予以記錄、適時地指導、與學校和家長保持密切的聯繫，都是課後照顧辦理單位不可不去重視和執行的工作。

第 五 節
問題討論

　　在讀完本章之後，你應該能回答下列與社會發展和課後照顧有關的問題：

1. 社會發展對一個人的影響有多大？兒童期是否為關鍵？請分述說明之。
2. 請簡述 Erikson 心理社會發展論的重要內容。其啟示為何？
3. 請簡述 Kohlberg 道德發展論的重要內容。其啟示為何？
4. 課後照顧辦理單位為什麼要重視兒童的社會發展？
5. 課後照顧辦理單位與家庭、學校和社區，對兒童社會發展的影響有哪些？
6. 為促進兒童良好的社會發展，課後照顧辦理單位的做法有哪些？

第九章

多元智能與課後照顧

本章大綱

壹、了解多元智能的意義與內涵

貳、了解多元智能可資應用的層面

參、了解多元智能對課後照顧辦理單位的實務應用
　　價值

第 一 節
多元智能的意義與基本主張

壹、前言

適性教學是每一位教育工作者必須知道和實踐的教育理念，而多元智能理論（theory of multiple intelligence）的提出，可說是為適性教學開啟了新的視野與出路。因為多元智能意寓著社會組成的多元面貌，每一個階層都有它的功能和足以為人津津樂道的人物，而每一個階層的加總又不會影響社會原來的運作。換句話說，人的智慧不是單一的，一項智力測驗的分數是不足以代表一個人的能力和潛力的；反之，人的智慧是一種可以創造無限可能的多元組合體。

以國小教育階段來說，不但是人格成長的關鍵期，也是知識的啟蒙期，如果能讓兒童在求學的過程中以不同的方式來展現他們的聰明才智，並獲得成功的經驗，必定能夠激發兒童學習的潛能。據此而論，當我們以多元智能的觀點思考兒童的教育問題時，課程的編排、教學的方法、評量的方式、學習的式態、教室的情境，都會隨之改變，因為多元智能強調學習者的需求和成長。因此，有教無類、因材施教的理想，是可以被落實的。

之所以將多元智能理論納入課後照顧經營理念加以論述，主要理由有二：第一，課後照顧辦理單位不是補習班，一個經營良好的課後照顧服務方案，必須協助父母親對兒童照顧和教導的實踐與完善，促進兒童在生理、心理、智能、社會等層面獲得良好的發展，所以，課後照顧辦理單位應摒除傳統的教材、教法，重視每個學生的個別主體性。第二，相較於國民小學，課後照顧辦理單位的人數較少，甚至有的課後照顧辦理單位打出小班教學的招牌，因此對兒童可以有更多的照顧和教導；相對地，多元智能理論是可以有效地融入個別化教育方案加以實施的。

貳、多元智能的意義與基本主張

一、多元智能的意義

　　多元智能理論是由美國心理學家 Gardner（1983）所提出。他認為根據傳統智力測驗所界定的智力，在概念上只是窄化了智力的範圍，將它局限在與書本知識的學習能力有關，並假定個體特質能被單一的、標準的、可量化的數據所描述，使得人們忽略智力的多元發展，以及輕忽了個別差異的重要性。Gardner 重新定義智力的概念，他認為智力應該是在某一特定文化情境或社群中，所展現出的解決問題或創作的能力。換言之，多元智能理論重新開啟人類智慧和學習的新視野，智慧可以不再和考試、測驗或智力商數劃上等號，智慧是思考、是學習、是解決問題的能力、是一種創作，更是一種相互之間合作的能力。

　　對於人類智慧的看法來說，套句 Kuhn 的話，它們產生了充分的異常事例，這些事例促使我們經歷了典範（paradigm）的危機（引自郭俊賢、陳淑惠譯，2000，頁 24）：

(一)智慧並非與生俱來就是固定的或是靜態的

　　在過去，我們認為人類的智慧或多或少會由遺傳的因素來決定，並可藉由測驗的評量得到一個可量化的智力商數，它可以告訴我們此個體的能力如何。不過，固定智力的想法並未考慮到會影響智能發展的環境、文化和社會因素。現在有很多研究者都覺得，我們對智力的定義可能太過窄化，實際上的現象可能比我們過去所認知的更具變通性與彈性。事實上，這些研究者現在都把智力看成是一組能力，並隨著人的一生持續地擴展與改變。

(二)智慧是可以學習的、可以教的、可以提升的

　　因為智慧有其神經生理基礎，幾乎任何心智能力在任何年齡階段都是可以提升的。有很多練習作業可以用來強化和提升智慧技能，很像我們在促進和擴展其他技能所做的一樣。一般而言，練習愈多，我們就變得愈厲害。我們可以透過學習，在各方面和各層次變得更有智慧，遠超過我們所能想像的。

(三)智能是種多向度的現象，展現在我們大腦／心靈／身體等系統的多種
　　層次上

　　我們用來求知、理解、感知、學習和操弄訊息的方式有很多種。Gardner
主張我們全都至少具備八種形式的智能，或是八種求知的方式，包括：語文
智能（linguistic intelligence）、邏輯－數學智能（logical-mathematical intelli-
gence）、視覺－空間智能（visual-spatial intelligence）、肢體－動覺智能
（bodily-kinesthetic intelligence）、音樂－節奏智能（musical-rhythmic intelli-
gence）、人際智能（interpersonal intelligence）、內省智能（intrapersonal in-
telligence）、自然觀察智能（naturalist intelligence）。

二、多元智能的基本主張

　　多元智能的基本主張可以從以下四點加以說明（Armstrong, 1994; Gardner,
1983/1999；李平譯，1997）：

(一)每個人都具備多元智能的潛能

　　多元智能理論不是用來決定個人擁有哪項智能的類別理論，它是一種認
知功能的理論，每個人都擁有八種智能，但每個人八種智能統合運作的方法
各有不同，而且這些智能只有在適當的情境才能充分發揮。大部分的人是處
在大多數智能都有極高水準和只具有最初步智能這二種人之間，即某些智能
很發達，某些智能則屬中等，其餘的較不發達。

(二)大多數人的智能可以發展到充分勝任的水準

　　如果能給予個體適當的鼓勵、充實和指導，事實上，每個人都有能力使
八種智能發展到一個適當的水準。以鈴木才藝教育課程為例，音樂天賦中等
的人在合適的環境下，例如家長的參與、從小聽古典音樂等，能夠表現出相
當高的鋼琴和小提琴的演奏水準，這種模式在其他智能中也可以看見。

(三)智能通常是以複雜的方式統合運作

　　多元智能理論認為，在生活中沒有任何一種智能是獨立存在的，它們總
是相互作用。例如煮一頓飯，一個人必須看食譜（語文），可能只使用食譜
用量的一半（邏輯－數學），做出適合所有人口味的飯菜（人際），同時也
適合自己的口味（內省）。在多元智能裡讓各種智能獨立出來，是為了觀察

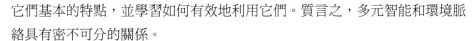

它們基本的特點，並學習如何有效地利用它們。質言之，多元智能和環境脈絡具有密不可分的關係。

(四)每一項智能裡都有多種表現智能的方法

在特定領域裡，沒有判斷聰明與否的一組標準特質。一個人可能不識字，但語文智能很高，因為他能生動地講故事和運用豐富的詞彙。多元智能強調人類是以豐富的方式，在各項智能之中和之間，表現其特有的天賦才能。

第 二 節
多元智能的內涵

Gardner指出，人類的心智能力包括：語文智能、邏輯－數學智能、視覺－空間智能、肢體－動覺智能、音樂－節奏智能、人際智能、內省智能、自然觀察智能等八項，茲分別說明如下（Gardner, 1993, 1999；郭俊賢、陳淑惠譯，2000；陳佩正譯，2001）：

壹、語文智能

指口語及書寫文字的運用能力，包括了對語言文字的意義、規則、順序，以及聲音、節奏、音調、詩韻、不同功能的敏感性。此項智慧的求知方式是透過書寫、口語、閱讀等各個語文層面的正式系統。使用的工具包括：論文、辯論、公開演講、詩詞、正式和非正式的談話、創意寫作，以及語言式的幽默，例如謎題、雙關語、笑話等。

在語文能力的發展初期，應當指導兒童奠定良好的基礎技能，其中包括了簡單的讀寫和初期的演說句型，才能進一步引導兒童對於理解語言系統的各層面，例如文法、句型、發音、慣用語，以及語文理解技巧的發展，獲得更多的學習技能。主要目標係藉由兒童能在語文溝通的創意、自我表達方面的發展，以及延伸理解與闡明的能力等方面，以更豐富的方式凸顯語文應用的能力，進而表現個人特有的天賦才能。

貳、邏輯－數學智能

指可以處理一連串的推理和識別型態或順序的能力，它涉及了對抽象關係的使用與了解，核心成分包括了覺察邏輯或數字之樣式的能力，以及進行廣泛的推理，或巧妙地處理抽象分析的能力。此項智能的求知方式是透過尋找和發現型態的歷程，以及問題解決的歷程。所採用的工具包括：計算、思考技巧、數字、科學推理、邏輯、抽象符號，以及型態辨識等。

為了讓兒童在邏輯－數學智能上的表現獲得提升，在基礎技能層次的培養階段，應當重視兒童對於簡單操作具體實物的技巧、具體型態認知，以及表現簡單抽象思考能力的發展有所學習和表現。之後在進入複雜技能層次階段，兒童的學習則包括了學習如何解決各種問題的歷程、有效的思考型態，以及標準化的數學計算技巧與運算。至於在統整階段，教師應關注兒童是否具備了發展進階的數學技巧與操作，以及統整的、應用取向的思考能力。

參、視覺－空間智能

指精確感覺世界以及創造或轉換世界觀點的能力。核心成分包括了精確知覺物體或形狀的能力，對知覺到的物體或形狀進行操作或在心中進行空間旋轉的能力，在腦中形成心像以及轉換心像的能力，對圖像藝術所感受的視覺與空間之張力、平衡與組成等關係的敏感性。此項智能的求知方式是透過對外在的觀察與對內在的觀察來達成。運用的工具包括：素描、繪畫、雕塑、剪貼、剪輯、具象化、影像化、意象化，以及創造心像。

整體來說，視覺－空間能力的發展應當始自於去滿足兒童用感官動作探索世界的好奇心，並能從操作和空間中探索所處的環境，例如，透過辨識、玩味，以回應各種顏色或形狀。到了第二階段為了獲得較複雜的技能，應當學習更結構化、更正式、更有訓練的方式來表達視覺藝術，以及理解空間關係與位置的能力。最後所展現出的則是視覺－空間能力的統整運用，以便進行問題解決、深度思考、表達自我，以及擴展創意思考。

肆、肢體－動覺智能

　　指有技巧地使用身體和靈巧處理物體的能力，核心成分包括了巧妙地處理包括粗略與精緻的身體動作的能力，巧妙地使用不同的身體動作來運作或表達的能力，以及自身感受的、觸覺的和由觸覺引起的能力。此項智能的求知方式是透過身體的移動和表現。採用的工具包括：舞蹈、戲劇、肢體遊戲、默劇、角色扮演、身體語言、運動，以及創作等。

　　有關肢體－動覺能力的發展歷程，在基礎階段的學習上，包括了基本動作技能的發展，以及具有從簡單自動反射到獲取個人目標的行動能力。至於在複雜技能層次的學習上，包含隨著身體協調程度的進展而發展出更複雜的動作技能。最後在統整層次的學習上，則包含學會運用肢體作為表達想法、感受、信念和價值的工具，並能發展出支配身體的巧妙技巧。

伍、音樂－節奏智能

　　指察覺、辨別、改變和表達音樂的能力，它允許人們能對聲音的意義加以創造、溝通與理解，主要包括了對音階、旋律、韻律和腔調的敏感性。此項智能的求知方式是透過傾聽、聲音、震動型態、節奏，以及音色的形式，包括聲帶所能發出的所有聲音。運用的工具包括：歌唱、樂器、環境的聲音、各音質的合鳴，以及生活中無窮無盡的可能節奏。

　　兒童在音樂－節奏能力的學習歷程，首應學會辨識、回應和產生基礎形式的音樂和節奏，並能發展出對音樂節奏等聲音的聯想能力。之後，教師可進一步引導兒童發展出以音樂和節奏來作為傳情表意的媒介之知覺，並學會欣賞音樂和節奏，及理解它們對自己的影響。例如，有能力發出不同類型的旋律和節奏；明白不同的音樂和節奏的影響與效果；以不同音樂和節奏來呼應、抒發自己的感受和心情；欣賞各種音樂曲風和特定韻律或節奏等。最後所培養出的統整能力，則是能賞玩正式的音樂旋律，也能將之當作溝通的媒介，並能創意地表達自己。

陸、人際智能

　　係指辨識與了解他人的感覺、信念與意向的能力，核心成分包括了注意並區辨他人的心情、性情、動機與意向，並做出適當反應的能力。這種求知是透過人與人的關聯、溝通、團隊工作、合作學習、同理心、社會技巧、團隊競爭，以及團體規劃等，以培育彼此之間正面的依存關係。

　　一般而言，人際能力的發展始自家庭內的互動關係，並學會人際關係的基礎技能，包括溝通和接納別人。進而在此基礎技能上，學會和家人以外的人際互動技巧，包括和別人互助合作的社會技巧，奠定與人有效交往和互動的才能。最後則是能夠發展出對團體動力、人際關係、基礎人類社會行為的透澈理解，並能欣賞文化和個別差異。

柒、內省智能

　　指能夠了解自我和別人以評估自己情緒生活的能力。核心成分為發展可靠的自我運作模式，以了解自己的需求、目標、焦慮與優缺點，並藉以引導自己行為的能力。這種求知是透過內省、後設認知、自我反省，以及提出人生的大問題。使用的工具包括：情感的處理、日記、思考日誌、教學轉移、高層次的思考，以及自尊的練習。

　　為了能建構正確自我知覺的能力，並能在複雜的情緒中區辨喜怒哀樂，以及自我定位、自知、自尊和自律的界定。在基礎技能階段的學習上，應重視兒童對簡單的自我意識、基礎的獨立技巧，以及對自己和世界的純真好奇心之培養。其目的係為了讓兒童能順利獲得自我反省、自我理解、自尊等的技巧，包含步出自我和反省自己的思考、行為和心情的能力。而內省智能的最高層次，則是要進一步發展出後設認知、自我分析、自覺性、個人信念、價值與哲學觀。

捌、自然觀察智能

　　指擁有辨識和組織環境裡面各種動植物的能力。除此之外，也包括了從引擎聲辨識汽車，在科學實驗室中辨識新奇樣式，以及藝術風格與生活模式的察覺等能力。此項智能的求知方式是發生在和大自然世界的邂逅，包括：欣賞和認識動植物、辨識物種的成員，以及連結生命組織的能力。使用的工具包括：動手做的實驗、田野之旅、感官的刺激，以及嘗試去分類和聯繫自然的型態。

　　針對自然觀察能力的發展，在基礎技能層次的學習上，包含非正式的、直覺的和自然形式的分類，天生的好奇心和探索自然世界的需求。在複雜技能層次的學習上，則包含學會辨識和分類動植物的正式系統，並能以更正確的方式和它們互動並研究它們。最後在統整層次的學習表現上，包含正式田野研究的訓練，像是植物學、昆蟲學或生物學，以進一步認識、欣賞、運用和接近自然世界。

第 三 節
多元智能的應用

　　有關多元智能的應用，本節主要針對課程發展和教學方法二個向度做一討論，至於評量方式的部分，則在第十二章「如何做好評量工作」另有專節介紹。

壹、多元智能與課程發展

　　從多元智能的意義和基本主張可知，多元智能強調個體每一種智能的發展，並能進一步識覺、體驗和強化其個人的優勢智能。因此，從教育的立場觀之，多元智能的課程設計應以學生為中心，重視學生智慧的啟發和成長；

然而就教育的本質來說，教育的目的是不會變的，或許任何人或任何利益團體都可對教育的目的有其主觀的期待和主張，但不可扭曲教育的本質。教育基本法第 3 條即指出，教育之實施，應本有教無類、因材施教之原則，以人文精神及科學方法，尊重人性價值，致力開發個人潛能，培養群性，協助個人追求自我實現。因此，多元智能應視為課程設計的一項工具，一項作為通往教育目的的過程中，提供教學者省思學生學習的指導框架。

一、多元智能的課程設計策略

多元智能的課程設計策略，包括理論和實務二大取向，茲分別說明如下（歐慧敏，2002，頁48-55）：

(一)依理論所發展出的課程取向

1. 單一學科的單元規劃：運用多元智能理論來做某課程單元的活動設計，在於教師能更容易地將教材內容呈現給學生，使學生所學的知識有更深的理解。

2. 跨學科的單元規劃：在傳統的各學科領域，彼此間教學並未做有意義的連結，且與學生的實際生活並無交集，但在多元智能理論的課程中各學科領域的界限已逐漸地消失，允許教師個人或團隊在必要時可以設計跨學科的主題單元。

3. 多元智能學習中心：多元智能學習中心是為不同優勢智能的學生在教室中安排一個學習地點。八種智能學習中心可以用智能專家來進行命名，學生可自由選擇屬於自己的優勢智能來進行單獨或與他人合作學習。學習中心的運用可納入正常課程中，亦可在學生課餘時間使用。

4. 專題計畫：在專題計畫中，可以讓學生充分展現其智能，貢獻自己的專長。專題的計畫可透過小組合作完成或獨立完成。基本上，計畫的執行是跨學科的，其所需時間可以由兩週到兩個月，且過程中可帶出各種智能。在學生計畫完成後，省思所透露出的訊息——興趣、強處、挑戰，以及是個別或集體的工作者，這些訊息可以進一步納入下次計畫。

(二)依實務所發展出的課程取向

1. 多元模式課程設計：此種課程設計較為一般班級或學校採用，其重點在

於將多元智能理論當作教學工具,提供學生進入學科內容的八個切入點。教師可在日常教學中應用多元智能理論來教導學生,亦可偶爾、每週或每天運用學習中心;透過多形式途徑進行直接教學;或是透過教師間的協同教學,甚至各領域的專家來讓學生的學習經驗更完整。

2. 以發展為主軸的多元智能課程:在此課程模式中,焦點置於知識和技能發展的深度,揚棄以往走馬看花式的教學,支持學生深化的理解。在此精細深入的課程中,多元智能亦為教學的工具;此外,有些學校推行主題計畫為主軸的學習,學生必須學會自我指導的學習技能。

3. 以藝術為核心的多元智能課程:有些學校將多元智能理論解釋為藝術核心課程的依據。Gardner 主張除了語文、數學、空間推理等能力外,視覺、動覺、音樂及人際亦為智能的形式,藝術的擁護者即依此宣稱藝術提供了重要的符號系統,來表徵、解釋和傳遞這世界的事物;而數學、科學及語文溝通只是人類經驗的一部分,故倡議舞蹈、音樂、劇場、影片、視覺藝術和創意寫作等,在學校課程應與語文、數學等課程占同等的地位與時間分配。

4. 以智能為主軸的課程:此種模式較少學校採用,此類型學校不以智能來進行教學,而是來成就八種智能。為順應此需求,學校必須將其任務、目標、課程加以重組,以順應個別學生的興趣。

二、多元智能課程設計的步驟

一般而言,以多元智能進行教學活動或課程單元的設計,在步驟上有以下六點(Armstrong, 1994; Campbell, Campbell, & Dickinson, 1999; Checkley, 1997; Kagan & Kagan, 1998):

(一)集中在某個特定的目的或主題上

教學者在進行課程設計時,一定要找出這個教學單元或主題的重點與目的,並要簡單清楚地標示明白。

(二)提出各項智能的重要問題並考慮其可行性

教學者應找出單元或主題中分屬各種智能的重要問題,了解各種智能的教學方法和材料,並進一步考慮哪些方法和材料最適當;此外,亦應不斷思

考其他沒有想到但是合適的可能性。

(三)選擇及設計適當的學習活動

教學者為了達成學習目標，設計不同智能的學習活動，應針對教學目標和時間以腦力激盪的方式規劃各項活動。基本上，並非每次的課程安排均須設計涵蓋所有智能的學習活動，只要任何主題、單元能運用超過一種以上的智能來進行教學，即為多元智能的觀點。

(四)安排活動的流程與步驟

安排活動的流程或步驟時，應考慮課程本身的邏輯架構、教學流暢、環境、基礎行為、介入、理解情形、引導實作、獨自實作、總結等要素。

(五)執行教學方案

教學者在執行教學方案時，應根據教學過程中的實際情形和需要，調整方案內容，並隨時修正。

(六)進行方案評鑑

教學方案的評鑑應針對二個部分，即了解學生是否學到主題或單元的內容，可有進行補救教學的需要；以及確認教學者是否達成教學目標，教學活動的內容適切與否。

貳、多元智能與教學方法

針對多元智能與教學方法的討論，其原則不外乎是在多元智能的學習過程中，掌握教師的創意和學生的特質是不可或缺的二大關鍵。以下即以國民小學常運用的教學方法，作為主要介紹的重點（Armstrong, 1994; Campbell, Campbell, & Dickinson, 1999；李平譯，1997；陳亮宇，2003）：

一、語文智能常見的教學方法

(一)說故事

說故事是教學者的基本能力和教學過程中重要的教學工具。教學者可以透過故事內容把想要給予學生的概念、想法和教學目標傳達給他們，只要教學者有心願意去準備故事，並提升個人說故事的技巧，通常會讓學生留下深

刻的印象。

(二)腦力激盪

　　腦力激盪是一個充滿無限創意的教學過程，在此過程中沒有批評和制止，每個人都有相同的發言機會，學生可以自由地討論、分享。教學者則是將學生發表的想法寫在黑板上或予以記錄，帶著學生找出所有想法的規律或將它們分門別類，讓學生在反省思考中學習。

(三)寫日記

　　寫日記是學生對生活或學習所做的持續性的文字記錄，所以範圍相當廣泛。教學者可以請學生針對某個主題或學科予以記錄其過程，而記錄的方式除了文字表現外，還可運用圖畫、照片或其他非語文資料呈現。

(四)小書製作

　　小書製作是兒童閱讀活動中教學者常用的方法，這是一種強化學生學習成效和觀念的有效策略。教學者可利用小書製作，讓學生從一位讀者轉變成一位作者，他們會關心自己的作品，在書中可以看見學生的思考和想法，學生亦可藉由對自己作品的發表與人共同討論。

二、邏輯－數學智能常見的教學方法

(一)計算與定量

　　計算與定量是數學和科學學習的基礎，不同的內容背景所代表的數字都有其個別的意義，例如出生率和死亡率，就是一個對比顯明的例子，其實計算與定量也是日常生活的基本能力。因此，教學者可以去發掘一些有意思的數字、令人感興趣的數字問題，或在非數學領域中導入數字，作為學習的教材。

(二)啟發式教學法

　　啟發式教學法指的是集合不很嚴謹的方法、規則、實際經驗、準則及建議於一體，來解決邏輯問題的一種方法。其原則包括：尋找與你要解決的問題類似的問題；分解問題的不同部分；提出一個可能的解決方法，然後反向進行；最後，找到一個與你的問題相關的問題，並加以解決。

(三)類推

類推代表兩者之間的關聯是否能相對於另外兩者之間的等同關係,意即甲和乙的關係如同 A 之於 B 的命題關係,在自然與生活科技領域中,教師常用類推的方式來進行教學。

(四)問答與討論

此種教學法與講述法截然不同,教師從傳統傳授者的角色轉變為學生觀點的提問者,透過提問來引導學生檢視其觀念和想法,並透過相互間的討論交流,加強學生批判思考能力的提升。

三、視覺－空間智能常見的教學方法

(一)圖像表徵

圖畫對於空間傾向較強的學生理解相當重要,所以教學者除了使用文字之外,亦要運用繪畫、理解符號來輔助教學,這樣能幫助更多的學生。圖像表徵的教學不需要很好的繪畫技巧,只要能讓學生理解即可,當然,學生也可運用圖形符號來呈現自己的學習。

(二)彩色記號

空間智能高度發達的學生通常對顏色很敏感,不幸的是,在學校裡卻常只是充斥著黑白色的課文、習字簿、練習和黑板。不過,很多有創意的方法可以把顏色重新引進課堂,例如,以顏色來強調規律、規則和分類,以及在學生的疑難問題上。

(三)思維繪製

在一些名人的筆記本中,如達爾文、愛迪生及亨利‧福特,可以發現他們許多強而有力的思想均源自簡單的圖畫。這種思維理解的價值,能幫助學生清楚表達他們對學科內容的理解。此項教學方法要求學生畫出教學的重點、主要思想、中心主題或核心觀念。教師不必太在意他們畫得是否整潔、寫實或評判圖畫本身,而是注意學生能否清楚地表達想法,以及是否能由草圖中引出學生理解的程度。

四、肢體－動覺智能常見的教學方法

(一)使用肢體語言回答問題

這個方法是讓學生用他們的身體作為表達的媒介來對教學做出反應。最簡單也最常用的例子是讓學生舉手表示聽懂了；除此之外，也可以採用不同的方式，如笑一笑、眨一隻眼睛、伸出手指、舉臂做飛行狀等等。

(二)操作學習

操作學習是指實地透過實物的操作來幫助學生學習和思考。例如，自然與生活科技領域的實驗，或立體模型的製作、拼圖、積木等做法，均可達成此目標。

(三)劇場實作

這是一種表演藝術的學習，讓學生將課文或教材裡的內容編成劇本表演出來，以了解學生對某個學習主題的理解程度。它可以是單純的表演，也可以使用道具；而在表演形式上，話劇、短劇、布偶劇都是可以運用的型態。

五、音樂－節奏智能常見的教學方法

(一)旋律、歌曲、饒舌歌及吟唱

不論教什麼課程，都可以將它轉換成說唱的一種旋律，教學者亦能把課程中想要強調的重點、故事的中心思想，或某個概念的主題變成一種旋律。讓學生自己從所學的學科中創作出能夠概括、綜合或應用其中涵蓋意義的歌曲、饒舌歌或吟唱。這種方法也可以透過加入打擊樂器或其他樂器，甚至加上肢體動作，增強學習效果。

(二)心情音樂

尋找一個可以為某個單元或主題創造出適合的心情或氣氛的音樂，這種音樂可以是聲音效果、大自然的聲音，或引發某種情緒狀態的古典或現代音樂。

(三)音樂唱片圖像

尋找一個可以說明、引申，或具體表現想要傳達概念的音樂，來補充課程所需的教材。例如，在教生物繁殖的單元活動時，教學者可以蒐集與動植

物繁殖有關的歌曲或音樂，並帶領學生一起討論當時的環境和歌曲的內容或意境。

六、人際智能常見的教學方法

(一)同伴分享

分享可以說是多元智能教學方法中最容易實施的，教學者可以讓學生互相討論上課講過的內容；或藉由同伴分享開啟學生在某個主題上已有的知識，以便開始一堂課或一個單元的教學；可以建立夥伴關係，讓每個學生都與同一個人分享；當然，也可以鼓勵學生與班上不同的人分享。

(二)合作小組

採用小組學習達到一般教學的目的是合作學習模式的核心成分，小組成員的人數以三到八人是最有效的。合作小組的成員可以用各種方式來處理指定的學習內容。合作小組特別適合多元智能教學，因為學生的組成來自各種不同的智能層面。

(三)模擬

這個教學方法需要一組人合作創造一個假設的環境，這種臨時的環境成為一個更接近要學習事物的背景狀態。例如，正在學習某個歷史時期，學生可以實際穿上那個時期的服裝，把教室變成那個時期的樣子，然後開始表演他們在那個時期的生活。

七、內省智能常見的教學方法

(一)一分鐘內省期

在教學活動的過程中，學生應該經常有內省或深思的暫停時間。一分鐘的內省期是給學生時間消化所吸收的知識，或將這些知識與他們的生活相聯繫，同時也讓學生重新調整好自己的步調，為下一個活動做好準備。

(二)個人經歷的聯繫

個人經歷的聯繫最好的方法就是教學者不斷把所講的內容與學生的生活經歷相聯繫。教學者可以將學生的交友情形、感覺及經歷編織進教學活動中，透過問題、討論或者要求，來與學生的經歷做聯繫。

(三)情緒調整時刻

簡單來說，教學者有責任在教學中創造讓學生歡笑、感覺憤怒、表達強烈意見、對某個主題激動或感覺其他各種情緒的時刻。在方法上包括：在教學中示範那些情緒；讓學生感覺在課堂上表達情緒是沒有關係的；提供喚起情緒調整反應的經歷等。

八、自然觀察智能常見的教學方法

(一)多感官的體驗

讓學生運用視覺、聽覺、味覺、嗅覺、觸覺等多重感官來體察某一具體事物，然後，要求學生用不同的形容詞來表達他們的感受。

(二)運用工具觀察

提供學生一個觀察文件，文件上呈現的可能是比較對照表，也可能是分類架構圖，然後要求學生利用觀察工具，詳細記錄所觀察的結果，並不斷反覆觀察、前後對照，以確定圖表各種陳述語句擺在最適當的位置。

(三)學習預測

讓學生練習根據早期的觀察結果來預測後續的發展。例如，在自然課的豆子發芽單元裡，學生可根據前兩週測量的結果，預測第三週以後的豆芽成長情形。

第四節
多元智能與課後照顧的經營管理

本節的重點主要針對多元智能的理論內涵，提出以下四點可資思考的想法，作為課後照顧經營管理上的參考：

壹、課後照顧辦理單位內的工作人員應具備多元智能的相關知能，才能活化課程和教學的工作

從前述針對多元智能與課程發展和教學方法的討論可知，多元智能的確可以在學生學習過程中扮演重要的角色，它可以激勵學生的學習潛能和成就動機，也可以培養學生自我解決問題的能力。但這些仍受限於課後照顧辦理單位內人員的能力和意願，也就是說，如果這些人不具有多元智能的理論，或只是單純地認為只要多元就可以，甚至是知道如何做，但卻不願意去做，都足以影響多元智能理論的發揮。因此，課後照顧辦理單位應當重視內部人員對多元智能理論和實務的了解，並鼓勵他們樂於去實踐，才能活化課程和教學的工作。

貳、課後照顧辦理單位可運用多元智能的理念於班級經營的策略中，讓班級經營更有效率

從相關研究發現，多元智能有助於改善缺乏主動、熱忱，以及社交技能欠佳的學生，也能夠促使學生的互動和合作學習的增加，而且完成回家作業的學生比例也有大幅的提升（Layng, McGrane, & Wilson, 1995; Pierce, 1997）。因此，課後照顧辦理單位的班級經營策略，可參酌坊間已出版或發表與多元智能有關的書籍或文章，從中找到適合自己的運用策略，以一種全新的觀點來經營這個班級。

參、課後照顧辦理單位可運用多元智能的理念，妥善規劃學習環境，讓孩童在良好的學習環境中有效學習

一個良好學習環境的規劃和設置，不但能和學習發生直接的關係，還能夠發揮潛移默化的功能，促進學生的學習成效。如果課後照顧辦理單位內的人員，能將此環境和多元智能理論相結合，有效發揮八種智能的能量於學生

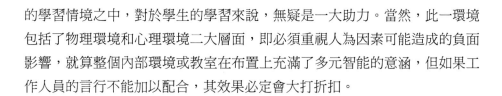

的學習情境之中，對於學生的學習來說，無疑是一大助力。當然，此一環境包括了物理環境和心理環境二大層面，即必須重視人為因素可能造成的負面影響，就算整個內部環境或教室在布置上充滿了多元智能的意涵，但如果工作人員的言行不能加以配合，其效果必定會大打折扣。

肆、課後照顧辦理單位的主管應善用多元智能理論，讓員工可以發揮個人的優勢智能

選擇做對的事情並且把事情做對，以及把合適的人放在適當的位置，是一位領導者必須要有的思維和習慣。從多元智能的理論可知，每個人都有自己較為優勢的智能表現，所以課後照顧辦理單位的主管若能對員工有充分的認識和了解，讓他們在工作崗位上發展自己所能和所長，便可看見每個員工對組織所發揮的附加價值，對於課後照顧服務方案的經營管理是有其必要的。

第五節
問題討論

在讀完本章之後，你應該能回答下列與多元智能理論和課後照顧有關的問題：

1. 什麼是多元智能？它與傳統的智力觀點有何不同？
2. 多元智能包括了哪些智能類型？
3. 多元智能理論的提出對於人類智能的發展有何意義？
4. 你的優勢智能是哪些？你為什麼認為這些是你的優勢智能？它們是如何形成的？
5. 多元智能理論應用在課程發展和教學方法上，有哪些應注意的事項？
6. 多元智能理論對課後照顧辦理單位的經營管理有何意義？
7. 課後照顧辦理單位要如何發揮多元智能的功能？可以從哪些層面加以說明之？

第 3 篇

管理策略

第十章

如何做好行政管理

本 章 大 綱

學 習 目 標

壹、了解課後照顧服務的設立申請以及命名、更名等作業規範

貳、了解課後照顧服務的建築、設備與設施等相關規範

參、了解課後照顧服務的組織職掌與人事制度和管理的實務工作

肆、了解課後照顧服務的總務與財務管理實務工作

伍、了解課後照顧服務的安全維護與管理實務工作

陸、了解課後照顧服務提供家長服務的實務工作

柒、提升對課後照顧服務行政管理的知能和行動力

第一節
設立申請與命名、更名

本節主要針對課後照顧服務的設立申請與命名、更名，做一扼要說明。簡單來講，公部門對各項業務所訂定的相關作業規範，乃是為了保障人民生命財產安全，以及使消費者能獲得應有服務品質，所做的積極作為。因此，家長在為子女安排課後照顧服務方案時，必須先了解是否選擇了一間合法的立案單位。原則上，合法的課後照顧辦理單位應主動將使用執照和立案證書，懸掛在一樓櫃台或接待處的明顯地方，以主動取得消費者的信任。

壹、課後照顧服務的設立申請

以下分別針對公立課後照顧班、私立課後照顧班，公（私）立課後照顧中心的設立申請，做一概覽介紹：

一、公立課後照顧班

由直轄市、縣（市）主管機關指定公立國民小學，或由公立國民小學提出申請，經直轄市、縣（市）主管機關核定後辦理。公立國民小學得以自辦或委託依法登記或立案之公、私立機構、法人、團體辦理公立課後照顧班。

若採委託辦理，應依據「兒童課後照顧服務班與中心設立及管理辦法」第4條之規定，須遵照政府採購法及其相關法規，受託人辦理課後照顧服務經評鑑成績優良者，公立國民小學得以續約方式延長一年；其收費數額、活動內容、人員資格與在職訓練計畫、編班方式、辦理時間、辦理場所、管理方案、受託人續約及相關必要事項，應載明於招標文件。

公立國民小學採委託辦理課後照顧服務，應提供學校內各項設施及設備。受託人須使用學校以外之其他場所、設施或設備時，應以師生安全及服務活動需要為優先考量，並經學校同意後，報直轄市、縣（市）主管機關核准。

二、私立課後照顧班

依據「兒童課後照顧服務班與中心設立及管理辦法」第9條之規定，私立課後照顧班，由直轄市、縣（市）主管機關指定私立國民小學辦理者，由直轄市、縣（市）主管機關核定後辦理之。

私立課後照顧班，由私立國民小學申請辦理者，應填具申請書，並檢附下列文件、資料，經直轄市、縣（市）主管機關核定後辦理之：

1. 設立目的及業務計畫書。
2. 財產清冊及經費來源。
3. 預算表：載明全年收入及支出預算。
4. 組織表、主管與工作人員人數、資格、條件、工作項目及福利。
5. 收退費基準及服務規定。
6. 學校財團法人董事會同意附設課後照顧班之會議紀錄。

三、課後照顧中心

依據「兒童課後照顧服務班與中心設立及管理辦法」第10條規定，公、私立課後照顧中心，由鄉（鎮、市）公所、私人或團體填具申請書，並檢附下列文件、資料一式五份，向直轄市、縣（市）主管機關申請許可：

1. 中心名稱、地址及負責人等基本資料；負責人並應檢附其無違反本法第81條第1項規定之切結書及警察刑事紀錄證明。
2. 中心設立目的及業務計畫書。
3. 建築物位置圖及平面圖，並以平方公尺註明樓層、各隔間面積、用途說明及總面積。
4. 土地及建築物使用權利證明文件：包括土地與建物登記（簿）謄本、建築物使用執照影本、建築物竣工圖、消防安全設備圖說及消防安全機關查驗合格之證明文件與使用權利證明文件影本。土地或建物所有權非屬私人或團體所有者，應分別檢具經公證自申請日起有效期限三年以上之租賃契約或使用同意書。
5. 財產清冊及經費來源。

6. 預算表：載明全年收入及支出預算。

7. 組織表、主管與工作人員人數、資格、條件、工作項目及福利。

8. 收退費基準及服務規定。

9. 履行營運擔保證明影本。

10. 投保公共意外責任保險之保險單影本。

11. 申請人為法人或團體者，並應檢附法人或團體登記或立案證明文件影本，及法人或團體經目的事業主管機關核准附設課後照顧中心文件影本。

　　直轄市、市主管機關指定區公所辦理課後照顧中心者，由直轄市、市主管機關核定後辦理之。

貳、課後照顧班（中心）的命名與更名

　　依據「兒童課後照顧服務班與中心設立及管理辦法」第 11 條規定，課後照顧班、中心之命名及更名，應符合下列規定：

1. 私立課後照顧班、中心，不得使用易使人誤解其與政府機關（構）有關之名稱。

2. 課後照顧班應冠以學校附設之名稱；其依「兒童課後照顧服務班與中心設立及管理辦法」第 4 條規定委託辦理者，並應明確表示委託人與委託辦理及受託人之名稱。

3. 公立課後照顧中心，應冠以直轄市、縣（市）某鄉（鎮、市、區）公所設立之名稱；其依「兒童課後照顧服務班與中心設立及管理辦法」第 4 條規定委託辦理者，並應明確表示委託人與委託辦理及受託人之名稱。

4. 私立課後照顧中心，應冠以其所在地直轄市、縣（市）名稱及私立二字，並得冠以該私人、團體之姓名或名稱。

5. 同一直轄市、縣（市）之私立課後照顧中心，不得使用相同名稱。但由同一私人或團體設立者，得使用相同名稱，並加註足資分辨之文字。

第二節
建築、設備與設施之規範

壹、課後照顧中心的場地空間規範

依據「兒童課後照顧服務班與中心設立及管理辦法」第 25 條之規定，課後照顧中心之室內樓地板面積及室外活動面積，扣除辦公室、保健室、盥洗衛生設備、廚房、儲藏室、防火空間、樓梯、陽台、法定停車空間及騎樓等非兒童主要活動空間之面積後，應符合下列規定：

1. 課後照顧中心總面積：應達 100 平方公尺以上。
2. 室內活動面積：兒童每人不得小於 1.5 平方公尺。
3. 室外活動面積：兒童每人不得小於 2 平方公尺，設置於直轄市高人口密度行政區者，每人不得小於 1.3 平方公尺。但無室外活動面積或室外活動面積不足時，得另以室內相同活動面積替代之。

貳、課後照顧中心的設置地點

依據「兒童課後照顧服務班與中心設立及管理辦法」第 26 條之規定，課後照顧中心應有固定地點及完整專用場地；其為樓層建築者，以使用地面樓層一樓至四樓為限。課後照顧中心經直轄市、縣（市）主管機關核准後，得依下列規定使用，不受前項規定之限制：

1. 附帶使用地下一樓作為行政或儲藏等非兒童活動之用途。
2. 位於山坡地或因基地整地形成地面高低不　，且非作為防空避難設備使用之地下一樓，得作為兒童遊戲空間使用。

參、課後照顧中心的設施與設備

依據「兒童課後照顧服務班與中心設立及管理辦法」第27條之規定，課後照顧中心應具備下列設施、設備：(1)教室；(2)活動室；(3)遊戲空間；(4)寢室；(5)保健室或保健箱；(6)辦公區或辦公室；(7)廚房；(8)盥洗衛生設備；(9)其他與本服務相關之必要設施或設備。第(1)至第(6)項之設施、設備，得視實際需要調整併用。

有關盥洗衛生設備數量，不得少於下列規定，其規格應合於兒童使用；便器並應有隔間設計：

1. 大便器：
   (1)男生：每五十人一個，未滿五十人者，以五十人計。
   (2)女生：每十人一個，未滿十人者，以十人計。
2. 男生小便器：每三十人一個，未滿三十人者，以三十人計。
3. 水龍頭：每十人一個，未滿十人者，以十人計。

另依據「兒童課後照顧服務班與中心設立及管理辦法」第28條之規定，課後照顧班、中心之建築、設施及設備，應符合下列規定：

1. 依建築、衛生、消防等法規規定建築及設置，並考量兒童個別需求。
2. 配合兒童之特殊安全需求，妥為設計，並善盡管理及維護。
3. 使身心障礙之兒童有平等之使用機會。
4. 環境應保持清潔、衛生，室內之採光及通風應充足。

肆、課後照顧中心於原址的改建、擴充、縮減場地之規範

依據「兒童課後照顧服務班與中心設立及管理辦法」第17條之規定，課後照顧中心在原址進行改建、擴充、縮減場地、增減招收人數等事項時，應於三十日前檢具下列文件、資料，申請直轄市、縣（市）主管機關核准：

1. 原設立許可證書。
2. 變更項目及內容。

3. 建築物改建、擴充或縮減場地之許可證明文件及建築物樓層配置圖，並標示變更範圍。

4. 消防安全設備機關核發之合格文件及圖說。

5. 變更後之室內、外活動空間面積。

6. 變更後之房舍用途及面積。

7. 學童安置方式。

第三節
人事制度與管理

任何一個組織對於人事制度及其管理上的規範，都必須考慮到組織的任務和特性，方能妥善制定經營管理上的相關配套措施。具體言之，組織不同的任務和特性，係關係到組織架構和工作職掌的設計，一個經營良好的組織，按照正常作業程序，應依人員工作職掌所需的資格條件，招考或聘請合適的人員予以任用，並透過員工權利和義務的行使，確保組織服務的品質。

壹、課後照顧服務的人員配置、任用與在職訓練

一、課後照顧班

依據「兒童課後照顧服務班與中心設立及管理辦法」第22條規定，課後照顧班置下列人員：

1. 執行秘書：一人；學校自辦者，得由校長就校內教師派兼之；委託辦理者，由受託人聘請合格人員擔任之。

2. 課後照顧服務人員：

(1) 每招收兒童二十五人，應置一人；未滿二十五人者，以二十五人計。

(2) 學校自辦者，得由校長就校內教師派兼之或聘請合格人員擔任之，校內教師並應徵詢其意願；委託辦理者，由受託人聘請合格人員擔任之，

並應於開課七日前報委託學校備查。

3. 行政人員或其他工作人員：由學校視需要酌置之，並得由校長就校內教師派兼之。

二、課後照顧中心

依據「兒童課後照顧服務班與中心設立及管理辦法」第 22 條規定，課後照顧中心置下列人員：

1. 主任：一人。

2. 課後照顧服務人員：每招收兒童二十五人，應置一人；未滿二十五人者，以二十五人計。

3. 行政人員或其他工作人員：視實際需要酌置之。

課後照顧中心遴聘主任及課後照顧服務人員，應符合上述所定各該人員資格之規定；並於設立後，招生前，檢附主任、課後照顧服務人員與其他工作人員之名單及下列文件，報直轄市、縣（市）主管機關核准後，始得招生：

1. 主任及課後照顧服務人員之資格證明文件影本。

2. 所有人員無違反本法第 81 條第 1 項規定之切結書及警察刑事紀錄證明。

3. 所有人員之健康檢查表影本。

前項人員有異動時，課後照顧中心應自事實發生後三十日內，依前項規定，報直轄市、縣（市）主管機關備查。針對此項，另依據「兒童課後照顧服務班與中心設立及管理辦法」第 18 條之規定，課後照顧中心應每二年檢附主任、課後照顧服務人員與其他工作人員之健康檢查結果影本，報直轄市、縣（市）主管機關備查。

除此之外，依據「兒童課後照顧服務班與中心設立及管理辦法」第 24 條規定，課後照顧班執行秘書、課後照顧中心主任及課後照顧服務人員，每年應參加直轄市、縣（市）主管機關辦理之在職訓練至少十八小時。課後照顧班、中心應就前項參加在職訓練人員給予公假，並建立在職訓練檔案，至少保存三年。

有關在職訓練的辦理方式，得由直轄市、縣（市）主管機關自行辦理、委託專業團體、法人或專科以上學校辦理，或由專業團體報經直轄市、縣

（市）主管機關認可後辦理。

貳、課後照顧服務人員的離職

關於課後照顧人員的離職，可從以下三種情形加以說明：

1. 主動請辭。

2. 資方終止聘任關係：課後照顧辦理單位若因故結束班務；或因招生不足導致減班必須裁減工作人員；或工作人員無法再勝任所擔負的工作時，得依法預告終止聘任關係。

3. 免職：係指工作人員違反契約或聘書之相關規定，得不經預告逕予解聘或免職。在執行策略上，必須是嚴謹且高標準的，只要是聘約準則或契約內容有明確規定的情事之一，經查證屬實者，即可依規定執行。以下所列之各項情事，係可達到免職之條件：

   (1)甄選時提供不實或隱瞞經歷資料者。

   (2)罹患疾病致不能勝任教保工作者。

   (3)不當侵占公款、公務者。

   (4)犯貪汙罪，經判刑確定者。

   (5)怠忽職守，連續曠職三日以上，嚴重影響班務者。

   (6)曾有性侵害行為、虐待兒童行為，經判刑確定者。

   (7)對中心內的兒童造成身心傷害者。

   (8)依法停止任用，或受休職處分尚未期滿，或因案停止職務，其原因尚未消滅者。

   (9)褫奪公權尚未復權者。

   (10)受禁治產之宣告尚未撤銷者。

   (11)經通緝、羈押者。

參、人事制度和管理上的其他重要事項

1. 課後照顧辦理單位應建立明確的員工福利制度，以下所列各項目，除勞

保和健保外，其他各項得依課後照顧辦理單位負責人的理念，以及實際運作情形或整體薪酬的設計，選擇辦理：

(1)員工均有勞健保，且保費係依《勞動基準法》規定由機構與員工分別負擔。

(2)訂定各項補助金，可包括結婚、生育、死亡、傷病或生日禮金等項目。

(3)每年能為員工辦理休閒聯誼活動。

(4)建立進修補助及帶薪教育假制度，鼓勵員工在不影響正常工作的原則下，提升專業素養。

(5)提供員工子女就讀費用的優惠措施。

2. 依《勞動基準法》訂有員工差假辦法，假別可包括：公假、病假、婚假、產假、喪假、事假、休假等七種，每一種假別均有其規則，並確實執行。

3. 依《勞動基準法》訂有員工退休辦法。

4. 建立員工申訴制度，並能詳細記錄過程，並將處理情形告知申訴人。

5. 每二年定期體檢並繳交完整紀錄備查。有些課後照顧辦理單位會以全額或部分補助的方式辦理，並將補助視為員工福利之一。

6. 員工應主動參與機構內、外所辦理的在職訓練課程。

第 四 節
總務與財務管理

　　總務和財務的工作內容，主要扮演組織後勤支援的角色，主要任務在於確保課後照顧辦理單位的內部設施，能符合衛生、消防、建築物管理等相關規定，並能善盡管理維護之責，使各項設施設備的使用，不僅無安全上的顧慮，又能提供師生一個整潔美化的學習環境。再者，有關財務管理方面，也必須要有完善的管理機制，並建立各項收退費標準，以確保組織運作機能的順暢。

壹、定期進行安全檢修及汰換，並依規定每年辦理消防安全和建築物管理檢查等相關作業

　　課後照顧辦理單位應針對日常火源、瓦斯安全、防火避難設施、消防安全設備、火氣電氣設施等，依照檢查表格所訂內容每月定期檢查，平日則應建立和落實內部的巡檢制度，每次檢查皆必須留下完整的紀錄，對於各項設施的檢修及汰換，要以安全第一為優先處理之原則。除此之外，每年應依照建築物防火避難設施與設備安全檢查報告書，以及消防安全規定檢查表內容之規定，進行各項檢查及缺失改善，並將結果分別向工務局和消防局報請核備。

貳、建立保險制度，以維護和保障相關人員的權益

　　依據「兒童課後照顧服務班與中心設立及管理辦法」第 18 條規定，課後照顧中心每年十二月三十一日前，應檢附公共意外責任險保單影本，報直轄市、縣（市）主管機關備查。除此之外，為求更完善的保護措施，對於戶外教學或遊戲器材亦可規劃在保險制度的範圍內，以維護和保障相關人員的權益。

參、建立採購及財產管理制度，由專人負責並定期盤點，以利各項業務的推展

　　為提升服務品質和工作效率，課後照顧辦理單位應當建立一套完善的採購及管理作業流程，採購的物品應分為消耗性與非消耗性二類。一般所稱非消耗性物品，係指機構內的財產物品，而消耗性與非消耗性物品的管理方式也有所不同，如圖 10-1 所示。

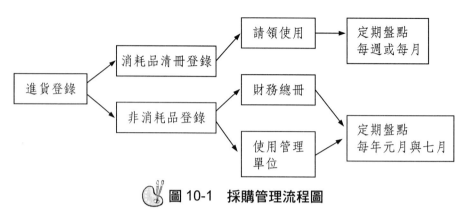

圖 10-1　採購管理流程圖

資料來源：托育機構行政管理手冊（頁37），台北市政府社會局，2007a，台北市：台北市政府。

　　對於內部的各項設施和設備，應分類登記建立完整詳細的財產（物品）清冊及財產（物品）卡，在完成採購驗收後，應黏貼財產卡（物品卡）於財產或非消耗性物品上。同時，各項設施和設備必須建立專人保管的制度，定期進行盤點，有效控管設施和設備的使用、管理、維護、修繕、報廢和更新，以利各項業務的推展。

　　基本上，照顧機構在採購廠商及項目的分類上，大致可分為以下八項（台北市政府社會局，2007a）：

1. 圖書文具：書商、辦公用品、印刷、影帶出租等。
2. 教具樂器：幼教社、樂器行等。
3. 食品保健：食材採購、餐廳、醫療用品及器材等。
4. 維護保養：消安、公安、水電、遊具、電器、影印機、幼童車等。
5. 五金百貨：五金、窗簾、家具、廚具、超市、量販店、鎖店等。
6. 清潔衛生：清潔用品、消毒公司等。
7. 視訊資訊：電腦、通訊、廣播音響、網路多媒體等。
8. 其他：旅行社、戶外教學場所、通運公司、建材營造等。

肆、建立完善的經費作業規定，每年依法申報

　　課後照顧辦理單位在經費作業上，最重要的就是各項經費的收支情形。每年度應事先預估可招收的學生人數及可收入的相關費用，例如月費、餐點、教材、雜費、其他可能的收入或補助款等。進一步針對人事費、教材費、行政業務費、修繕費、購置費、其他可能支出的項目，以及配合發展計畫所需的經費詳實編列預算。

　　每一筆經費的支出都必須詳實登錄在日記帳和分類帳中，每月固定製作月報表，藉以控管預算的執行情形。除此之外，各項收費收據和明細也應當完整齊全地予以保存。至於收、退費的標準則必須經主管機關同意，因攸關家長權益，課後照顧辦理單位必須主動告知家長相關規定。

　　依據「兒童課後照顧服務班與中心設立及管理辦法」第 20 條之規定，公立課後照顧班辦理本服務之收費基準，由直轄市、縣（市）主管機關以表10-1、表 10-2 的計算方式為上限，自行訂定：

一、學校自辦

 表 10-1　學校自辦課後照顧班收費上限表

於學校上班時間辦理時，每位學生收費	新台幣 260 元×服務總節數÷0.7÷學生數
於學校下班時間及寒暑假辦理時，每位學生收費	新台幣 400 元×服務總節數÷0.7÷學生數
一併於學校上班時間及下班時間辦理時，每位學生收費	（新台幣 260 元×上班時間服務總節數÷0.7÷學生數）＋（新台幣 400 元×下班時間服務總節數÷0.7÷學生數）

二、委託辦理

表 10-2　學校委託辦理課後照顧班收費上限表

於學校上班時間辦理時，每位學生收費	
於學校下班時間及寒暑假辦理時，每位學生收費	新台幣 410 元×服務總時數÷0.7÷學生數
一併於學校上班時間及下班時間辦理時，每位學生收費	

　　在退費部分，因個別學生或家長因素，於繳費後擬停止或不再上課者，其退費情形如下：

1. 採學期收費者，於活動開辦日前申請退費者，退還所繳費用 90%；開辦後七日內申請不繼續參加活動時，退還所繳費用之 80%；開辦七日後，退還所繳費用之 60%，前開未退還之費用至多不超過一個月應繳之費用；若於學期中不參與服務申請退費者，則以未參加之整數月計算退費，未滿一月者不予退費。

2. 若採月份收費者，則於活動開辦日前或次月開始上課日前申請退費者，退還所繳費用 90%；當月三日內申請不繼續參加活動時，退還所繳費用之 80%；當月超過三日至未滿七日者，退還所繳費用之 60%，超過七日者不予退費。

三、公立課後照顧班的經費支用

　　依據「兒童課後照顧服務班與中心設立及管理辦法」第 21 條之規定，公立課後照顧班依第 20 條規定收取之費用，其支應之項目，分為下列二類：

(一)行政費

1. 行政費包括水電費、材料費、勞健保費、勞退金、資遣費、加班費、獎金及意外責任保險等勞動權益保障費用。

2. 行政費以占總收費 30%為原則。但學校委託辦理時，受託人之行政費，

以占總收費 20%為原則；學校之行政費，以占總收費 10%為限。

(二)鐘點費

以占總收費 70%為原則。

前項收費不足支應時，應優先支付鐘點費。公立國民小學自行辦理本服務時，其收支得採代收代付方式為之，並應妥為管理會計帳冊。

伍、重視環境衛生清潔，提供兒童一個舒適的學習環境

課後照顧所服務的對象是以兒童為主，因此為保障所有人員的健康，遠離疾病和傳染病，必須重視內部環境衛生工作。清潔的重點應包括：活動室、辦公室、寢室、教室的地板、各樓層的地面、教具櫃、鞋櫃、洗手台、門窗、窗簾、天花板、電風扇等項目，每學期至少應全面消毒一次，以提供兒童一個整潔舒適的學習環境。除此之外，教保人員也應具備腸病毒、水痘、登革熱和禽流感等傳染病的防治觀念，以及健康照顧能力，為兒童的健康發展提供適切的服務。

第 五 節
安全維護與管理

兒童安全維護是課後照顧管理上絕對要重視的工作，不論辦理的單位是國民小學、民間業者，抑或是民間團體，都必須重視學生的安全維護，除了平日就應建立及落實各項安全管理工作外，對於任何偶發事件的發生，有關人員必須立即採取適當且必要之作為，以維護所有人員之安全。以下本節先分別從門禁安全管理、飲食衛生安全管理、交通安全管理、遊戲器材安全管理等四項與安全維護和管理有關之工作，加以說明課後照顧辦理單位應注意的工作重點，最後則進一步提出常見的危機發生類型及危機處理的作業程序。

壹、安全維護與管理的相關工作

一、門禁安全管理

　　為確保課後照顧辦理單位的安全防護，防止人為破壞或危害事件之發生，課後照顧辦理單位應針對門禁安全建立一套管理制度。一般來說，門禁管制的原則包括下列六點：

1. 上班時間非內部工作人員不得任意進出，家長及廠商之進出應佩帶識別證，非必要不可進入兒童學習的活動區域。
2. 上班時間如遇廠商施工，總務組或行政組應事先告知所有人員，並派員在場。
3. 下班前，應派員徹底清查各處所，有無人員滯留，並應緊閉門窗，檢查水電插座之使用管制。
4. 非學生家長親自來接孩子，若無查證及家長本人親自電話告知，不得讓其他人士將學生接離。
5. 訪客所攜帶的物品必須查詢，易燃、易爆物及刀械槍具、化學藥品等違禁品，都不得攜入。
6. 對於可疑人士在門口逗留徘徊，應隨時提高警覺，發現可疑應立即通報轄區派出所協助處理。

二、飲食衛生安全管理

　　課後照顧辦理單位在飲食衛生安全管理上的積極作為，應以兒童吃出健康、吃出營養，作為努力達成之目標，為此課後照顧辦理單位應具有衛生良好的調理環境和餐點設計的措施，並指導兒童養成均衡飲食的習慣，方可為兒童健康奠定良好的基礎。而課後照顧辦理單位，不管提供給學生的飲食餐點，是由自己調理還是委請業者代辦，都必須講求飲食衛生安全之管理，且必須完全做到避免食物中毒之發生。

　　有關之規範，課後照顧辦理單位應針對以下八點，依其所經營的環境特

性和需要，擬定工作注意事項，要求員工或協力廠商確實執行（台北市政府社會局，2007b）：

(一)餐點設計

1. 定期公布菜單。

2. 餐點設計合宜，包含六大類食物中之五穀根莖類、魚肉豆蛋類、奶類、蔬菜類、水果類、油脂類。

3. 提供餐點與設計餐點相符。

4. 易咀嚼、消化，避免刺激性食物；調味及烹調方式適當。

(二)食物樣品保存

1. 保存幼兒食用之食物（包含早點、午餐及午點）。

2. 食物樣品密封、分開保存。

3. 食物樣品日期標示清楚。

4. 食物樣品置於冰箱冷藏室。

5. 食物樣品保存四十八小時備查。

(三)選購食品及存放

1. 食品沒有過期。

2. 食品分類儲存。

3. 食品及食器離牆、離地五公分。

4. 食品與清潔劑等化學物品分開存放，或食品放上層、清潔劑等化學物品放下層。

(四)烹調用具、餐具

1. 烹調用具清潔、儲放有序。

2. 適當的餐具，且餐具沒有破損、缺口。

3. 餐具清潔。

4. 餐具有消毒或使用環保碗。

(五)餐點及飲水供應的品質

1. 餐點溫度適當，備妥或運送時加蓋。

2. 食物放置位置注意安全及衛生；避免直接用手接觸食物。

3. 有專用飲水杯，且儲放位置適當。

4. 飲用水清潔衛生，且溫度適當。

(六)廚工的衛生習慣

1. 穿戴工作衣帽。

2. 未配戴任何飾品。

3. 廚工指甲剪短、乾淨，手部沒有傷口或手部有傷口但戴手套。

4. 其他：不抽菸、試吃方式適當、感冒須配戴口罩。

(七)廚房設備與環境

1. 有紗窗、紗門蚊蠅無法進入；廚房垃圾桶加蓋。

2. 有生熟食專用的砧板、刀具，且標示清楚，正確使用。

3. 廚房有抽油煙設備且抽風功能良好；工作檯照明二百米燭光以上。

4. 瓦斯桶、熱水器均裝置戶外，通風良好。

(八)冰箱清潔

1. 冰箱清潔無異味。

2. 食物大約放 60%容量。

3. 冷凍、冷藏食品密封且儲放有序。

4. 冰箱冷藏室及冷凍庫內均備有溫度計，且冷藏室溫度低於七度，冷凍室零下十八度以下。

三、交通安全管理

　　對於課後照顧辦理單位來說，兒童交通安全的維護和管理，主要來自兩個向度：第一是接送國小學生的幼童專用車；第二是為步行前往的學生在動線規劃上的安排和指導。茲分述如下：

(一)幼童專用車應注意的事項

1. 車輛規格應符合當地縣市政府的規定，除了要確實落實車輛的定期保養，並保存相關紀錄外，亦應依規定定期檢驗，以維護人車之安全。

2. 車內的安全門應確保由內往外是可以開啟的，且開啟時要有聲響，座椅為非字型，車窗不得加橫桿及不透明的隔熱紙。

3. 車內應備有合格滅火設備及醫藥箱。在規範上，合格滅火設備必須在有效期限內；醫藥箱裡應備妥未過期之藥品，包括無菌紗布、無菌棉枝、

OK 繃、繃帶、生理食鹽水、優碘、三角巾、固定板等。

4. 駕駛員須持有職業駕照，且二年內無肇事紀錄之證明，若從兒童安全第一的角度著眼，駕駛員應以專任人員聘任之。

5. 每輛幼童專用車均須配有隨車人員，每次任務結束後，駕駛員和隨車人員應再次檢查車輛，以避免將兒童留置車內發生危險。

6. 課後照顧辦理單位內應建立對幼童專用車的稽核制度，並應要求相關人員參與相關的訓練課程，例如：車輛消防安全演練、CPR 訓練等。

(二)步行學生的交通安全

1. 記錄學生每次步行所走的路線及所需時間，對於時間內未到達之學生，應立即了解並做必要之處置。

2. 對於學生所行走路線之交通狀況，除了要指導兒童應注意的交通安全事項外，並應要求步行學生要一起結伴同行。

3. 對於學生所行走的路線，可與商店或相關機構建立良好關係，設置愛心服務站，以提供學生緊急之協助。

四、遊戲器材安全管理

　　課後照顧辦理單位內附設有遊戲器材者，都必須將遊戲器材列入安全管理的範圍。因為遊戲器材在使用過程中會有下列情況發生，例如：施工過程未依規定施工、遊戲器材老舊、破損、使用不當等，都會造成學生身體的傷害。所以，課後照顧辦理單位應妥善維護兒童遊戲器材，以防止意外事故的發生。為此，凡課後照顧辦理單位附設有兒童遊戲器材，應置管理人員負責遊戲器材的安全，重視員工相關知能的講習或訓練，以提升監護技能及安全知識。

　　在遊戲器材的安全管理上，至少要做到下列五點：

1. 遊戲器材有地樁支撐者，在施工過程中應注意埋設的深度不能突出地表。

2. 遊戲器材設置的地面附近，應平坦鬆軟，或鋪設安全地墊，以保護學生安全。

3. 遊戲器材的使用應考慮周圍的安全距離，例如溜滑梯、盪鞦韆，應注意下滑和擺盪所需的空間，並做警告標誌。

4. 不同類型的遊戲器材應在遊戲器材旁載明使用說明、適合年齡、安全注意事項，並指導兒童正確的使用方法。

5. 定期檢查發現器材或場地不適用時，應立即停止使用加上明顯標示，並盡速完成修繕。

貳、認識危機處理

針對危機處理部分的說明，主要包括以下二個層面：第一，常見的危機發生類型；第二，危機處理的作業程序。茲分別說明如下：

一、常見的危機發生類型

危機的類型頗多，不同類型的危機所造成的影響也不同，以校園為例，校園內常見的危機事件大致區分為五類（徐士雲，2002）：

1. 學生意外事件：包含車禍、溺水、中毒、運動遊戲傷害、實驗實習傷害、疾病身亡案件、自傷自殺傷害、校園設施傷害等。

2. 校園安全維護事件：包含校園火警、颱風災害、地震災害、水患災害、校園侵擾事件、外力人為破壞、校園事件等。

3. 學生暴力與偏差行為：包含殺人事件、強盜搶奪事件、恐嚇勒索、擄人綁架、財產犯罪事件、賭博犯罪事件、性犯罪事件、槍砲彈藥刀械事件、麻醉藥品與菸毒濫用、妨害家庭公務自由、學生鬥毆幫派鬥毆、校園破壞事件、飆車及飆車傷人等。

4. 輔導管教衝突事件：包含師生衝突、親師衝突、親生衝突、管教體罰事件、學生抗爭事件、學生申訴事件等。

5. 少年及兒童保護案例：包含個人事件、性交易防制事件、家庭事件等。

除此之外，校園危機事件亦可從校園內和校園外二個角度，做一區隔說明（張茂源，2003）：

1. 內部危機：(1)師生衝突；(2)校園暴力事件；(3)教師與行政人員的衝突；(4)遊戲設施與器材的管理維修；(5)學生管教問題所引起的家長抗議事件；(6)校園門禁管理疏失；(7)天然災害；(8)意外事件；(9)飲食衛生管

理。

2. 外部危機：(1)親師溝通的衝突；(2)學校推動措施的衝突；(3)學生校外聚眾滋事；(4)上級政策的執行；(5)大眾媒體的影響與過度渲染。

綜觀上述校園內各危機事件可知，儘管學生學習的地點是在課後照顧辦理單位內，同樣可能會發生類似的情形，除了天然災害外，其實大部分的危機是因人為因素而起。因此，課後照顧內的相關人員平日就要多留心，主動發現潛藏的危機因子，畢竟預防是危機管理的第一要務，唯有對各種現象保持適當的警覺，並能提出有效的解決方案，才是最佳的管理之道。

二、危機處理的作業程序

任何一個組織都無法確保危機不會發生，一旦危機發生時，最忌諱的就是內部混亂、歸罪於外和延宕處理。此時，組織內部上下應該團結一致、冷靜應變所面對的困境或難題，依照危機處理的作業程序迅速展開行動，使單位或人員所受的傷害降到最低。

(一)成立危機處理小組

當危機發生後，應立即啟動危機處理小組，盡速了解事情發生的原因和現況，研擬各項處理方式。此時，危機指揮中心成為危機處理的決策系統，必須掌握時效及整合各項資源，依危機發生的類型下達明確指令。例如：幼童專用車或戶外教學遊覽車發生重大車禍，應要求最先到達現場工作人員設立前進指揮所，掌控現況，隨時回報。

(二)完善的通報系統和暢通的溝通網絡

危機處理要使各單位及人員發揮即時功效，有賴完善的通報系統和暢通的溝通網絡，才能確實掌握事情發展狀況，使各相關單位之工作人員做出正確妥適的處理。除此之外，必須與相關人員進行直接的溝通，爭取有力的支援，對家屬則應給予高度的關懷並安撫其情緒外，亦應主動告知處理的進度，並提供必要之協助。有關危機處理的通報流程，可參考圖10-2的內容，並有效掌握主管機關的相關規定，以確保通報的立即性與效用性。

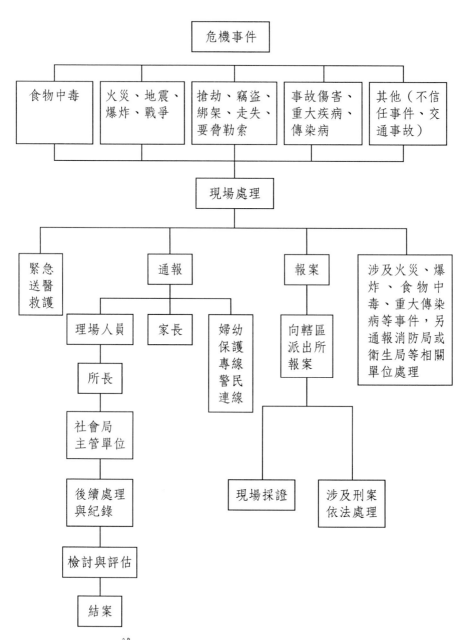

圖 10-2　托兒所危機處理暨通報流程

資料來源：托育機構行政管理手冊（頁71），台北市政府社會局，2007a，台北市：台北市政府。

(三)分工合作發揮團隊效能

　　為能完善地處理危機事件，絕非靠領導者個人或一、二人的決策就可竟其功，各單位必須要能針對問題，排除本位主義，妥適運用人力與分工，並相互支援合作，才不至於顧此失彼或延誤處理時機。

(四)勇於面對媒體樹立正面形象

　　問題發生後，不論是電子媒體或平面媒體，基於民眾有知的權利，一定會爭相報導。為此應建立統一發言人，主動把事件發生的原因、處理的經過及如何檢討與善後等，做妥適的說明，避免多種版本的陳述，造成誤會並擴大危機。基本上，在面對媒體時應掌握以下四點原則：(1)勿迴避媒體；(2)記者來訪或召開記者會前，應主動引導媒體至統一地點；(3)備妥書面資料及新聞稿；(4)發言人應注意個人態度及肢體語言。

(五)講求談判技巧避免不必要的衝突

　　在危機事件中，賠償協調會是大多數人在危機處理過程中會面對的問題，而一個成功的協調係有賴於圓融的談判技巧，以創造雙贏的契機並消弭後遺症。因此，談判前的準備工作尤其重要，例如：應確立目標，多方蒐集資訊，做彼此的優劣情勢比較、事前的沙盤推演，選擇談判效果最有利的時間、地點及談判團隊，隔離不必要的群眾及媒體，多請教專業人士如律師、會計師、保險公司人員等，均為營造雙贏談判不可或缺的技巧。通常當事人或單位主管不宜扮演談判主角，以避免形成無法轉圜的僵局，宜多利用書面的參考文獻及法令規章等資料，代替口頭回答，可減少對方因曲解語意而造成的誤會（行政院退除役官兵輔導委員會政風電子報，2004）。

(六)善後檢討與復原工作

　　當危機處理告一段落後，除了要深入了解危機發生的真正原因進行檢討改進外，善後與復原工作仍不可輕忽，包括：軟硬體設備的重建、內部成員信心的重建，以及學生心理的諮商輔導等補救措施，必須持續追蹤了解；並藉由已發生的案例作為回饋，使成員能加以警惕，避免重蹈覆轍，以防杜下一個危機的發生。

第六節
家長服務

課後照顧辦理單位對家長所提供的服務，大致可從以下四點加以規劃，茲分別說明如下：

壹、編印課後照顧家長手冊

手冊內容可含括辦理單位對課後照顧服務方案的經營理念、學期行事曆、課表、作息時間、課程與教學重點、親職教育參考資訊、家長配合和注意事項及其他等內容。有關上述之內容，除了編印手冊發送家長外，亦可採網站公布的形式，供家長自行閱覽下載。

貳、辦理家長親職教育講座

課後照顧辦理單位不論站在對家長服務的角度，或是為建立公共關係提供社區服務的立場，辦理親職講座或採諮詢的方式，提供家長在教養子女、家庭溝通、家庭經營、家庭共學、婚姻關係、休閒旅遊等方面的主題，豐富家庭的教育文化涵養，是有其必要的。

參、建立家長溝通及申訴制度

本項工作主要是為能讓家長的意見可以即時表達，課後照顧辦理單位應指定專人負責處理回應與改進情形，並應隨時掌握處理的進度，讓家長的意見能受到重視，讓不適宜的措施或處置可以獲得立即的改善。

肆、實施家長滿意度調查

　　課後照顧辦理單位平日除了要落實家長溝通及申訴制度外，應當定期做家長的滿意度調查，並針對家長的滿意度調查結果，提供具體可行的改善計畫。

第七節
問題討論

　　在讀完本章之後，你應該能回答下列與課後照顧服務方案行政管理有關的問題：

1. 課後照顧的行政管理工作及其細節相當繁雜，請說明行政管理在課後照顧經營管理上的重要性，並舉例說明之。

2. 課後照顧的設立應注意哪些事項？請實際走訪不同型態的課後照顧辦理單位，就實際現況和法令規範思考一下它們彼此之間有沒有不同。

3. 課後照顧辦理單位為什麼要建立人事管理制度？它對課後照顧服務方案有什麼影響？請訪談課後照顧辦理單位的主管和相關工作人員，實際了解人事管理制度的執行情形。

4. 為什麼要建立員工的福利制度？如果你是課後照顧辦理單位的負責人，你有什麼構想？

5. 課後照顧辦理單位在總務和財務工作管理上，有哪些工作重點？

6. 課後照顧辦理單位在門禁安全管理、飲食衛生安全管理、交通安全管理和遊戲器材安全管理上，各有哪些工作重點？

7. 請針對門禁安全管理、飲食衛生安全管理、交通安全管理和遊戲器材安全管理，各研擬一份具體可行的實施計畫。

8. 請舉一危機實例，說明課後照顧辦理單位應有的危機處理作業程序及其可能遭遇的問題。

9. 課後照顧辦理單位為什麼要對家長提供服務？請分別從家長和兒童的角度說明之。

10. 對於課後照顧辦理單位的負責人來說，從本章的內容來看，你覺得他必須具備哪些條件？

第十一章

如何做好教學工作

本章大綱

學習目標

壹、了解九年一貫課程的重要內涵

貳、了解課後照顧課程的規劃與設計

參、了解兒童遊戲和興趣培養的指導原則並能加以運用

肆、了解兒童閱讀和作文的指導原則並能加以運用

伍、了解兒童注音符號、識字和寫字教學的指導原則並
　　能加以運用

陸、建立編製學習單的正確理念並能加以運用

第 一 節
認識九年一貫課程

針對九年一貫課程的介紹，主要從基本理念、目標、基本能力、學習領域等四個層面做一概覽說明，茲分述如下（教育部，2006a）：

壹、九年一貫課程的基本理念

教育之目的為培養人民健全人格、民主素養、法治觀念、人文涵養、強健體魄，及思考、判斷與創造能力，使其成為具有國家意識與國際視野之現代國民。本質上，教育是開展學生潛能、培養學生適應與改善生活環境的學習歷程。因此，跨世紀的九年一貫新課程應該培養具備人本情懷、統整能力、民主素養、鄉土與國際意識，以及能進行終身學習之健全國民。其基本內涵至少包括：

1. 人本情懷方面：包括了解自我、尊重與欣賞他人及不同文化等。
2. 統整能力方面：包括理性與感性之調和、知與行之合一、人文與科技之整合等。
3. 民主素養方面：包括自我表達、獨立思考、與人溝通、包容異己、團隊合作、社會服務、負責守法等。
4. 鄉土與國際意識方面：包括鄉土情、愛國心、世界觀等（涵蓋文化與生態）。
5. 終身學習方面：包括主動探究、解決問題、資訊與語言之運用等。

貳、九年一貫課程的目標

國民中小學之課程理念應以生活為中心，配合學生身心能力發展歷程；尊重個性發展，激發個人潛能；涵泳民主素養，尊重多元文化價值；培養科

學知能，適應現代生活需要。

國民教育之教育目的在透過人與自己、人與社會、人與自然等人性化、生活化、適性化、統整化與現代化之學習領域教育活動，傳授基本知識，養成終身學習能力，培養身心充分發展之活潑樂觀、合群互助、探究反思、恢弘前瞻、創造進取與世界觀的健全國民。為實現國民教育目的，須引導學生致力達成下列課程目標：

1. 增進自我了解，發展個人潛能。
2. 培養欣賞、表現、審美及創作能力。
3. 提升生涯規劃與終身學習能力。
4. 培養表達、溝通和分享的知能。
5. 發展尊重他人、關懷社會、增進團隊合作。
6. 促進文化學習與國際了解。
7. 增進規劃、組織與實踐的知能。
8. 運用科技與資訊的能力。
9. 激發主動探索和研究的精神。
10. 培養獨立思考與解決問題的能力。

參、九年一貫課程的基本能力

為達成上述課程目標，國民教育階段的課程設計應以學生為主體，以生活經驗為重心，培養現代國民所需的基本能力：

1. 了解自我與發展潛能：充分了解自己的身體、能力、情緒、需求與個性，愛護自我，養成自省自律的習慣、樂觀進取的態度及良好的品德；並能表現個人特質，積極開發自己的潛能，形成正確的價值觀。
2. 欣賞、表現與創新：培養感受、想像、鑑賞、審美、表現與創造的能力，具有積極創新的精神，表現自我特質，提升日常生活的品質。
3. 生涯規劃與終身學習：積極運用社會資源與個人潛能，使其適性發展，建立人生方向，並因應社會與環境變遷，培養終身學習的能力。
4. 表達、溝通與分享：有效利用各種符號（例如，語言、文字、聲音、動

作、圖像或藝術等）和工具（例如，各種媒體、科技等），表達個人的思想或觀念、情感，善於傾聽與他人溝通，並能與他人分享不同的見解或資訊。

5. 尊重、關懷與團隊合作：具有民主素養，包容不同意見，平等對待他人與各族群；尊重生命，積極主動關懷社會、環境與自然，並遵守法治與團體規範，發揮團隊合作的精神。

6. 文化學習與國際了解：認識並尊重不同族群文化，了解與欣賞本國及世界各地歷史文化，並體認世界為一整體的地球村，培養相互依賴、互信互助的世界觀。

7. 規劃、組織與實踐：具備規劃、組織的能力，且能在日常生活中實踐，增強手腦並用、群策群力的做事方法，積極服務人群與國家。

8. 運用科技與資訊：正確、安全和有效地利用科技，蒐集、分析、研判、整合與運用資訊，提升學習效率與生活品質。

9. 主動探索與研究：激發好奇心及觀察力，主動探索和發現問題，並積極運用所學的知能於生活中。

10. 獨立思考與解決問題：養成獨立思考及反省的能力與習慣，有系統地研判問題，並能有效解決問題和衝突。

肆、九年一貫課程的學習領域

為培養國民應具備之基本能力，國民教育階段之課程應以個體發展、社會文化及自然環境等三個面向，提供語文、健康與體育、社會、藝術與人文、數學、自然與生活科技，以及綜合活動等七大學習領域。

1. 學習領域為學生學習之主要內容，而非學科名稱，除必修課程外，各學習領域，得依學生性向、社區需求及學校發展特色，彈性提供選修課程。

2. 學習領域之實施，應掌握統整之精神，並視學習內容之性質，實施協同教學。其學習領域結構如表 11-1 所示：

表 11-1 九年一貫課程學習領域結構表

學習領域＼年級	一	二	三	四	五	六	七	八	九
語文	本國語文	本國語文	本國語文	本國語文	本國語文	本國語文	本國語文	本國語文	本國語文
			英語	英語	英語	英語	英語	英語	英語
健康與體育	健康與體育	健康與體育	健康與體育	健康與體育	健康與體育	健康與體育	健康與體育	健康與體育	健康與體育
社會			社會	社會	社會	社會	社會	社會	社會
藝術與人文	生活		藝術與人文	藝術與人文	藝術與人文	藝術與人文	藝術與人文	藝術與人文	藝術與人文
自然與生活科技			自然與生活科技	自然與生活科技	自然與生活科技	自然與生活科技	自然與生活科技	自然與生活科技	自然與生活科技
數學	數學	數學	數學	數學	數學	數學	數學	數學	數學
綜合活動	綜合活動	綜合活動	綜合活動	綜合活動	綜合活動	綜合活動	綜合活動	綜合活動	綜合活動

資料來源：九年一貫 92 課綱，教育部，2006a，http://teach.eje.edu.tw/9CC/brief/brief5.php

3. 各學習領域主要內涵：

(1)語文：包含本國語文、英語等，注重對語文的聽說讀寫、基本溝通能力、文化與習俗等方面的學習。

(2)健康與體育：包含身心發展與保健、運動技能、健康環境、運動與健康的生活習慣等方面的學習。

(3)社會：包含歷史文化、地理環境、社會制度、道德規範、政治發展、經濟活動、人際互動、公民責任、鄉土教育、生活應用、愛護環境與實踐等方面的學習。

(4)藝術與人文：包含音樂、視覺藝術、表演藝術等方面的學習，陶冶學生藝文之興趣與嗜好，俾能積極參與藝文活動，以提升其感受力、想像力、創造力等藝術能力與素養。

(5)自然與生活科技：包含物質與能、生命世界、地球環境、生態保育、資訊科技等的學習，注重科學及科學研究知能，培養尊重生命、愛護環境的情操，及善用科技與運用資訊等能力，並能實踐於日常生活中。

(6)數學：包含數、形、量基本概念之認知，具運算能力、組織能力，並能應用於日常生活中，了解推理、解題思考過程，以及與他人溝通數學內涵的能力，並能做與其他學習領域適當題材相關之連結。

(7)綜合活動：指凡能夠引導學習者進行實踐、體驗與省思，並能驗證與應用所知的活動。包含原童軍活動、輔導活動、家政活動、團體活動，及運用校內外資源獨立設計之學習活動。

4. 各學習領域學習階段係參照該學習領域之知識結構及學習心理之連續發展原則而劃分，如表11-2，每一階段均有其能力指標：

(1)語文學習領域：

　　A.本國語文：分為四階段，第一階段為一至二年級、第二階段為三至四年級、第三階段為五至六年級、第四階段為七至九年級。

　　B.英語：分為兩階段，第一階段為三至六年級、第二階段為七至九年級。

(2)健康與體育學習領域：分為三階段，第一階段為一至三年級、第二階段為四至六年級、第三階段為七至九年級。

(3)數學學習領域：分為四階段，第一階段為一至二年級、第二階段為三至四年級、第三階段為五至六年級、第四階段為七至九年級。

(4)社會學習領域：分為四階段，第一階段為一至二年級、第二階段為三至四年級、第三階段為五至六年級、第四階段為七至九年級。

(5)藝術與人文學習領域：分為四階段，第一階段為一至二年級、第二階

段為三至四年級、第三階段為五至六年級、第四階段為七至九年級。

(6)自然與生活科技學習領域：分為四階段，第一階段為一至二年級、第二階段為三至四年級、第三階段為五至六年級、第四階段為七至九年級。

(7)綜合活動學習領域：分為四階段，第一階段為一至二年級、第二階段為三至四年級、第三階段為五至六年級、第四階段為七至九年級。

(8)生活課程：一至二年級社會、藝術與人文、自然與生活科技學習領域統合為生活課程。

表 11-2　九年一貫課程各學習階段分配一覽表

年級 / 學習領域	一	二	三	四	五	六	七	八	九
語文	本國語文		本國語文		本國語文		本國語文		
			英語				英語		
健康與體育	健康與體育				健康與體育		健康與體育		
數學	數學		數學		數學		數學		
社會	生活		社會		社會		社會		
藝術與人文			藝術與人文		藝術與人文		藝術與人文		
自然與生活科技			自然與生活科技		自然與生活科技		自然與生活科技		
綜合活動	綜合活動		綜合活動		綜合活動		綜合活動		

資料來源：九年一貫 97 課綱，教育部，2008，http://teach.eje.edu.tw/9CC/9cc_97.php

第二節
課程及教學活動的規劃

　　課後照顧服務方案中有關課程和教學活動的規劃與設計，可說是課後照顧辦理單位展現多元特色的運作核心，在原則上應秉持創新、多元且符合教育目標等特性，以滿足學習者的需求。因此，品質確保之關鍵，在於規劃者是否能掌握下列五個要素：課後照顧服務方案應達成的目標、能符合學生的需求、豐富課程的內涵、提升教學的價值、修正課程的內容。即從策劃－實施－評鑑－回饋成為一個動態的連結體，使活動的進行更為完善。

壹、課程內容

　　整體來看，大部分的課後照顧辦理單位所提供的課程內容，普遍包括下列八大項：

一、作業指導

　　這是課後照顧服務方案的首要任務，課後照顧的教師必須監督及指導學生完成當天學校所規定的回家作業。除此之外，還可配合班級或學校的課程進度，協助學生進行複習，以及針對個別學生施予個別輔導或補救教學。

二、興趣培養

　　課後照顧服務方案中對於興趣培養的課程內涵，大多偏重在才藝或技能的學習。例如：捏麵人、剪紙、摺紙、POP 設計等與美勞有關的學習與創作，或書法、歌謠、音樂欣賞等教學活動。

三、團體活動

　　團體活動則可透過班級團體輔導、團康活動、團體遊戲或競賽等方式進

行，以增進兒童在自我和團體之間的相互調和，並培養團隊精神、責任心和榮譽感。

四、體能活動

針對體能活動的規劃，只要課後照顧辦理單位能夠解決場地和環境的限制，其實體能活動的項目是可以非常多元的。一般來說，像扯鈴、跳繩、踢毽子、羽毛球、籃球、躲避球、乒乓球、呼拉圈等，是較容易實施的體能活動方案。

五、生活智能

生活智能的課程主要是以提升兒童生活適應，以及作為一位現代公民，應該要有的基本禮儀和能力作為思考點，所規劃的學習方案。例如：安全與逃生技能、CPR 訓練、中西餐的餐桌禮儀、家事訓練、鄉土教育、環境教育等，都是可資運用的題材。

六、人際智能

人際智能主要是以培養兒童良好的人際關係為主要目的，在對象上可包括同儕之間、親子之間，或兩性之間的溝通和互動。教師可利用繪本導讀、角色扮演、電影欣賞、腦力激盪、團體討論等方式，導引兒童正向的思考和提升問題解決的能力。

七、社區認識

社區認識的主要目的，是在增進兒童對自己所居住環境的認識和了解，進而建立社區意識和社區認同的情操與具體行動。因此，課後照顧辦理單位應當蒐集與社區有關的資料，例如：社區的歷史、地理、文化、人物、重要設施，並透過實地踏察的方式，讓兒童有更深刻的印象，使社區真正成為他們生活的一部分。

八、兒童心理衛生

此課程的重點，係以站在兒童為一健全個體的觀點出發，促進兒童健全的身心發展和完整人格的培養。在規劃上可採單獨或融入團體活動、生活智能、人際智能或社區認識等主軸實施，進行方式則應兼重團體和個人，協助兒童有更好的學習和成長。

貳、課表編排原則

課後照顧辦理單位在每學期開學初，應根據相關課程內容，安排不同年段的學習課程，有關課表排定之原則如下：

1. 課後照顧服務方案應以安排作業指導為主軸。對於學業成就欠佳的兒童，可透過個別輔導和補救教學等方式給予協助；能力較佳者，則可透過輔助教材或學習單，提供不同內容的學習活動。每日兒童之回家作業，教師應核對家庭聯絡簿，確實掌握學生完成的情形。
2. 課後照顧服務方案可配合學校月考時間安排彈性課程，即在月考後的下午上課時間，提供動態課程或戶外教學活動，並鼓勵家長共同參與。
3. 課後照顧服務方案的興趣培養課程，應考量現有人力資源或採外聘師資方式，提供兒童最適切的服務內容。一般來說，課表應具體呈現所安排的興趣培養課程之項目，讓家長和學生能充分了解。
4. 課後照顧服務方案中與人際智能和兒童心理衛生有關的學習活動，可單獨設科，亦可採取融入的方式。如為單獨設科，應具體說明所規劃的學習內容和活動名稱，讓家長和學生能充分了解。
5. 課後照顧服務方案中的才藝教學不得超過每週活動總時數的二分之一。
6. 課後照顧辦理單位應建立成效評估機制，每學期結束確實檢討課程內容的執行成效，必要時應進行課表的修正。

表 11-3、11-4、11-5，係分別針對低、中、高三個年段提供的課表，編排參考範例。

表 11-3　課後照顧服務方案低年級課表範例

時間　　　星期 　　節次	節次	一	二	三	四	五
12:00～12:40	1	午餐 午間靜息	學校整日課	午餐 午間靜息	午餐 午間靜息	午餐 午間靜息
12:40～13:30	2					
13:40～14:20	3	作業指導		作業指導	作業指導	作業指導
14:30～15:00	4					
15:10～16:00	5	團體活動		團體活動	團體活動	團體活動
16:00～16:20	6	休息或點心時間				
16:20～17:00	7	興趣培養 （捏麵人）	作業指導	生活智能 （含社區 認識）	語文時間	數學時間
17:00～17:40	8				閱讀指導	班級讀書會
17:40～18:00		個別輔導	個別輔導	個別輔導	個別輔導	個別輔導

 表 11-4　課後照顧服務方案中年級課表範例

時間　　　星期 　　節次	節次	一	二	三	四	五
12:00～12:40	1	學校整日課	學校整日課	午餐 午間靜息	學校整日課	午餐 午間靜息
12:40～13:30	2					
13:40～14:20	3			作業指導		作業指導
14:30～15:00	4					
15:10～16:00	5			團體活動		體能活動
16:00～16:20	6	休息或點心時間				
16:20～17:00	7	作業指導		生活智能 （含社區 認識）	作業指導	興趣培養 （圍棋指 導）
17:00～17:40	8					
17:40～18:00		個別輔導		個別輔導	個別輔導	個別輔導

表 11-5　課後照顧服務方案高年級課表範例

時間 ＼ 星期 節次		一	二	三	四	五
12:00～12:40	1	學校整日課	學校整日課	午餐午間靜息	學校整日課	學校整日課
12:40～13:30	2					
13:40～14:20	3			作業指導		
14:30～15:00	4					
15:10～16:00	5					
16:00～16:20	6	休息或點心時間				
16:20～17:00	7	作業指導	作業指導	團體／體能活動	作業指導	興趣培養（跆拳道）
17:00～17:40	8					
17:40～18:00		個別輔導	個別輔導	個別輔導	個別輔導	個別輔導

第三節
兒童遊戲與興趣的指導

壹、兒童遊戲行為的指導原則

　　遊戲的重要價值之一是從遊戲活動中發展兒童良好的社會行為，培養優良的品德（國立編譯館，1984）。遊戲也可以說是教師在課堂上最容易實施的教學方式，它不僅能有效引起學生的學習動機，也可以是設計教學活動時的主要策略。質言之，遊戲除了可以達成教學的目標，還可以對兒童的觀念、態度、情緒、行為發展、人際關係，產生正向的價值功能。

　　綜觀課後照顧服務方案的課程內涵，不論是興趣培養、團體活動、體能

活動、生活智能、人際關係、社區認識等，都可以透過遊戲達到應有的成效。因此，擔任課後照顧服務方案的教師可以善用遊戲的特質，並掌握以下五項原則，勢必可以活化課堂教學，讓學習變得更有樂趣：

一、鼓勵兒童和同儕一起遊戲

遊戲是一種可以展現分工合作、發揮團隊精神的活動型態。因此，教師應當妥善規劃並鼓勵兒童參與團體遊戲；在過程中，指導兒童學習如何與同儕共同相處，並善盡個人守法互助的責任。

二、鼓勵兒童要能兼顧操作性和益智性的遊戲

兒童遊戲的性質應以多樣、活潑、不呆板，並能引起兒童樂於參與為原則。除此之外，兒童遊戲的種類也應當配合兒童的年齡，從簡單的運用大肌肉或小肌肉的體能遊戲，到講求動作技巧，或具有益智性或創造性的遊戲活動。相對地，隨著遊戲性質的多元發展，兒童會逐漸從個人遊戲，漸序進入複雜的、團體的、有組織的遊戲活動之中。

三、鼓勵兒童勇於嘗試新的遊戲以獲得新的成功經驗

由於兒童在遊戲的過程中，因為個人身體健康、動作發展、智力、生活環境、家庭社經水準以及性別等因素的影響，使得兒童遊戲的類型受到限制（國立編譯館，1984）。為此，課後照顧教師必須對學生的遊戲行為加以觀察記錄後，找出需要被鼓勵的兒童，激勵他們勇於嘗試新的遊戲，透過教師及同儕的協助，獲得新的成功經驗，係有助於兒童培養積極的人生態度。

四、鼓勵兒童在遊戲中發展新的秩序與規範

每一項遊戲活動大多具有各自所屬的規則，這是遊戲是否能持續進行的關鍵因素，同時對於兒童優良德性和正確態度的養成也非常重要。如果從啟發兒童想像力，以及實踐品德教育二個層面加以思考，課後照顧教師可鼓勵兒童在遊戲中，表現出獨立自主且維護團體紀律的行動，透過集體創意重新賦予遊戲新的秩序和規則，藉以促進兒童良好的社會行為。

五、鼓勵兒童及父母親進行家庭共遊的計畫

遊戲指導不單只是教師的職責，家長更有其應盡的責任與義務。對父母來說，最好的方式就是將家庭共學融入在遊戲的概念與行動方案之中，尤其是家庭休閒或陶冶性情的遊戲活動，最能夠帶動家庭的學習氣氛，不但能增進親子之間的互動關係，也能妥善規劃兒童假日生活的正當休閒活動。

貳、兒童興趣培養的指導原則

興趣乃是一種習得的動機，為驅使個人朝一定的方向與目標行動的原動力。舉例來說，如果一位兒童對於數學有濃厚的興趣，必定對上數學課產生愉快的情緒反應，繼而產生積極的態度，努力演算數學作業，在演算時也必能注意力集中而樂此不疲。興趣可以說是學習的基礎，兒童的學科興趣常能影響其學習的態度與動機，有濃厚的興趣才能產生積極的學習態度，進而引起學習的動機（國立編譯館，1984）。

基本上，興趣不是與生俱來的，興趣也不是發現的，興趣是由學習經驗中發展而生成的。因此，課後照顧教師應當重視兒童興趣的培養，協助兒童發展潛能，進而培養正當的興趣。有關兒童興趣的指導，可從以下二大層面著手，茲分別說明如下：

一、協助兒童發掘自己的興趣

課後照顧教師為協助兒童發掘自己的興趣，在做法上，首重教師是否能善用觀察力，藉以了解兒童的興趣傾向，觀察的項目包括（國立編譯館，1984）：

1. 觀察兒童常常喜歡購買或蒐集些什麼物品。
2. 觀察兒童喜歡選擇哪些圖書。
3. 觀察兒童作畫的內容。
4. 注意兒童時常提出有關哪方面的問題。
5. 注意兒童所關心的事物。

6. 注意兒童所欽仰之人物的特徵。

7. 記錄兒童在各項活動中的表現。

除此之外，教師亦可透過和兒童的對話內容或與家長的訪談中，了解兒童對相關事物的喜好，並進一步探詢喜歡的理由，藉以推斷兒童的興趣所在。抑或是運用興趣調查表，以及輔以訪談和觀察的紀錄，據以推求兒童的興趣傾向與原因。最後，教師可將結果和兒童分享，作為兒童對可能發展之興趣的參考。

二、協助兒童培養自己的興趣

課後照顧教師為協助兒童培養自己的興趣，除了鼓勵兒童嘗試新奇的活動外，還必須提供兒童多元學習的機會。主要目的是希望兒童可以在學習活動中不斷擴充興趣的範圍，並能從中獲得滿足和成就感，以促進兒童興趣的產生。

第 四 節
兒童閱讀與作文的指導

壹、兒童閱讀的指導原則

閱讀是奠定兒童良好學習習慣的基礎，而兒童閱讀習慣的利基，則應奠基於生活性、反省性、行動性和全民性的活動型態之中，以主動、自願為運作的核心，注重兒童閱讀能力的提升，才能真正養成兒童愛看書和喜歡閱讀的習慣，同時打好學習的根基，係有助於日後各方面的發展。

基本上，兒童閱讀運動不只在我國被列為重要的教育政策，其實，聯合國教科文組織（UNESCO）早已積極推動與兒童閱讀運動有關的活動，國際兒童讀物聯盟，就是聯合國教科文組織下所設的一個專門推動兒童讀物發展和兒童閱讀讀物的機構，這個組織所提出的口號「建構兒童圖書的橋樑」，

主要工作即在推動優良兒童讀物的出版，以及兒童讀物在全球的推展。每年的 4 月 2 日，即為全球的國際兒童圖書節。

　　據此而論，課後照顧辦理單位也應負起推動兒童閱讀運動的教育責任，在指導兒童閱讀的做法上，教師係可掌握下列八項原則：

1. 教師應當在教室內營造良好的閱讀環境，例如，建置班級圖書櫃、圖書角、經營班級讀書會、推動好書交換活動，以及教師的以身作則等，讓教室充滿學習的文化和氣息。

2. 充實兒童圖書數量，並為兒童選擇適合其年齡和程度的優良讀本。

3. 重視兒童閱讀方法的指導，例如，點評閱讀法、二重讀書法、創造讀書法、同時讀書法、5W1H（who, where, what, when, why, how）掌握文意法等，都是可資運用的閱讀方法。

4. 指導兒童如何找到讀本內容的重點，並在閱讀完後進行心得分享，方式可包括口頭報告、表演、繪畫或筆述等。表 11-6 為兒童閱讀學習記錄之範例。

表 11-6　兒童閱讀學習記錄範例

閱讀書名		（認證章）
作者		
出版社		
出版日期		
書中人物		
發生的時間		
發生的地點		
書中大意		
你發現了什麼		
你遇到什麼難題		
優美詞句		
學習者簽名		
教師評語		

5. 教師應鼓勵兒童嘗試閱讀不同類型的讀本，包括：圖畫書、故事書、傳記、漫畫、小品文、兒童創作、有聲圖書等，提高閱讀的理解能力，以及培養廣泛閱讀的習慣。

6. 教師應引導兒童將閱讀和寫日記、寫作文結合，認真體會生活就是一種閱讀，將自己的生活或心中所想的，透過先前所閱讀和學習過的字法、修辭、章法和優美詞句，來充實文章的內容。

7. 教師應指導兒童應用工具書的方法，讓閱讀能力和範圍能夠更加擴展。

8. 課後照顧辦理單位可研擬每年度的兒童閱讀發展計畫，豐富兒童閱讀運動的內涵，範例如表 11-7 所示。

貳、兒童作文的指導原則

　　課後照顧教師對兒童作文的指導，可以透過寫作引導、寫作綱要、學習重點、參考資料等方式，循序漸進地指導及鼓勵兒童，將思考和文字有效地結合，成為一位會思考、會寫作的兒童。以下即以「上學途中」一題為例，簡述教師的教學策略（朱伊雯、林淑卿、黃正宜，無年代，頁 27-28）：

一、寫作引導

1. 天天背著書包上學，從家裡到學校的路途上，你經過哪些地方？有沒有仔細觀察這些地方有哪些人、事、物？這些人、事、物有哪些特色呢？選出較具有特色的來當作寫作的材料。

2. 觀察人的時候，要注意他的穿著、動作或表情特色；例如：清潔隊員穿著反光背心，拿著掃帚打掃街道，使街道乾淨。

3. 觀察景色，可由遠而近，或由近而遠描寫，除了形狀的描寫，還要注意色彩的描寫。

4. 觀察物體，描寫它的外形、顏色以外，可加以聯想，讓文章產生變化。例如：看到椰子樹，可以聯想到辛苦的警衛先生，站著守衛校園。

表 11-7 兒童閱讀智慧發展計畫範例

壹、依據
　　一、依教育部全國兒童閱讀運動實施計畫辦理。
　　二、依本中心年度工作計畫重點辦理。
貳、目的
　　一、提供兒童豐富且快樂的學習環境。
　　二、培養兒童閱讀習慣，奠立終身學習的基礎。
　　三、建立兒童與他人分享、關懷他人的人文情操。
參、實施原則
　　一、以愛心、耐心引導兒童建立正確的閱讀方法。
　　二、以兒童自願參與為基礎，兼顧閱讀的質與量。
肆、主辦單位
　　　　本中心教保組。
伍、實施內容
　　　　本計畫的實施內容共分為以下六項：
　　一、《兒童閱讀智慧挑戰手冊》
　　　　每學年度分發一本，挑戰內容包括：圖書閱讀、徵文、親子共讀、背
　　　　誦唐詩及口語發表等五項，各項挑戰方式及獎勵制度，詳如《兒童閱
　　　　讀智慧挑戰手冊》。
　　二、兒童讀書會
　　　　(一)對象：本中心所有參加課後照顧服務方案的國小兒童。
　　　　(二)時間：每月第一、三週的星期五下午 4:20 至 17:00，假各班教室進行。
　　　　(三)讀本：採共同讀本方式，由學生自行購買或借閱所需用書。
　　三、圖書交換日
　　　　以每個月的第一週星期三下午第八節課結束後進行，交換的對象以同
　　　　學年為原則，所交換的圖書必須在下一次交換日時交還給原持有人，
　　　　每次交換的圖書性質及交換對象必須有所不同，以達多元學習的效果。
　　四、班級圖書列車
　　　　以本中心現有書籍進行整理並適時增補所需圖書，將同性質的書依學
　　　　生年齡加以歸類，巡迴各班供學生閱讀時使用，每類書籍每次停留一
　　　　個月為原則。
　　五、建立兒童閱讀網站
　　　　以提供兒童閱讀最新資訊、推展兒童閱讀智慧的相關報導或活動，以
　　　　及連結優良兒童網站為宗旨，讓更多的人了解本中心推動閱讀運動的
　　　　情形。
　　六、印製兒童閱讀專刊
　　　　專刊內容以每學年度所推動的相關活動成果及檢討為架構，具體呈現
　　　　一年來的努力成果。
陸、本計畫所需經費由本中心相關活動經費項下支應。
柒、本計畫經主任核定後實施，修正時亦同。

二、寫作綱要

1. 出門的情形。
2. 路上經過的情形。
3. 到學校時的情形。
4. 心裡的感想。

三、學習重點

　　把上學路上所看見印象深刻的人、事或物寫出來，再加上自己心裡的感想。

四、參考資料

1. 佳句
(1)學生背起書包，心情愉快，哼著歌曲，輕輕鬆鬆地去上學。
(2)路上的小花小草真有禮貌，不停地點頭，向我打招呼。
(3)來到學校，看到同學高高興興地打招呼，一天快樂的學習就開始了。
2. 美詞
(1)輕風拂面、香氣瀰漫。
(2)熱鬧非凡、迎風搖擺。

　　除此之外，像指導學生照樣寫句子或接寫句子、看圖說故事和寫作文、作品欣賞，以及練習寫日記和寫信等，也是指導兒童作文時可資運用的策略。至於教師在批閱兒童作文時，則應掌握下列數項原則，包括：錯別字的訂正；圈出文章中的美詞佳句，並給予學生正面的肯定和鼓勵；對文章的結構要給予回饋和指導；對文章應提出總評和具體的建議，亦可鼓勵兒童提出自己對所寫文章的看法，其中包含滿意和不滿意的部分；對於學生優秀作品，教師可影印張貼在公布欄，並鼓勵兒童投稿。有關作文評量的項目，可參考表11-8所示。

表 11-8 作文評量表範例

「在做到的項目裡打∨」

項目	掌握主旨	取材適當	段落分明	文筆流暢	內容充實	文思敏捷	見解正確	描寫細膩	引用名言	字跡端正	開頭新穎	結尾感人
學生												
教師												

資料來源：小作家創意作文系列——觀察作文（頁 68），朱伊雯、林淑卿、黃正宜，無年代，台北市：華祥兒童教育研究出版社。

第五節
兒童注音符號、識字與寫字教學的指導

壹、兒童注音符號教學的指導

　　兒童國語文能力的發展，在教材設計上，應重視注音符號及文字應用、聆聽、說話、閱讀、作文、寫字等能力的整體發展。無庸置疑的，認識及學習注音符號應為國語文聽說讀寫的基礎。基本上，注音符號教學應掌握下列五點原則（教育部，2006a）：

1. 注音符號於第一學年前十週，採綜合教學法教學。認識用注音符號拼成的完整語句，進而由語句分析出語詞，由語詞分析出單字，由單字分析出符號。認讀符號後，再練習拼音。

2. 教學時應適應個別差異，讓注音符號漸次增加內容及深度，期能在第一階段達到熟練應用。

3. 練習拼讀時採「直接拼讀法」，看到注音符號後，直接讀出字音，再用反拼法複習。練習時，注意發音的部位、口腔的開合、脣形的圓展、聲調的高低。

4. 設計生動有趣的輔助活動，善用教學媒材，提供充分練習機會，協助教學，讓學生多唸、多聽、多寫、多練。

5. 利用聯絡教學及統整教學，擴大學習領域，拓展學習空間。如：結合聽說教學，以提升聽辨聲音的靈敏度；結合閱讀教學，在標注注音符號的兒歌、童話故事中，涵泳文學的趣味，養成主動閱讀的習慣；結合作文教學，啟發獨立思考，使用注音符號，適當表達自己的想法。

整體來說，教師在帶領兒童進行注音符號拼音練習時，一般會先練習聲符再練習韻符。而練習聲符時亦可搭配不同的韻符練習，例如：先練習聲符ㄅ，可搭配韻符ㄨ、ㄠ做拼音練習；反之，如練習韻符，則可搭配不同的聲符做練習，例如：ㄠ韻則可與ㄅ、ㄆ聲符做拼音練習。最後再加上陰平、陽平、上聲、去聲以及輕聲等聲調。除此之外，教師在注音符號教學時，以下四點係值得注意：

一、採用直接拼讀法

以往的注音符號教學中，當聲符與結合韻符拼音時，會將三個注音符號分別唸出後再拼，如「ㄆㄧㄥ」會讀成ㄆ、ㄧ、ㄥ「ㄆㄧㄥ」。但直接拼讀法係不將結合韻「ㄧㄥ」分開來讀ㄧ、ㄥ，而是直接先拼讀起來「ㄧㄥ」，再和聲符ㄆ拼讀。如上例中的「ㄆㄧㄥ」會讀成ㄆ、「ㄧㄥ」，再很快拼讀出「ㄆㄧㄥ」。

二、儿化韻

所謂儿化韻，指的是一個語詞後面加上個「儿」韻。如「一會兒」、「小魚兒」、「小孩兒」等。而在讀法上因為字音加了個「儿」韻，所以有變音現象，如「小魚兒」會變成「ㄒㄧㄠˇ　ㄩˊ儿」而非「ㄒㄧㄠˇ　ㄩˊ儿」。

三、多做比較

對國小一年級的學生來說，在指導學生相近的讀音時可以多做比較，多唸多練習，就可以更加熟悉。例如：

1. ㄋㄌ的比較練習：腦子－老子；你家－李家。在聽寫評量時，兒童容易ㄋㄌ不分。

2. ㄥㄣ的比較練習：鯨魚－金魚；幸福－信服。ㄣ的讀音即為「ㄜ」附一個鼻聲「ㄋ」而成的韻；另外，ㄣ的舌頭在上，ㄥ的舌頭在下。

3. ㄝㄟ的比較練習：椰子－杯子。ㄟ的讀音即為「ㄝ」、「一」兩個韻合成的。

4. ㄛㄡ的比較練習：抹布－某人。ㄡ的讀音即為「ㄛ」、「ㄨ」兩個韻合成的。

四、教學輔助用具

由於科技的發達，在教學現場除了傳統的粉筆、黑板之外，也多了許多教學媒體可以使用，如電腦、投影機、DVD、電視等。除此之外，隨著時代的進步，使用在教學上的輔助工具多不勝數，以下提出在教學現場中較常使用的教學媒材：

1. e化媒材：在一年級學生學習注音時，e化教材如動畫、卡通等等的輔助工具，能直接刺激學生的感官，是十分能提高注意力的教學媒材。

2. 美工媒材：在訴求教學現場活潑、多元且豐富的情境下，許多人也使用自製的美工教具來輔助教學。這些美工的圖片或是模型，除了可提高學生的學習興趣外，還可以用來布置教學環境及重複使用。

3. 書面媒材：在低年級語文領域的學習過程，故事書、繪本等常用來作為引起學生學習動機的工具，如果故事書及繪本的題材夠簡易，也能當作學生課後練習拼音的輔助工具。

貳、兒童識字與寫字教學的指導

識字與寫字是學習國語文的基礎，因為識得字進而能閱讀，會寫字進而能表達，所以，識字與寫字的能力是文字溝通的要件，也是學習知識的必備基本能力。而在學生的認知發展上，識字能力又是在寫字能力之前，大多數的學生在幼稚園時就會識得某些字，卻無法正確地寫出那些字，但可以確定

的是當學生要學習寫他識得的字時，學習速度上是較快的，也較容易記得住字的樣子。

在九年一貫課程中識字與寫字教學原則有以下五點（教育部，2006a）：

1. 識字教學應配合部首、簡易六書原則，理解其形、音、義等以輔助識字。

2. 寫字教學應依據寫字基本能力指標，規劃教學內容，以培養學生的寫字知識、技能、習慣、態度，並以鑑賞與實用為重心。

3. 硬筆、毛筆寫字教學，應就描紅、臨摹、自運與應用等進階，做適切的安排。

4. 各年級硬筆寫字教學，宜配合各科作業，隨機教學，亦得視需要規劃定時教學，在教師的指導之下，採用「分布練習」，練習寫字。三年級以後，毛筆寫字教學，得視教學需要，規劃定時教學，或配合綜合活動，利用社團延伸教學。

5. 識字教學與寫字教學之間，應重視相互聯絡教學，配合各科作業的習作，隨機指導學生，將作業寫得正確，寫得美觀。

整體來說，識字比寫字容易，因為寫字有筆順的問題，而識字則沒有，其實識字就像是看圖一樣，字的部首多半與字的意義有關，像與水有關的就多是以水為部首的字，或是在字形中會出現水或氵字，如：河、海、沖、泵等。例如與草有關的字，就會以草為部首，或是在字形中會出現「艸」部首的字，如：花、葉、萍、薄等。

當然字的外型也有容易辨識錯的字，像「薄」與「簿」就容易被搞混，到底國語習作「ㄅㄨˋ」的「ㄅㄨˋ」應該是哪一個呢，如果能讓學生從部首中去辨識，就不會弄混了。因為在古代讀書人的簿子是用竹片去製作而得，所以國語習作「ㄅㄨˋ」的「ㄅㄨˋ」字應該是有竹部的「簿」字才是。另外，像「籃」與「藍」的分辨亦同，只要清楚地知道「籃」子在古時多是用竹子編製而成，就可以知道「籃」子的「ㄌㄢˊ」是有竹部的「籃」，而非「艸」部的「藍」。所以在識字教學中，部首與字的意義有關聯是十分重要的訊息，它可以幫助學生理解字的意義，也可以幫助學生分辨容易混淆的國字。

再者，理解字的形、音、義，也可以輔助學生識字。在國語教學中，介

紹新生字時，教師一般都會就字的形、音、義多做說明，像是教到「婆」字時，先就其「形」做說明，因為「婆」字是年長的女人，故「婆」的下方是一個「女」字，而「女」字又是從女人的象形字中得來，也可以畫給學生看，讓學生加深印象，故與女生有關的字多會有「女」字。

整體來說，在寫字教學中教師應致力達成以下三個目標：

一、養成學生良好的寫字習慣

良好的寫字習慣包含養成正確的執筆方法、坐姿適當，以及書寫正確，並且保持整潔與追求美觀的習慣。尤其是國小一年級的學生初學寫字，在正確的執筆方法上及寫字的姿勢上要多特別留意，宜一開始就讓學生能養成良好的寫字習慣。另外，還有作業簿的整潔，宜以擦得乾淨的橡皮擦、鉛筆的顏色不宜太重或太淡，亦不宜選擇太花稍的寫字工具，容易分散學生學習的注意力。在姿勢上應要求學生坐姿端正，在寫字時眼睛與簿面距離應保持三十五公分以上，並在習寫時桌上應保持乾淨，不要放置其他書本或玩具來分散注意力，養成能專心寫字的好習慣。

二、協助學生認識楷書基本筆畫的名稱、筆順、偏旁搭配、形體結構和書寫方法，並掌握運筆原則，使用硬筆進行書寫

楷書的基本筆畫於一年級上學期即有介紹，包括：橫、豎、點、撇、捺、挑、橫折、豎折、橫鉤、豎鉤、斜鉤、臥鉤、橫折鉤、橫撇、撇頓點、長頓點、豎撇、豎挑、撇橫、撇挑、橫折橫、豎橫折、橫曲鉤、豎曲鉤、彎鉤、橫斜鉤、橫撇橫折鉤、豎橫折鉤等二十八種。在生字詞語簿的前幾頁，即可讓學生進行摹寫練習，而楷書的筆順書寫原則，具備由上而下、由左至右、由外進內等基本原則。

除了字的筆順外，每個漢字結構圖形亦有基本的差別，例如：左右結構（討、往）、上下結構（委、李）、內外結構（國、圍）、上包下結構（同、雨）、下包上結構（幽、凶）、左包右結構（旭、過）、三併法（衝、街）等。

在每個字的結構上，亦可細分出幾種比例的搭配方式，如左右結構的字，

還可以分成左寬（創、卦）、右寬（得、浪）、右短（扣、和）、左短（吃、晴）、上平（明、野）、下平（細、叔）等等。雖然在字的形體結構和偏旁搭配上的學問十分多，但想學好字、寫好字並不難，教師必須指導兒童清楚字的筆順，掌握好字的形體、結構、位置和偏旁搭配比例原則。

三、激發學生寫字的興趣

為能激發學生寫字的興趣，最好一開始就能讓學生寫得一手工整的字，而如何能讓學生一開始就能將字寫好，可以透過臨摹的方式，讓學生去模仿書中楷書的字體結構，即可將字寫得較為工整、美觀，且亦能順便將字的結構記住。在提升動機方面，老師可以適時地獎勵，例如將不錯的字圈起來，或是蒐集生字簿優點、積點換取獎勵品，亦可以不定時地進行硬筆字的書寫比賽等等。寫字教學雖然是以教導學生能識字進而寫字溝通、表達為主，但其實寫字教學亦可以有修身養性的價值，所以激發學生寫字的興趣是十分重要的。另外，識字與寫字的聯絡教學應該配合各科作業的習作，隨機指導學生。

第 六 節
學習單的設計

學習單（worksheet）本來是指另一種形式的習作，當教師在教完一個單元之後，發現原有習作、評量卷不敷使用或者不適合使用，為了使學生對這個單元進行加深加廣的補充學習，或是為了補救教學，教師便設計此另類作業形式來加以因應。但隨著教改工作的推行，學習單的實質意義已經變得更豐富而多元了（李新民，2001）。以下本節進一步針對使用學習單的理念、設計原則以及學習單的類型等三個層面，做一概覽介紹：

壹、使用學習單的理念

1. 學習單要以學生的學習為主體，因此教師要先確認學習單的使用對象，以作為學習單的問題思考層次和內容深淺取捨的根據。

2. 學習單並無固定的模式，但為便於學生學習，應以單一主題為設計的原則。

3. 使用學習單應先確立學習目標，在實施過程中亦可結合教學和評量活動，以發揮其綜效。

4. 學習單的使用應兼具多樣化的學習方法，引導學生進行觀察、操作、記錄、歸納、比較、判斷等學習活動。在過程中，可採小組協力完成或個別獨立完成的方式進行。

5. 學習單的使用應考慮學生完成的可行性和時間性，避免造成家長無謂的困擾與負擔。

6. 學習單的設計和使用應重視教師彼此間的資源共享和分工合作。每次實施完畢應適時檢核，並可搭配成果進行經驗分享，強化學習單的效果。

7. 學習單的使用除了要注意學生的安全，也應顧及環保生態。

貳、學習單的設計原則

　　教師在運用學習單時，除了要建立正確的設計理念外，也必須了解學習單的設計原則。因為學習單的運用具有彈性多元的特性，例如：以學習內容來分，就可搭配單元學習、主題學習，或兒童輔助性的自我導向學習（self-directed learning）來實施；依學習時間來分，可採取經常性或特定節令的方式進行；若依兒童參與的方式來看，則可運用獨立學習、合作學習或家庭共學的方式進行。正因為如此，教師更應當重視學習單的設計原則以確保其品質，避免學習單的使用過於浮濫又不具教學和學習上的效果。一般來說，學習單的設計應掌握下列四點原則：

一、實務取向原則

學習單的設計必須在學習目標的導引下進行編寫，它是為教學活動所做的規劃設計，是一種基本能力的培養，也是一種評量。換言之，教師不能為設計學習單而設計學習單，應當站在實務取向的觀點，讓學習單和教師與學生之間，發生有教育意義的連結。

二、適性學習原則

學習單的設計可作為學生加深、加廣學習時使用；相對地，它也可以作為補救教學時的輔助教材，更可結合多元智能的理念，讓不同專長、不同程度的學生獲得更為適切的學習資源。

三、完整學習原則

學習是一個持續不斷的發展歷程，因此教師透過優良學習單的使用，在過程中要主動發現學生的問題，並透過適時的指導，讓學生的學習結果能獲得成功的喜悅。為此，教師在設計學習單時應同時考量學習的過程和結果；除此之外，為了讓學生樂於學習，教師亦可透過個人的巧思創意，讓學習單的表面效度獲得學生的喜愛，進而引起學生的學習動機。

四、共同合作原則

教師在設計學習單時可採小組分工、共同討論的方式，集思廣益學習單的目標、內容和類型，以及分頭尋找所需要的資源，再透過個人專長的發揮，例如：活動設計、美工及電腦排版、教學錄影等工作，建立不同主題或領域的學習單資料庫，厚實課後照顧教學的基礎。

參、學習單的設計類型

學習單的設計類型包括：感官學習、探索學習、問題導向、問題解決能力等四種（Grinder & McCoy, 1985；辛治寧，1999，李新民，2001；陳靖毅，

2005）：

一、感官學習的設計類型

此類學習單強調學生運用感官進行實物的學習，包括：眼睛的觀察、動手操作或觸摸、味道的辨識、聲音的覺察等，並對其結果進行記錄、分類、比較、判斷，協助學生建立更清楚的概念。

二、探索學習的設計類型

係指同一單元卻有各種不同的學習單，每種學習單都提供一種智慧學習管道，學生按照自己的能力興趣選擇最適合自己的一種或多種學習單，進行補充性的學習或接受挑戰考驗。

三、問題導向的設計類型

1. 記憶性問題：此種形式的學習單通常是有正確的答案。
2. 彙合性和總合性問題：學生根據所看到的事物，或是根據自己已經知道的事實，然後找出比較適合或是最好的答案。
3. 分向性思考問題：學生能利用假設或已具備的知識來解決問題，在過程中，應鼓勵學生做開放性的回答，以及進行創造性的思考。
4. 判斷性問題：學生能充分表達自己的看法和見解。

四、問題解決能力的設計類型

此類學習單的設計原則係從最簡單一直到最深入的問題，主要涵蓋下列四個層次：(1)基礎知識，即對於物體的事實陳述；(2)觀念的認識；(3)從觀念到原理原則的知曉；(4)自行解決問題的能力，進而從解決問題中培養更深入的思考。

基本上，以問題作為主軸所設計的學習單，主要是在引導學生透過觀察、回憶知識、增進思考、喚起想像力，形成觀念和價值的根本，所以教師應當要考慮學生的基本能力，方能研擬出不同思考層次和類型的學習單。

第 七 節
問題討論

在讀完本章之後，你應該能回答下列與課後照顧服務方案及教學工作有關的問題：

1. 請試述九年一貫課程的基本理念、目標、基本能力和學習領域，並說明課後照顧教師應具備的知能有哪些？

2. 課後照顧服務方案的課程內容大致可包括哪些項目？請進一步針對每一個項目提出三種可資運用的教學方案。

3. 請提出國民小學低、中、高三個年段的課後照顧服務方案課程表，並請說明規劃的構想為何？

4. 請說明兒童遊戲的重要性，遊戲活動該如何融入課後照顧服務方案的課程和教學之中？

5. 請說明興趣培養對課後照顧服務方案的重要性，並提出三種以上的具體做法。

6. 請說明兒童閱讀的重要性，並站在課後照顧班級導師的立場，規劃一份班級閱讀活動計畫。

7. 請說明作文教學的目的為何？課後照顧服務方案的作文教學該如何實施？

8. 請試述注音符號的教學原則，以及應注意的事項。

9. 請試述識字和寫字教學的原則。

10. 何謂學習單？學習單的使用對學生的學習有什麼幫助？

11. 設計學習單應注意哪些原則？請試以一教學單元搭配學習單的類型設計一份學習單。

第十二章

如何做好評量工作

本章大綱

學習目標

壹、了解評量的基本概念和類型

貳、了解多元評量的內涵與不同類型的評量方法

參、增進多元評量的實作能力以有效檢核學生的學習成效

第 一 節
評量的基本概念

　　所謂教學評量係指教師對學生之評量，根據其評量結果，藉以了解學生的學習情形，適當地修正教學目標、調整教材教法，或提供補救教學的依據。因此，教學評量工作的實施，對於課後照顧的教師、學生，抑或是辦理單位的負責人或主管來說，尤其重要。在此值得思考的是，課後照顧服務方案並非正規教育的複製品，也不是國民小學教育的延續。因此，在教育過程中，課後照顧服務方案所扮演的應當是一種協助和支持的角色，所以在教學評量工作上，必須要有正確的理念，以免因為對教學評量的誤用，造成學生在學習上的挫敗感。

　　檢視過去的相關文獻，評量的發展演進可由其所用的名詞與涵義，分為三個階段。美國在「八年研究」（The Eight-year Study）時代之前，強調的是測驗（measurement），即以量化的方法取得正確可靠的數據；到後來則認為，應該從教育的目標、人格的發展各方面來進行評量，亦即除了客觀的數字之外，尚須有一些價值標準來加以衡鑑，而將測驗提升至評鑑（evaluation），可說是從客觀到主觀，因為測驗力求準確客觀，力求事項真相的準確認定，但是評鑑則必須依照某些主觀預定的條件來加以認定。晚近，學者們又將評鑑提升至評量（assessment），強調評量時應考量各種相關的整體情境，從各種可行的途徑，蒐集全面性、多元化的資料，再從各個角度和不同觀點加以比較分析與綜合研判，進行整合性詮釋，獲致充分的了解（劉安彥，2003；簡茂發，2002）。

　　綜觀上述與表 12-1 所示，可以清楚地知道教學評量是多方面的、是綜合的，包括了認知、情感，以及各種技能的了解和應用，唯有教學評量涵蓋上述各學習層面，才能真正了解學生的學習情形，促進教學目標的達成。再者，教學評量是多樣性的，教師必須配合教材的內容、性質以及評量的目標，選取適合的評量方式，或採取多種方式進行評量，以獲得學生學習後的真實能

力。另一方面，亦可確認教學評量是全程的，它不僅重視學生學習的過程，也關心學習的結果；除此之外，教學評量也強調學生的個別差異。總而言之，從時間的角度來看，教學評量包括了教學前、教學中和教學後的評量活動，教師必須力求課程、教學和評量的融合與相互檢證，才能有效提升教與學的品質。

 表 12-1　傳統與新近的教學評量理論對照表

傳統的	新近的
1. 科學化、準確客觀的測量，用智力測驗鑑定個人能力而加以分類。 2. 以客觀的紙筆測驗來評量學業成就。 3. 偏重總結式的評量，考試頻繁、競爭激烈。 4. 試題嚴保機密，徒增學生之焦慮與壓力。 5. 分數嚴格計算，主要是在考學生。	1. 用具挑戰性的作業式任務來引誘思考，兼顧學習歷程與學習目標和個人訴求，配合教學持續進行，非一試決定。 2. 善用形成性評量以增進學習效果。 3. 學生充分了解學習目標與預期成果，學生積極地從事自我評量，不只評量學生，也評量教師教學。 4. 兼顧學生個人之進度與目標，評量內容與標準公開又明確。

資料來源：The role of assessment in a learning culture, by L. A. Shepard, 2000, *Educational Research, 129*(7), pp. 4-14.

第 二 節
評量的類型

依據評量在教學上的功能，可分為安置性評量（placement assessment）、形成性評量（formative assessment）、診斷性評量（diagnostic assessment）、總結性評量（summative assessment）等四種，茲分述如下（Gagne, Briggs, & Wager, 1988; Gronlund & Linn, 1990；教育部國民教育司，1992；陳春蓮，2000）：

壹、安置性評量

安置性評量通常在學期初舉行，用來判斷學生已獲得的知識、技能內涵，並藉由測驗結果呈現學生精熟與不精熟的領域，以利找出教學的起點，個別化教學方案的設計即須倚賴此種評量。換言之，安置性評量的功能，旨在全盤了解學生學習的內在與外在因素，以利妥當而有效的安置。內在因素包括身體、才智、情緒和教育方面的因素；外在因素則指對學校環境和校外環境的了解。在工具使用上，包括：一般性和特殊性的智力測驗、性向測驗、興趣測驗、人格測驗、標準化或教師自編的診斷性成就測驗。此外，尚可利用調查表、問卷及行為觀察等方式。

貳、形成性評量

形成性評量的實施係依據教學段落而設計的測驗，且大部分是教師自編，針對某些學習單元所施以的標準參照測驗。功能係在考查學生是否已達到教學目標，以提供教師回饋的資料，協助教師修正教材教法，隨時做補救教學。在工具使用上，包括評定量表、作業及其共同訂正，亦可以口頭問答和實際觀察等活動以評量之。

參、診斷性評量

診斷性評量最主要的目的在於確認持續性學習問題的原因，進而規劃補救教學活動。診斷性評量是相當專門的評量程序，用以處理形成性評量之矯正處方所無法解決的學習困難，例如，在採取特殊教學處方後仍持續在閱讀、數學與其他領域遭受失敗的學生，即須透過此種較詳盡的診斷評量以了解問題癥結。所以，診斷性評量在於診斷學生學習困難的原因，以實施補救教學和治療。所運用的方法，一般可分為測驗法、實驗法、一般法和綜合法四種。

肆、總結性評量

　　總結性評量通常是在課程或學習單元結束之際實施，功能主要是在評定學生的學習成就，作為加深、加廣教材或升級進修之依據；因此，總結性評量和形成性評量最大的差別，在於評量目的的不同。教師在選擇測驗工具或自編測驗試題時，應留心命題技術與方法，除紙筆測驗外，還可運用行為觀察、口試、訪問、晤談、作業考查、學生自省、同學互評、家長評量等方式。應著重在學生個人成長實績的評量。

第 三 節
認識多元評量

　　受到多元智能理論的影響，從這幾年國內教育的發展現況可知，評量的策略已經有了明顯的改變（王文中，2000，頁 13-14）：

1. 由過去著重靜態評量（static assessments），定期舉辦評量，如段考、月考、期末考等，改為動態評量（dynamic assessments），關心學生學習的變化與成長。

2. 過去的評量大多為機構化評量（institutional assessments），目的在於配合目前學校或教育行政單位的措施，如給學期分數、排名、選拔成績優良等。現在的目的則強調個人化評量（individual assessments），以學生個人為本位，評量其學習成果，以便為他量身訂做教學和學習計畫。

3. 以前的評量可以說是單一評量（single assessments），只重智育，甚至只重視智育中較為低階的死背，忽略了高層次的問題解決和創意，遑論五育中的其他四育。評量方式也僅以筆試為主，現今的評量為多元評量（multiple assessments），不僅重視問題解決和創意，同時也兼顧情意、技能等學習成果。評量的方式也非常多元，不局限於筆試，可以採用口試、實作評量、直接觀察學生、教師與學生的互動與溝通等方式，多方

面蒐集學生的資料。

4. 過去的評量常為虛假評量（spurious assessments），使用虛假的測驗題材，並不重視題材的生活化與應用化，只重視表面技藝的習得，忽略內在深層智能與品格的發展。現今的評量強調真實評量（authentic assessments），希望能夠讓學生所學與其經驗相結合，因此測驗的題材與情境力求真實，而且評量的目的在於促進內在智能與品格的發展。

當然時至今日，多元評量已不再是一個新的名詞，因為教育部在 1998 年 8 月 26 日修正公布的「國民中學學生成績考查辦法」中即明訂，學校對於國中學生成績之考查，應視學生身心發展和個別差異，以獎勵和輔導為原則，並依各學科及活動性質，得就下列十五項評量方式選擇辦理（教育部，1998b）：

1. 紙筆測驗：就學生經由教師依教學目標、教材內容所編訂之測驗考查之。
2. 口試：就學生之口頭問答結果考查之。
3. 表演：就學生之表演活動考查之。
4. 實作：就學生之實際操作及解決問題等行為表現考查之。
5. 作業：就學生之各種習作考查之。
6. 設計製作：就學生之創造過程及實際表現考查之。
7. 報告：就學生閱讀、觀察、實驗、調查等所得結果之書面或口頭報告考查之。
8. 資料蒐集整理：就學生對資料的蒐集、整理、分析及應用等活動考查之。
9. 鑑賞：就學生由資料或活動中之鑑賞領悟情形考查之。
10. 晤談：就學生與教師晤談過程，了解學生反應情形考查之。
11. 自我評量：學生就自己學習情形、成果及行為表現，做自我評量與比較。
12. 同儕互評：學生之間就行為或作品相互評量之。
13. 校外學習：就學生之校外參觀、訪問等學習活動考查之。
14. 實踐：就學生之日常行為表現考查之。
15. 其他方法。

除此之外，九年一貫課程總綱「自然與生活科技領域」（教育部，2006a）亦明確指出，評量的主要目的在於了解學生學習實況，以作為改進教

學、促進學習的參考。所以，評量應具有引發學生反省思考的功能，導引學生能珍惜自我心智的成長、持平地面對自己的學習成就、察覺自己學習方式之優缺點。而且，評量要具有敦促、鼓勵的效果，使學生相信只要自己努力或更加專注，定能獲得更好的學習成效。為此教學評量應以課程目標為依歸，考查學生是否習得各階段之基本能力及學習進步情形。

再者，教學評量應伴隨教學活動進行。教學評量不宜局限於同一種方式，除由教師考評之外，得輔以學生自評及互評來完成。其形式可運用如觀察、口頭詢問、實驗報告、成品展示、專案報告、紙筆測驗、操作、設計實驗及學習歷程檔案等多種方式，以能夠藉此了解學生的學習情況來調適教學為目的。例如，教學目標若為培養學生的問題解決能力，則可採用成品展示或工作報告的評量方式，而非純以紙筆測驗的方式做評量。

其實對國民小學來說，評量方式的改變，早在 1996 年前後，隨著開放教育的推行，就可窺見國民小學教師肯定多元評量對學生學習的正向價值。因為長久以來，教學現場慣用紙筆測驗，使用坊間編印的測驗卷的確非常普遍；尤其評量往往只偏重學習的結果，而忽略了學習過程對學生的了解，即便國小學生沒有升學的壓力，但是考試領導教學、考試次數太多、學生成績相互比較等現象，在當時依然可見。

職是之故，當我們一旦對什麼是值得我們去認識、教導和學習的事物能形成共識，就必須把評量的過程完全融為課程的一部分，而不是把評量視為一種孤立的事件，或與教學毫不相干的事情。事實上，如果評量是真實的，它就應該是教學和維繫學校品質的核心。在表 12-2 裡，新的評量典範（paradigm）所提出的各項觀點，直接挑戰了既有評量典範所依據的基本假設，剛開始時，新舊典範似乎代表著完全不同且衝突的世界觀。不過實際上，破繭而出的新典範仍涵蓋舊有典範的真知灼見，於是在觀點上或許是戲劇化的轉變，但在實際生活中卻是延續的（郭俊賢、陳淑惠譯，2000）。

總而言之，所謂多元評量不單只是評量方式上的多元，至少還須包括類型的多元、內涵的多元、人員的多元、情境的多元、計分的多元、結果的多元等六項，茲分別說明如下：

表 12-2　新舊評量典範對照表

舊的評量典範	新的評量典範
所有的學生基本上都是一樣的，而且都用相同的方式來學習；因此，教學和測驗都已標準化。	沒有所謂標準的學生。每位學生都是獨一無二的，因此教學和測驗必須個別化和多元化。
常模參照或效標參照的標準化測驗分數，就是學生在知識和學習上最主要、最正確的指標。	採用以實作為基礎的直接評量方式，廣泛運用各式各樣的測試工具，以求對學生的知識和學習能提供一個更完整、正確和公平的描繪。
紙筆測驗是評量學生進步的唯一有效工具。	學生所製作並持續記錄的學習檔案，描繪出學生進步的完整圖像，檔案中不僅包括紙筆測驗的成績，也包括其他評量工具。
評量和課程與教學分立；亦即，評量有其特定的時間、地點和方法。	課程與評量之間的界線並未刻意劃分；亦即，評量隨時存在並貫穿於課程與每日的教學之中。
外來的測量工具和代理機構提供學生知識與學習唯一真實且客觀的圖像。	人的因素，亦即那些主動和學生互動的人們才是正確評量的關鍵。
學生在學校中必須精熟一套清楚界定的知識體系，並且要能夠在測驗中展現或是複製。	教育的主要目標是教會學生如何學習、如何思考，以及如何盡可能在更多方面展現才智。
如果無法透過制式化與標準化的方式來測試的事物，就不值得教或學。	學習歷程和課程內容同樣重要；不是所有的學習都可以用標準化的方式來進行客觀的評量。
學生是被動的學習者，是有待填空的空容器。	學生是主動且負責的學習者，在學習過程中是教師的合作夥伴。
測驗和測試成績導引課程與學校目標，即考試領導教學。	課程和學校目標的設定是為了引發學生完整的才能和學習潛能。
依據常態分配曲線把學生分為成功、普通和不及格的做法，對於學生的知識和學習是一種可信的評量方式。	針對學生的知識和能力，J型曲線是可以信任的評量依據。因為它以複合的方式呈現學生知識和能力的成長。

（接下表）

舊的評量典範	新的評量典範
單一模式的做法是測試學生的唯一可行方式。	根據多元智能論的多元模式做法，都是測試學生的可行方式。
教育工作者應該採用行為學派的模式來理解人類的發展。	教育工作者應該採用人本／發展的模式來理解人類的發展。
所有的學生應該在同一時間接受同一種工具的測驗，而其評量採用相同的標準，提供教育工作者把學生成就和其他學生比較和對照的方式。	學生們的發展階段不盡相同，測驗必須個別化並配合個人發展，並提供教育人士有用的訊息，以更有效地引領和教導學生，培育更多成功的學生。
發展測驗時，首要的考量是測驗方式的效率。	發展測驗時，首要的考量是對學生學習的助益；如果評量是為了因應學生的需求並幫助學生提升生活，則效率就不是考慮的因素。
評量應該用來指出學生的失敗、進行學生間的比較，並加以排序來決定學生在全校中的位置。	評量應該是用來強化和表彰學生的學習、加深理解，並加強他們將所學轉移到校外生活的能力。
教與學應該著重於課程內容和資訊的獲得。	教與學應該要難易適中，並以學習歷程、思考技能的培養，及能理解課程內容與實際生活的動態關係為焦點。
學業的進步與成功應該使用傳統的、事先決定的，以及標準化的效標和工具來測量。	以新近、有研究根據，並具有教育性的方式來評量學業的進步，這些方式考慮了個別的需求、差異、認知和心理的因素。
學習就是要精熟各式各樣的客觀事實資訊，像是日期、程序、公式、圖像等。	學習完全是一種主觀的事件，透過學習把對自己和世界的認識加以改變、擴展、質疑、加深、更新和延伸等。
成功的教學就是讓學生有能力通過各種考試，這些考試是為了評量學生在不同科目中的知識。	成功的教學在於為學生日後能過充實的生活做好準備，所以重心在於教會學生能將所學應用到日常生活中。

資料來源：落實多元智能教學評量（頁 26-27），郭俊賢、陳淑惠譯，2000，台北市：遠流。

壹、類型的多元

評量過程顧及安置性評量、形成性評量、診斷性評量、總結性評量，呈現教學與評量統合化、適性化。評量不僅是預測學生未來發展、評定學習成果，更要協助學生在教學歷程獲得最好的學習。有些教師應調整僅重視教學後實施總結性評量的做法，宜逐漸採取形成性評量，將評量納入教學，亦以評量結果作為改善教學的依據。雖然形成性評量漸受注視，但並非否定安置性評量、診斷性評量、總結性評量的價值，因為一個完整的評量歷程包括安置性評量、形成性評量、診斷性評量與總結性評量（李坤崇，2001）。

貳、內涵的多元

傳統的評量模式係以認知、情意和技能作為評量學生學習成效的主軸，此一做法往往只能看見學生學習後的結果。但是在多元評量的思維裡，學生在學習過程中是否學會了學習的方法、習慣的養成或問題解決的能力，更值得教師加以重視。除此之外，若從人與自己、人與社會和人與自然三個層面來看，學生個人的日常生活表現、如何與人相處，乃至待人接物處世，也必須納入評量的範圍。當然，如果教師從多元智能的角度切入，進一步豐富評量的內涵，也是不錯的做法。

參、人員的多元

為落實多元評量，評定學生學習成果的評量人員，應包括教師、學生個人及其同儕，以及家長等。在其中，所有參與評量的人可以透過充分的溝通、協調和分工合作，協助教師、學生和家長能更清楚地了解學生的學習歷程與結果，進一步發現學生學習的問題，並及時施予補救教學。

肆、情境的多元

　　評量的情境應包括教室內、外的情境，教師可善用校園或社區內的各項資源，選擇適切的評量方式相互搭配，可讓評量工作發揮更大的功效，因為資料蒐集得愈齊全，其結果會愈客觀正確，也愈能符合教學評量的目的。

伍、計分的多元

　　評量計分可分為直接單一學習總分，或經由基本分數與加權分數合計而得的學習總分，一般教師較常使用直接給單一學習總分的方式，給予學生學習成績的評定。如果教師為鼓勵學生參與學習歷程，可運用基本分數與加權分數合計而得的學習總分幫助學生學習，即先給予基本分數，再視其學習歷程與結果給予加權分數，兩者合為個別學習的分數。在小組合作學習時，基本分數常為小組的分數，而加權分數則為組內個人的表現分數或組內人員互評所得的分數。

陸、結果的多元

　　有別於以往僅提供學生量化數字的學習成果，多元評量強調教師應對學生學習的特性，包括學習過程中的優缺點、問題的可能成因，整體分析評量的結果，以提供家長和學生了解，並鼓勵學生和家長採取自我比較的方式，協助家長和學生擬定改進計畫。因此，評量結果的多元化，應兼具量化成績和學習情形的質性描述，才能真正幫助學生持續改善學習的成效。

第四節
多元評量的方法

本節主要介紹下列七種可供課後照顧教師運用的多元評量方法，包括：紙筆測驗、口語評量、檢核表、闖關評量、檔案評量、實作評量、軼事紀錄，茲分別說明如下：

壹、紙筆測驗

紙筆測驗的命題方式，大致涵蓋選擇、是非、填充、簡答、配合等型態的題目。主要是由教師編製一份試卷，請學生根據試題上的情境作答，而且每題都有明確的答案，所以計分客觀、易於施測和計分、題數多、涵蓋面廣、適用範圍大、較符合經濟效益。

以下分別就一般試題命題的一般原則，以及是非題、選擇題、填充題、配合題和簡答題的命題原則，做一簡要介紹（引自江秋坪、許宏彬、黃淑津、蕭淳元、葉千綺譯，1992）：

一、試題命題一般原則

1. 每個題目是否都測量一個重要的學習結果。
2. 對欲測量之特殊學習結果而言，每一題目類型是否適切。
3. 每一個題目是否代表一個清楚明確的主題。
4. 題目是否能以簡單扼要的語句來陳述，而且避免無關的干擾。
5. 題目是否能避免提供無關的線索。
6. 針對主題和測驗結果的使用，每一題目的難度是否適切。
7. 每一題目的答案是否只有一個，且經專家認可。
8. 針對每項推論是否有足夠的試題加以評量。
9. 題目是否充分獨立，即不會影響到其他題目的作答。

10. 題目是否避免了人種、民族及性別之偏差。

二、是非題命題原則

1. 每一陳述是否只包含一個中心概念。
2. 問題陳述的文字是否精確，使得判斷正確答案時不會引起爭議。
3. 問題陳述是否簡潔，且文字淺顯。
4. 是否謹慎使用否定陳述，且避免雙重否定的語法。
5. 有關意見的問題陳述，是否都可找著出處。
6. 是否避免使用具決定性的字眼（例如：總是、有時、可能）及其他線索。

三、選擇題命題原則

1. 題幹是否提出一個單一、清楚、明確的問題。
2. 題幹是否以簡單易讀的語句來陳述。
3. 各選項中共用字詞是否放在題幹上，以避免重複。
4. 題幹是否盡可能使用正向的語詞來陳述。
5. 假如在題幹中使用否定字眼，是否加以強調。
6. 標準答案是否正確或是最好的。
7. 所有選項是否與題幹文法一致且形式相近。
8. 所有選項是否在用詞上皆能避免暗示正確答案。
9. 誘答選項是否似是而非，足以吸引未具備應有知識之學生。
10. 正確答案的長度是否有所變化，以避免使長度成為作答的線索。
11. 是否避免使用「以上皆是」的選項，而「以上皆非」也只在適當時機使用。

四、填充題命題原則

1. 避免直抄課文，一題一個空格。
2. 所要填補的空白處應是重要概念。
3. 答案字數與空白處的長短不宜配合，以免暗示答案長度。
4. 題幹要填充的應是一個概念、原理，而不是一長句話。

5. 空白處最好全部留在題目的最末端。

五、配合題命題原則

1. 每一道配合題的各選項性質是否相近。
2. 題目是否盡可能簡短,且選項條列在右邊。
3. 選項及問題的長度是否互有長短,以提供一個隨機的組合。
4. 指導語是否清楚地說明配對方式及每個選項可以被選擇的次數。

六、簡答題命題原則

1. 依據題目的陳述,答案是否唯一且精簡。
2. 題目是否盡可能以直接敘述的方式編寫。
3. 要求學生回答的字詞,是否為該題目的重點。
4. 空白的位置是否在陳述的最後。
5. 是否避免提供作答之線索。
6. 若試題答案為數字,是否指出要求之精確程度和單位名稱。

貳、口語評量

從字面上來看,口語評量就是以口頭表達的方式,讓學生說出學習的成果。與紙筆測驗相比較,教師較能在口語評量時評估學生學習概念的完整性;較紙筆測驗更能評量學生的認知與情意;適於評量較高層次的學習結果;立即診斷學生的學習問題;增進學生語言表達能力與組織能力;改善學生的學習方法與態度;較不受作弊影響(李坤崇,1999;引自余東霖,2003)。

為能發揮口語評量的效能,教師在使用上,除了個人的口語表達能力外,還必須注意以下數點原則:口語評量必須事先建立客觀公正的評量標準;問題焦點必須明確;要給予學生充分的時間作答;以及考量教學目標和教材內容是否適用於口語評量等。

參、檢核表

檢核表是指提供一些特質或活動，依據兒童在某一段特定時間內的表現予以記錄，以作為診斷或自我檢討之用。有關檢核表的運用，教師應根據教學目標將學生應該表現且可觀察的具體行為和技能，依序列出並加以歸類後，以簡短明確的語句描述其評量指標；在學習過程中，教師根據觀察結果逐項劃記，以了解學生的學習現況。基本上，檢核表較適用於檢核學生操作行為或解題歷程的學習成果。

肆、闖關評量

闖關評量是以實作評量的精神為基礎，將所欲評量的內容以實際操作的方式進行，過程生動活潑，是一種結合考試與遊戲於一體的評量方式；通常採分站的方式進行，每站由關主把關，依照考生實際的表現給予成績的評定。評量的方法採用觀察法，並於事前依照各關評量的內容設計評定量表或檢核表，以作為評定成績的依據及方便評分工作的進行。其原則包括下列九點（楊銀興，2003）：

1. 整個活動事先應妥善規劃。
2. 設計之活動不可與教學目標脫節。
3. 活動中所評量的須是重要的能力。
4. 活動中所評量的能力要能反映教材的內容。
5. 學生安全為最高原則。
6. 相關人員應事先溝通協調與分工合作。
7. 活動說明應清楚明確並以書面方式呈現。
8. 考慮學生年齡設計不同的活動。
9. 評量者及協助者應事前舉辦講習及模擬。

伍、檔案評量

　　檔案評量亦稱為卷宗評量，係指教師指導學生蒐集學習過程中所習得之知識與技能等相關資料、物件及成品，以了解學習的進步情形，教師並依一定的標準評定學生檔案蒐集的表現，以作為教學評量的依據。檔案評量具有下列數項優點，包括：能提供學生明確的學習目標；讓學生清楚地看出自己進步的情形；學生可以比較自己學習成果的優缺點；促進學生高層思考的能力；激發學生的創造力。

　　教師在運用檔案評量時，須注意下列事項：明定檔案目標，學生參與目標之擬定，循計畫來執行，就檔案內容與學生共同檢核，預定日後評量時所用之準則、條件、打分數再加評鑑來完成。學生的學習檔案可以詳細保存其學習過程中的複雜事項和所學到的全部成果，也能夠由建檔來鼓勵學生學做決定與自我省思（劉安彥，2003）。

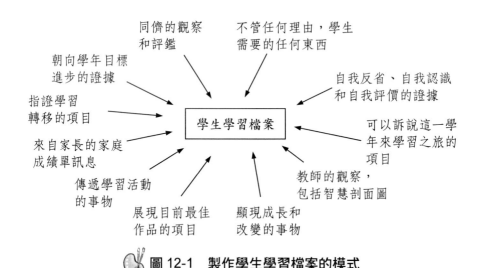

圖 12-1　製作學生學習檔案的模式

資料來源：落實多元智能教學評量（頁 153），郭俊賢、陳淑惠譯，2000，台北市：遠流。

陸、實作評量

簡而言之，實作評量係指介於評量所學知識的紙筆測驗，和將學習結果應用於未來真實情境的實際活動之間的評量方式。原則上，受試者必須要將完成某項作業所須具備的技能表現出來，而非僅用書面或口語的方式回答問題。其形式非常多元化，例如，建構反應題、書面報告、作文、演說、操作、實驗、資料蒐集、作品展示等，都是實作評量的例子。整體來說，實作評量具有下列四點特性：(1)讓學生在真實或虛擬情境中表現所學習到的知識或技能；(2)要求學生證明其較高層次的思考與問題解決能力；(3)重視學習的過程與結果；(4)統整所學的知識與技能，較能從不同角度反映學生的個別差異。

實作評量的編製步驟包括下列五點（楊銀興，2003）：

1. 確定評量的目的：實作評量的評量項目可以是評量學生實作的「過程」或「成果」（作品），甚至於「過程」或「成果」（作品）兩者兼具，編製測驗之前須先確定評量的目的，才能依據目的挑選適當的方法，進行客觀公正的評量。

2. 以工作分析法擬出實作或作品的重要元素，這些元素必須是具體可觀察的，評量時即針對這些項目進行評定。

3. 訂定實作表現評定的標準：當把實作表現（或作品）的項目列出之後，要為每個項目設定一個「作業標準」。這個「作業標準」是指此一項目通過的最低標準。

4. 提供實作表現的情境：發展出可供觀察的標準之後，即應選擇或設計可供進行觀察學生行為表現或成果（作品）的情境，情境可以是自然發生的，也可以是老師特別設計的模擬情境。

5. 評定實作表現的成績：根據先前訂定的「作業標準」評定學生的成績。

柒、軼事紀錄

軼事紀錄係指在教學日誌上為每個學生記錄屬於他們自己重大學術或非

學術成就、與同伴和學習材料的互動，以及其他的訊息（李平譯，1997）。教師在記錄時應注意的原則，包括下列六點：

1. 事先決定擬觀察的行為，並對異常行為提高警覺。
2. 詳細記錄各種有意義的行為資料，並應避免個人的主觀偏見。
3. 掌握事件發生後立即記錄的習慣。
4. 記錄應力求簡單明確。
5. 事件描述和解釋必須分開記錄，且正、負面的偶發行為也應予以記錄。
6. 進行正式記錄之前，教師要有充分的練習。

第五節 問題討論

在讀完本章之後，你應該能回答下列與課後照顧服務方案學生學習評量有關的問題：

1. 為什麼要對學生進行教學評量的工作？其目的為何？
2. 教學評量的類型有哪些？每一種類型適用的目的為何？
3. 請簡述多元評量的意義。為什麼教師要實施多元評量？
4. 請簡述多元評量的內涵。
5. 請簡述常用的多元評量方法有哪些？
6. 請選擇一學習領域的單元教材，試述可資運用的多元評量方法有哪些？
7. 請說明學生的學習檔案內容應包括哪幾個部分？為什麼？
8. 請試述課後照顧服務方案和多元評量之間的關係。

第十三章

如何做好班級經營

本章大綱

壹、了解課後照顧班級經營應有的理念，並能撰寫班級
　　經營計畫書

貳、了解生活常規的內涵，並能有效運用及指導學生常規

參、了解教室情境規劃的原則，並有實際規劃的理念和
　　能力

肆、了解親師合作對班級經營的重要性，並能培養及具
　　備正確的知能

第 一 節
班級經營的內涵與計畫書的撰寫

教師面對班級經營（classroom management）實務運作，從時間的觀點來看，當教師決定參與課後照顧服務方案的那一刻開始，班級經營的理念和想法就必須被啟動，它的範圍包括與學生學習有關的人、時、事、地、物，並且應包括物質和精神二個層面。再者，從班級經營功能的角度觀之，一個良好的班級經營，係可建立親師生以及學生同儕良好的互動關係，教師能有效地營造教室環境，並妥善運用教學和班級時間，建立流暢的工作程序，以及提供學生適性的輔導方案，進而在親師生的共同努力下創建聰穎的班級。

壹、班級經營的內涵

班級存在之目的，在於期盼透過班級的運作達成既有的教育目的，使學生的潛能得到開發、能夠自我實現，在知識的獲得、技能的培養、情操與態度上都能有所精進，而班級經營之目的就是在達成班級存在與運作之目的。

為此，一個良好的班級經營規劃，教師首先應釐清班級經營的目的性思考和手段性思考之間的差別，避免落入錯把手段當目的的迷思之中。其次，則可藉由價值觀和班級經營信念的反省思考，選擇適合其個人的班級經營模式，並據此擬定班級經營計畫書。在過程中，教師必須檢視和提醒自己對班級經營的理念和自我涉入的動機，它需要教師的熱忱、身教和激勵，並願意對班級經營計畫書的內容有所承諾和行動，才能有效推動和落實各項工作，達成班級經營預定的目標（參見圖 13-1）。

除此之外，教師為能有計畫、有組織地建立一套深具教育價值的班級經營策略，在擬定班級行政、教保活動、班級常規，以及班級環境和氣氛的運作架構時（詳細工作內涵可參考表 13-1），應當參採下列六個思考點，讓班級經營能更為周延：

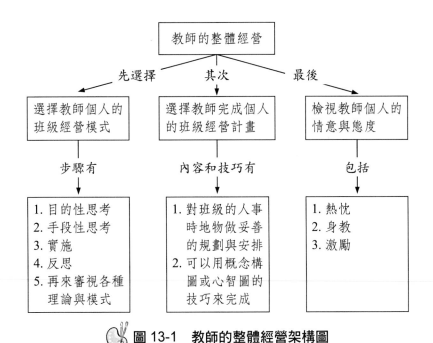

圖 13-1　教師的整體經營架構圖

資料來源：班級經營學說與案例應用（頁 288），張民杰，2005，台北市：高等教育。

1. 教師應融入教學、訓導和輔導的理念與策略。

2. 教師應將重點著眼於學生長遠的發展，強調良好行為和習慣的養成。

3. 教師應有高敏感度，發揮防患未然之效。

4. 教師應具備法律知能，奠定永續發展根基。

5. 教師應建立檢核的機制，致力改善班級運作實務。

6. 教師應有終身學習理念，持續提升班級經營專業素養。

　　總而言之，班級經營之最終目的係以促進學生的學習表現為主，學生會因為教師對班級經營的努力，學習表現一天比一天進步，潛能可以獲得更多的開展。在此過程中，教師每天面對班級和教學事務能夠更井然有序且運作順暢，尤其良好的班級經營成效可以帶來班級內部成員良好的互動關係和班級氣氛，在此環境中，學生不但能學會自律，表現出適切合宜的行為舉止，勢必也能提升學生的學習效果。

表 13-1　課後照顧班級經營的範圍

層面	內　　涵
教保活動	包含課前準備、教學活動進行、教學評量實施等方面，旨在增進課後照顧教師教保活動與學童學習成效，做好課前的教學準備工作，適切地安排課程、充分準備課程與相關教材，以及選用適合學童年齡層的補充教材等。
班級行政	包含班級教保計畫擬定、課後照顧親師座談會，各項課後照顧收費、交通車、餐點提供等班級行政措施配合與支持，目的在以經濟、有效的方法，達成班級活動的目標。
班級常規	包括課後照顧班級常規之訂立與執行、班級獎懲制度制定與推動原則、特殊兒童與偏差行為輔導，旨在培育學童良好常規、優良生活習慣。
班級環境	包括課後照顧教室空間規劃、教室布置、環境整潔維護等，旨在提供良好的學習環境，有許多是住家改建充當，因此對於消防環境安全應更加注意，以及教室採光、通風、逃生路線的規劃等均十分重要。
班級人際 班級氣氛	包含課後照顧師生關係的經營、課後照顧班級領導之發揮、學童同儕關係的引導、課後教師與家長的關係趨向良性互動發展等，目的在培養良好的人際關係與溫馨、積極的班級氣氛經營。

資料來源：課後托育理論與實務（頁6-4），曾榮祥、吳貞宜，2004，台北市：華騰。

貳、班級經營理論概覽

　　理解各種不同的班級經營理論和模式，是形成一套自己班級經營理念的第一個步驟，終致建立一套能配合學校規定、適合師生需求、考慮周詳的班級經營策略。因此，教師對於各種班級經營的理論應有基本的認識和了解，以下本節即分別介紹果斷紀律理論、民主式教學與班級經營理論、和諧溝通理論、教學管理理論、尊嚴管理理論、正向的班級經營理論、內在紀律理論、一致性班級經營理論，和深思型紀律理論的主要概念，如表13-2所示。

表 13-2　班級經營理論一覽表

理論名稱	主要概念
果斷紀律理論	1. 獎賞和懲罰是有效的。 2. 在教室裡，教師和學生都有權利。 3. 給予學生獎賞和懲罰的同時，教師必須努力營造一個理想的學習環境。 4. 教師對每位學生必須沒有偏見與歧視，一視同仁地執行規則和進行獎賞和懲罰。 5. 教師應該對不同年級的學生使用適合該年級的紀律。 6. 教師與其使用優柔寡斷或敵對的反應風格，不如採用果斷反應。
民主式教學與班級經營理論	1. 錯誤目標：所有的不當行為都是因為學生有下列某一個或一個以上的錯誤目標所造成：獲得注意、尋求權力、報復和無助感。 2. 民主式教學：教師在班級程序和學生的社會互動裡，應該是民主的，而不是專制的或是放任的。 3. 鼓勵：教師應該鼓勵學生，而不是稱讚學生。 4. 合理的處分：教師應該致力於建立班級規則，並且實施合理的處分，而不是因為學生破壞了規則，或是因為學生表現了不當行為，就加以處罰。除非所有合理的處分已經用罄，否則應該盡量避免使用懲罰。
和諧溝通理論	1. 了解和諧溝通的運用是開放的，並與學生對他們自己和情境的感受是和諧一致的。和諧溝通的教師以毫不譏諷的方式，針對情境而非學生個人的人格或品德，傳送關於情境的理性訊息。 2. 為學生提升自律，並且相信紀律的本質，就是為紀律找到有效的變通方案。 3. 接納和認可學生的感受以及他們的行為，或者是在提出建議時不針對個人貼標籤，也不做議論、爭辯或藐視的評論。 4. 避免針對學生人格做評價式稱讚，而應針對其行為或作品做鑑賞式稱讚。 5. 避免傳送「你─訊息」，而用「我─訊息」，描述某一項行為帶給訊息傳送者的感受。 6. 示範學生的良好行為，或是那些有助於班級經營的行為，以邀請而非命令的方式，讓學生合作。

（接下表）

理論名稱	主要概念
教學管理理論	1. 教師行為：全面掌控的能力，或中止不當行為，同時進行多項活動、過度飽和的教學等其他教師教學行為，對學生行為有所影響。 2. 動作管理：教學的速度與高低起伏，對一課的教學呈現與教室中學生適當行為維持，都很重要。 3. 團體焦點：使用適切教學策略與活動的教師，會使學生專注於課程學習，將學生問題行為減到最少。
尊嚴管理理論	1. 班級經營應當是以學生為中心的、民主的、非權威式的，與以責任為基礎。 2. 教師應當使用下列七項行為原則： (1)努力進行長期行為的改變，而非短期快速的矯正。 (2)中止無效的做法。 (3)公平對待，而非使用一體適用的方式。 (4)使規則產生真實的意義。 (5)以身作則示範他們所期望的行為。 (6)相信責任遠比服從更為重要。 (7)有尊嚴地對待學生。
正向的班級經營理論	1. 班級經營的過程必須是： (1)正向的——教師必須溫文儒雅、肯定學生、訂定規範、鼓勵合作而不強制。 (2)經濟的——一旦嫻熟之後會體認到此做法的實用性、簡易性，以及便利性，可以減輕教師的工作負擔。 2. 班級經營有四項基本技巧： (1)發展班級結構，包括規範、程序，以及物理環境的安排。 (2)維持平和並運用肢體語言來訂定規範。 (3)教導學生分工合作以及負擔責任。 (4)提供支持系統。 3. 時間及時間的分配是教師的重要資源。
內在紀律理論	1. 兒童和青少年值得教師和家長花費心思教育他們，同時應該以謙恭和尊重的態度來對待他們。 2. 教師應該遵守金科玉律，也就是以學生希望被對待的方式來對待他們。 3. 教師的人格特質有意志薄弱型、保守封閉型，或是剛毅果斷型，而他們的教學選擇會影響學生及其行為。

（接下表）

理論名稱	主要概念
	4.教師應該教導學生內在紀律，而不是採取體罰或使用破壞性的字眼來操控他們。 5.教師應該負起教導學生面對問題的責任。 6.教師應該盡可能地使用自然方式來對待學生，如果方法不管用，就應該改採明智合理的方式。 7.教師應該避免使用懲罰、報酬以及威脅，而可以採用四階段的訓練方法，並且以積極的態度來面對學生的問題。 8.3R 的紀律訓練是指補救（restitution）、決心（resolution）、調和（reconciliation）。
一致性班級 經營理論	1.學校全體人員從職員、教師到學生，應該行動與期望一致，全力傳遞學生一致且重視自律的訊息。 2.教師的行為與期望應一致，此即發展學生為行動負責以及自律的能力。 3.教師應該努力建立以學生為中心的班級，而不是以教師為中心的班級。 4.教師應該將學生從班級過客轉變為教室裡的公民。 5.教師必須贊同防患未然、愛心關懷、合作共事、組織有序，以及凝聚班級共同體意識等五大主題。
深思型紀律 理論	1.深思紀律型理論植基於美國憲法權利法案，它重視公民素養的培養，主張應教導學生在民主的社會中生活與學習，以使學生習得應備的權利與責任。 2.教育工作者在實踐專業倫理時，應透過以身作則的方式，遵循普遍為大眾所能接受的道德標準和展現合宜的行為舉止，並考量學生的最大權益。 3.學生和教育工作者應基於下列四個面向，來合作發展出教學與學習的行為準則，這四個面向包括了：財產的損失與破壞、對健康與安全的威脅、教育目的的正當性，以及教育過程的嚴重干擾與破壞。 4.教育工作者應使用深入思考的方式來處理學生的行為，而非只靠獎懲。 5.教育工作者應考量學生在憲法上的權利，並根據個別情況給學生不同的處分方式。 6.不應違反公民在社區及社會中應有的權利，教師應確保學生的上述權利在學校中也能獲得保障。

資料來源：班級經營理論與實務（頁88-348），單文經主譯，2006，台北市：學富文化。

綜觀上述班級經營理論各家之說，可從以下七點做進一步的反省思考，以為個人建立班級經營理念的核心價值：

1. 教師面對各家班級經營理論的主張，可以是單一理論的信奉執行者，也可以是擷取各家優點組合而成的運用者。但對教師來說，在不同班級的經營過程中，只有最適切的班級經營理念，而沒有唯一的班級經營理念。

2. 教師運用班級經營的理論，應當先釐清自己的價值主觀偏見，避免運用經驗學習的錯覺，將個人過去的成長經歷，不假思索地加諸在學生的身上。

3. 教師對於班級經營的發展應有自己個人的願景，並且要能將這個願景和學生一起討論，轉化成班級的共同願景。

4. 學生的個別差異是必然且必須重視的課題，因此教師應當對學生有深入的了解，亦從多元智能的觀點欣賞學生的個殊差異，給予學生更多的學習機會和空間。

5. 班級經營的理論必須具體實踐，才能真正看見經營的成效。所以，教師應當身體力行並確實要求學生共同執行，以避免讓班級經營或班級常規淪為另一種口號。

6. 班級經營過程中，對相關策略的檢核和修正是必需的，因為親師生之間的人際互動會改變，不管是成功的策略抑或是錯誤的策略，班級情境也會產生變化，因此教師平日就應對班級現況加以觀察、記錄和檢核，以利各項策略運用的修正。

7. 在班級經營的過程中，教師雖然是班級的領導者，但他並不是班級的絕對主體，教師和學生應建立在相互主體性的地位，促進學生內在的自我發展。

參、班級經營計畫書的撰寫原則與案例

一份良好的班級經營計畫書，必須源自於教師對整個班級事務的操作和對學生的了解，才能清楚地呈現出它的整體架構。因此，教師在著手班級經營計畫書的撰寫時，必須先清楚地知道自己為什麼要擬定這項計畫，是否有

哪些政策的指引，而自己的意圖和理想目標是什麼，這個計畫可以反映出由來、目標、內涵、策略、做法等項目嗎？除此之外，為了使計畫能實質地發揮它的功效，教師可從以下五個向度做一思考，以提升班級經營計畫書的服務品質：

1. 計畫研擬的價值性：指班級經營計畫書的內容是否具備前瞻、務實和具體可行的特質。

2. 計畫歷程的發展性：指班級經營計畫書的各項策略與做法，能否掌握其階段和優先順序，以利目標的達成。

3. 計畫宣導的釋明性：指教師在使用文字的表現上是否清晰易懂，是否能清楚地向家長和學生說明這項計畫的用意和其價值。

4. 計畫執行過程的覺知性：指教師在計畫執行過程中是否能主動發現問題，並有效解決。

5. 計畫執行結果的檢證性：指班級經營計畫書是否能闡明應有的績效，它可以是量化數字的呈現，也可以是文字的說明。

總而言之，一項完整且優良的課後照顧班級經營計畫書應當掌握下列五個原則，茲分別說明如下：

1. 意義性：課後照顧的班級經營計畫應當凸顯課後照顧的意義和功能，以及具備教育和保育的精神與價值。

2. 可行性：課後照顧的班級經營策略和做法，必須能有效運用資源，它們是可行的，是可以掌握發展方向和維持課後照顧機制實施的持續性與穩定性。

3. 統整性：課後照顧的班級經營涵蓋班級行政、教保活動、班級常規，以及班級環境和氣氛，因此計畫書必須能從看見整體的角度，將這些面向結合在一起。

4. 明確性：課後照顧的班級經營計畫書對於各項策略和做法的推動，必須明定工作權責及行為表現準則，提供具體的工作規範，據以實施。

5. 適應性：課後照顧的班級經營無非是要讓學生在各項學習上有更好的表現，因此除了要重視當前環境和政策的要求，也要考慮學生的個別差異，才能使學生獲得正常的成長。

有關班級經營計畫書的撰寫格式可參考表 13-3 所提供的範例。

表 13-3　班級經營計畫書範例

○○課後照顧中心○○學年度【第○○學期】班級經營計畫

班級：○○班　　負責老師：○○○

壹、教師的經營理念

一、創造愉悅、安全的學習環境，營造和諧的氣氛。

二、加強師生的互動關係。

三、加強親師的聯繫，維持密切的溝通與合作。

四、主動了解學生的需求，並能滿足及強化學生的學習需求。

五、發覺孩童的特殊才能，引發學習的興趣，發揮個人的特色。

貳、具體措施

一、課程與學習規劃

（略）

二、重視學生生活教育

(一) 會對師長和同學主動問好。

(二) 會主動說「請」、「謝謝」、「對不起」。

(三) 飯前洗手，飯後漱口。

(四) 加強學生解決問題的能力，不做無理的爭執。

(五) 在公共場所不大聲喧譁、不追逐，遵守秩序，不爭先恐後。

(六) 共同維護教室的整潔。

(七) 加強環保的概念，養成節約能源、愛護公物的習慣。

(八) 養成誠實不說謊的習慣。

三、建立榮譽制度

符合下列行為標準者，可得「笑臉」章一個，每個月及學期末可依照所獲得的笑臉章兌換獎品。

(一) 整天表現良好，沒有犯規。

(二) 準時到班，作業認真。

(三) 上課注意聽講，踴躍發言。

(四) 如期完成指定的作業或工作。

為逐漸養成孩子為行為負責的習慣，如有下列違反規則的行為時，予以規勸並於下課時協助教室環境整理：

(一) 打架、欺負別人。

(二) 上課不專心。

(三) 沒有按時完成作業（特殊狀況除外）。

(四) 打掃不認真。

（接下表）

四、教室環境布置

以整潔美觀為原則，盡量以學生的作品與創作為主：

(一) 布置以配合各領域的教學為主，隨學習內容加以更新。

(二) 教室內布置有「圖書角」、「益智角」、「作品展示區」、「遊戲角」、「主題步道」、「訊息公告」等。

(三) 加強綠美化環境布置。

(四) 角落的學習由師生共同制定遵守的規則。

五、展現班級特色

(一) 培養閱讀能力與習慣，鼓勵童詩創作與繪畫創作。

(二) 各種完成作品貼在教室，互相觀摩欣賞，鼓勵學生勇於發表。

(三) 推行每日一篇剪報閱讀。

(四) 指導並鼓勵小書創作。

六、成績評量方式

(一) 領域評量

1. 形成性評量（50%）：隨堂測驗、聽寫、體驗活動、作品評量、口頭發表、表演、學習單、闖關活動、檔案評量、期末才藝發表等。

2. 總結性評量（50%）：三次月考。

(二) 日常生活評量

1. 情意評量：上課態度、學習情緒是否積極。

2. 公共參與、出缺席紀錄。

七、班級自治幹部名單（我們一家都是長）

（略）

八、重要行事曆

（略）

第 二 節
建立班級常規

　　班級常規是學生在教室內共同生活時應有的例行性規範，由教師和學生共同制定，表達學生們對自己行為的共同期望，透過教師前後一致的輔導與執行，讓學生明瞭常規的需要及該如何遵行，時日久了，自然形成了習慣與

態度，並對學生自身行為具有引導與規範作用。而常規的建立不是制定一些消極的、限制的公約，來懲罰和束縛學生的偏差行為，乃是積極地輔導並鼓勵良好的行為表現。因此，班級能有明確的常規，不但使師生目標一致，同學之間相互合作，彼此關懷，互相體諒，為團體榮譽而努力，而且能夠培養群性，發展個性，增強社會的適應能力，因而增加學習樂趣（教育部國民教育司，1993）。

對於班級常規的建立，本節主要從前置作業、發展、執行與檢討等三個階段，做一說明，茲分述如下：

壹、前置作業階段

一、了解學生背景資料

不論是新接班級或原班級，教師都要對學生的家庭狀況、父母的教養態度、學生過去的學習經驗和學習成就，以及日常生活表現，做充分的了解，才能兼顧普遍和個別的規範來做考量。

二、掌握當前政令和內部規範

班級常規必須要以政令的落實為第一要務，其次則是要能落實內部的統一規定為原則。為此，教師應熟知當前和學生輔導與管教有關的各項規定，以及課後照顧內部對學生常規表現之要求，一併列入考慮規劃。

三、了解學生對班級常規的看法

為能擬定適切的班級常規草案和建立明確的具體目標，教師可針對教室內的整潔、秩序和禮儀等各項表現的看法，以及獎懲制度的標準和執行方式，與學生共同討論，並讓學生了解這是班上所有同學的共同需要，進而和學生建立默契與共識。

貳、發展階段

一、教師提出草案師生共同討論

　　教師在了解了學生的想法後，應進一步整合政令和內部規範，事先擬妥班規草案，和學生共同討論，在此階段，最重要的就是學生能參與決定的程度。當然以課後照顧的學生來看，年級愈高的學生其參與的程度必須愈多，同時在討論的過程中，必須讓學生了解班規草案中會條列這些項目的原因，使學生能樂於遵守、共同參與各項班規的執行。表 13-4 係針對學生能夠因人、事、時、地、物做出合宜的行為，所提供的參考班規。

二、各項公約應訂定具體的行為標準

　　規約如果針對每一個情境而訂，可能要列出五十條以上，學生不可能記得住。所以，可將性質相近的規約合併成五到七條，使每一條規約能夠涵蓋重要的、足夠的範圍和具體的行為標準，並讓學生知道如何遵行。

　　以下臚列六點可資參考運用的具體公約和行為標準之案例（教育部國民教育司，1993，頁 16-17）：

　　規約(一)：愛整潔、認真掃除

　　具體行為：1. 做好自己分內的掃除工作。

　　　　　　　2. 保持座位整潔，垃圾能準確丟入垃圾桶內。

　　　　　　　3. 桌椅排整齊，離開座位時椅子能靠攏。

　　規約(二)：努力用功、認真求學

　　具體行為：1. 上課專心，勇於發表。

　　　　　　　2. 作業認真，按時寫按時交。

　　　　　　　3. 每日上課需用的課本、用具能記得攜帶。

　　規約(三)：守秩序、動靜分明

　　具體行為：1. 排回家路隊能安靜、整齊、迅速。

　　　　　　　2. 團體活動時進出會場能按照順序。

3. 發言時能先舉手、徵求允許，說話時音量適中，並能專心聽講。

規約(四)：熱心服務、負責盡職

具體行為：1. 積極參與班級的活動。

2. 主動幫忙開關教室門窗、電源。

3. 擔任值日生，能確實負起各項任務。

表 13-4　特定的班級規則和程序訂定的範圍和內容參考表

項目	人	事	時	地	物
具體內容	學生、教師、行政人員、家長、社區人士等	教師講課、合作學習、分組討論、班級競賽、考試評量、作業自習、言行舉止等	上學、自習、午餐、上課、下課、午休、整潔活動、放學等	教室內、走廊上、操場、廁所、運動場等	門窗、課桌椅、黑板、粉筆、燈光、照明設備、掃地用具、櫥櫃、遊戲器材、飲水機等
	1. 尊重師長、愛護同學 2. 尊重他人的隱私權和財產 3. 遇見師長和同學應打招呼，並且有禮貌 4. 盡自己所能幫助弱勢或需要幫助的同學 5. 注意校園，如有可疑人物應主動通報	1. 離開座位須獲得教師允許 2. 踴躍參與討論 3. 完成小組分配的學習任務 4. 考試應全力準備，並且依自己學習結果作答、不作弊 5. 作業應按時完成、準時繳交 6. 學習材料、書本應帶齊 7. 抽菸、喝酒和吃檳榔有害健康	1. 上課專心聽講 2. 準時到校 3. 準時到集合地點 4. 下課應休息或從事盥洗和鬆弛身心活動為宜 5. 午休應讓自己休息片刻，不能干擾其他同學 6. 整潔或值日生工作應認真完成	1. 教室和走廊勿奔跑 2. 維持教室、廁所整潔 3. 操場運動應注意安全 4. 人潮聚集地區，應遵守秩序，養成排隊習慣	1. 愛惜公物 2. 節約能源 3. 設備損壞，主動報請維修或通報教師 4. 器材擺設位置應考慮同學安全 5. 不帶違禁品、貴重物品或過多金錢到學校

資料來源：班級經營學說與案例應用（頁16），張民杰，2005，台北市：高等教育。

規約(五)：共同遵守規則

具體行為：1. 輕聲慢行。

　　　　　　2. 愛護公物和花草樹木。

　　　　　　3. 做好垃圾分類、資源回收工作。

規約(六)：親切待人、日行一善

具體行為：1. 說話有禮貌，常說「請」、「謝謝」、「對不起」。

　　　　　　2. 言談溫和文雅。

　　　　　　3. 見到教師能問安，同學間能相互問好。

　　　　　　4. 面帶微笑，經常幫助別人。

三、教師要提供學生示範和練習的機會

在師生討論和訂定公約及其具體行為標準的同時，教師要能對學生做充分的說明，也要示範學生應有和不應有的行為表現，並給予練習的機會後，明確地要求學生要能遵守。

參、執行與檢討階段

一、教師應強化班規的落實和對學生的輔導

班級常規的建立最重要的就是確實執行，在此階段，教師應積極宣導、訓練及輔導學生，使學生養成良好的習慣。為此教師還必須對學生不良行為的處理，以及良好行為的獎勵，訂定明確的原則和制度。

在過程中，教師應詳實記錄和定期檢討學生的各項表現，對於學生的正向行為表現，要給予肯定和鼓勵，對於經常犯錯的學生，宜採個別輔導的方式，協助學生改正其缺失行為；如學生屬於好鬥、退縮或過分活躍者，亦可運用多元智能的策略鼓勵學生從學習中獲得新的啟發，如表 13-5 所示。必要時則應尋求家長的了解和支持，讓家長共同督促學生使其遵守班級常規。

表 13-5 管教學生行為的多元智能策略

	好鬥的學生	退縮的學生	過分活躍的學生
語文智能	以憤怒為主題的自傳治療	涉及友誼的內省小說	以過分活躍為主題的書籍
邏輯—數學智能	德賴庫爾斯邏輯推理系統	互動式的電腦網路、象棋俱樂部	量化課業所需的時間
視覺—空間智能	運用比喻（如最喜歡的動物）、想像防守	以離群的孩子遇到朋友為主題的電影	幫助建立專心與控制能力的電動玩具
肢體—動覺智能	表演好鬥行為並試驗其他行為	與可信任的人組隊，一起走路、運動、遊戲等	漸進放鬆、瑜伽術、動手學習
音樂—節奏智能	和諧音樂	活力音樂	撫慰、鎮靜的音樂
人際智能	與有類似暴躁性格的孩子配對	小組勸告	合作小組的領導角色
內省智能	暫停、簽訂和約	一對一勸告／心理治療	安靜集中練習時間

資料來源：經營多元智能（頁128），李平譯，1997，台北市：遠流。

二、教師應重視班規的檢討與修正

　　由於班規的建立通常是在開學初即已建立並開始實施，為了使學生的行為表現更為合宜，教師應能掌握學生的狀況或其他因素的影響，視實際情形帶領學生一同討論，對班規的內容和具體行為標準做調整和修正，進而使班規的制定能更為合理且符合現況。

第 三 節
教學情境的規劃

　　不管你是教育的新手還是老手，就算是老手到了一所新學校服務，規劃和運用教室的空間仍是新學年開始的首要任務（Mcleod, Fisher, & Hoover, 2003）。因為教室空間的規劃和運用，其目的就是提供給學生一個良好的教學情境，進步主義教育運動的代表人物 Deway 曾說：想要改變一個人，必須先改變環境，環境改變了，人也就改變了。在我國早期亦有孟母三遷的故事，同樣凸顯環境對兒童學習發展的重要性。

　　據此而論，一個良好的教學情境規劃，是教師必須具備的基本能力和責任。為能有效發揮其功能，教學情境應以教師的班級經營計畫為核心，一切作為均為了促進學生的學習表現。換言之，在教學情境的規劃裡，應包括教師為達成教學任務所規劃設計的物理環境，像是布告欄裡的單元布置、座位安排、圖書角等；以及整體教學情境所產生的心理環境，例如，教室內外環境的美綠化、安全的學習空間、師生的共同參與等，除了能促進教學和學習得以發揮事半功倍之效，也能使學生置身在其中產生潛移默化的功能。

壹、教學情境的規劃準則

一、配合教學需要適時更新布告內容

　　一般來說，教室後方的布告欄或牆壁，大多數的教師會以布置和教學有關的內容為主。包括了配合領域學習的重要內容、學習方法和補充教材的蒐集、分類和張貼，以及配合時令節日或當地風俗民情所設計的主題，例如，以元宵節為主題的設計裡，燈謎、燈籠、台南鹽水蜂炮、台東的炮炸寒單爺、台北平溪的放天燈，都是可資參考的題材，不僅可以讓學生學習到相關的知識，也能充實領域學習的內容。除此之外，亦可配合課後照顧辦理單位的重

要行事，例如教學觀摩、校外教學、家長教學參觀日等，讓布告欄呈現出充實且多元的面貌。

二、提供學生安全舒適的學習環境

　　課後照顧辦理單位除了在建築物安全、門禁安全、飲食安全、交通安全、遊戲器材安全等管理工作上，必須依法執行外，還必須重視教室是不是一個安全舒適的學習環境。例如，教室的通風、採光和照明是否良好，課桌椅是否符合學生的高度，座位的安排是否有助於學生的學習，教室內的環境衛生是否良好，以及教室裡各項物品的擺置是否會有潛在的危險等，都是課後照顧內部人員必須重視的問題。

三、提供學生動線合宜井然有序的學習環境

　　教師對於教學情境的規劃，必須考量教室面積和學生人數的活動比例後，妥善規劃每個區域內的教學情境。原則上，各個教學情境的規劃必須在教室動線上是通暢的、有利於學生學習的，而各區域的陳設，包括：教師或學生的教學檔案和學習檔案、學生作品、置物櫃、相關文件資料等，也必須井然有序地擺設，才能發揮教學和學習上的效果。

四、營造班級文化形塑學生對團體的責任心和歸屬感

　　一個班級是由教師和一群學生所組成。由於教師人格的特質、個人風格與教學方法及學生同儕團體的家庭背景等的不同，而形成不同的班級文化。因各不相同的班風，教室情境布置應以師生共同喜好來建立獨特的班級特色，來表現各班級團體風格與師生互動的效果。譬如，有的班級具有唯美的文藝性、有的班級具有如童話世界般的令人驚喜、有的班級具有鄉土教育的氣息，各個班級都有自己的風格，可增進學生對班級的責任心和歸屬感（教育部國民教育司，1993）。

貳、教室的布置與維護

有關教室的布置與維護，本節概略介紹以下七種供參考，茲分述如下：

一、學習園地

依照各學習領域的教學進度，蒐集相關資料彙整後加以布置。例如：語文領域和數學領域的學習重點、藝術與人文領域的作品、自然與生活科技領域的新知、詩詞或作文賞析等。內容安排上宜符合多樣化、教育化和趣味化，讓學生樂於在此進行學習活動。

二、班級公約和榮譽榜

張貼師生共同制定的班級公約，並搭配榮譽榜的設計，定期檢討及表揚學生的實踐成效。

三、公布欄

張貼班級內的教學活動或與學生有關的工作事項，並且可配合重要政策、時事或通知，讓學生能知道相關訊息。

四、設立學習角

對國小學生閱讀習慣和能力的養成來說，每個班級內的學習角，最常布置的就是閱讀區，內容可包括：工具書、百科全書、兒童文學讀本、繪本、英語或中英對照的書籍、優良漫畫等，以培養兒童的閱讀風氣。此外，亦可規劃探索區、興趣培養區、動動腦區等，透過電腦、益智遊戲、跳棋、象棋、圍棋等相關媒介物，提升學生的學習興趣。

五、班級標語

班級標語的製作應以生活化、簡單化、美觀化和學習化的設計為原則，除了可增加教室的美觀外，也可以獲得課堂學習的附加效果。

六、教室美綠化

教室內的美綠化應當重視掃地用具、垃圾桶和資源回收區的擺設；師生在教室內的視覺感受；以及師生可共同參與的工作為主。為此，教室內可擺設綠色盆栽或季節性草花，以增添綠意和色彩，也可擺放小魚缸，讓學生發揮愛心，一同關心教室內的一景一物，並能善加維護。

七、班級吉祥物

為能增進班級的向心力和凝聚力，師生可共同討論出得以彰顯班級特色的吉祥物，然後用吉祥物來布置教室，實具有個別化的意義。

第四節
建立親師關係

站在教育發展的觀點，教師與家長應建立在教育合夥人的關係上，才能對學生的學習產生最大的助益。然而，並非所有的家長都能對教育抱持高度的關心，以及採取高合作的方式和教師一同努力，促進學生的成長發展。反之，有些家長可能是冷漠的，對孩子的教育並不關心；或也可能是高度關心，但個人主觀意識非常強烈的家長；有的家長則可能是一切以教師說的為主，尊重教師的專業，可是對孩子的課業卻不太關心。不論教師面對的家長為何，可以肯定地說，只要親師關係不佳，即使高度合作、高度關心的家長，也可能會轉變成採取低合作的方式回應教師在班級經營上的一切作為。

整體來說，家長可能會因個人求學經驗、生活經驗、教育訓練、期望、社經背景、環境和其他因素，而對教師或學校教育抱持特定的認知和態度。若從班級經營的角度，可以將家長分為以下七種不同的類型：(1)無敵意、合作型家長：這類家長會配合教師對學生的要求；(2)焦慮或壓迫型家長：家長很擔心小孩輸給別人，主觀性強；(3)自我涉入型家長：這類家長聽到教師對於孩子的評論，有鏡射的印象，覺得好像在說自己；(4)否定型家長：這類家

長認為孩子沒有任何問題就是好事，所以教師最好不要找他；(5)抵抗型家長：這類家長通常不聽教師的建議，有自己的教養計畫；(6)嚴苛型家長：這類家長經常會像行政人員一樣反映教師的管教行為；(7)懷有敵意型家長：這類家長極度不滿教師的管教，經常會到學校來理論（Williams, Alley, & Henson, 1999；引自張民杰，2005）。

據此而論，教師在課後照顧的班級裡服務，誰也無法保證會遇到哪一類型的家長，如果我們所賣的是一項不錯的產品，自然會有更多的顧客前來購買；相對地，形形色色的顧客所代表的就是家長類型的變異性增加，因此如何面對家長，建立良好的親師關係，是教師在班級經營過程中的另一項重要工作。

以下本節先對親師關係的類型做一簡單介紹後，接著說明三種教師可資運用來建立親師關係的做法。

壹、親師關係的類型

親師之間要建立並增進正向關係，消除或減少負向關係是教師努力的目標。以下分別介紹正向的和負向的親師關係之類型（張民杰，2005）：

一、正向的親師關係

1. 良好溝通：教師能與家長進行雙向溝通，充分表達雙方的意見和建議。
2. 爭取支持：家長支持教師的教學及班級經營之理念與做法。
3. 相互合作：家長能夠與家中成員建立良好的家庭環境以幫助學生學習。
4. 提供協助：在家中，家長協助學生在家的學習，在學校，家長可招募家長以協助和支援教室任務。
5. 鼓勵參與：讓家長能參與課後照顧做決定，甚至確認和統整社區資源及服務，來強化課後照顧的服務內容。

二、負向的親師關係

1. 家長對於其子女的偏差行為在處理上有情緒的問題，因此採取對抗的防

衛機轉，產生放棄或坐視不管，充滿自我懷疑、拒絕、敵意和挫折的態度，而拒絕參與。

2. 有些家長不知道要做什麼，或不知道要怎麼做才能對子女有所幫助。

3. 家長工作時間太長或太辛苦，而無法或不願再撥時間參與。

4. 有些家長認為既然已參加課後照顧，就應該相信內部人員的專業性，因此不願意參加，以免妨礙相關人員的工作。

貳、建立親師關係的契機和做法

一、學期初的親師懇談建立良性互動的根基

為能讓家長了解課後照顧服務的重要課程內容和行事曆，並為親師溝通建立正式的運作管道，課後照顧班級的教師每學年應舉辦一至二次的親師懇談會，教師藉此機會對家長說明個人的班級經營計畫，並傾聽家長的意見和期望。如果親師懇談能跨出成功的第一步，對於親師關係的建立和學生的學習表現，一定有很大的幫助。

親師懇談要能成功，必定有賴於教師事前的充分準備，為此教師在開學前，一方面要著手完成班級經營計畫書的草案，另一方面則要盡速完成教學情境的布置。在開學初，應和學生共同討論及評估學生的學習表現和困難之處，以便對學生的現況有更清楚的了解，在會談時能適時地給予家長建議；當然為了能了解家長的需求和看法，也可透過家長教育問卷的實施（如表13-6），充分掌握相關的訊息，以樹立個人的專業形象。

在事前的相關準備工作都一切就緒後，教師可進一步發出親師懇談會通知單，以了解願意出席的家長人數。當然，為了使絕大多數的家長都能夠出席，教師可採二階段的方式：第一階段的通知單主要是了解家長最能出席時間的意見調查表，經回收統計後，第二階段就是選擇最多家長能來的時段，正式發出開會通知單。

若時間允許，教師亦可逐一電話邀請，展現對家長的重視和對班級經營的用心。在會議中，教師要能明確地宣導個人的教育理念和班級經營的方式，

以尋求家長的認同和支持，並且要和每一位家長建立初步的溝通，徵詢家長的意見；對於時間允許的家長，可邀請一同來參加親師生可共同進行的學習活動，一起為孩子的學習來努力。

 表 13-6　家長教育問卷

請您完成這份問卷並盡速交回！謝謝！

學生姓名：　　　　　　　　　　家長姓名：

1. 今年我的孩子對課後照顧的一般態度是 _____

2. 我的孩子表示在參與課後照顧時最有興趣的是 _____

3. 我的孩子在參與課後照顧時最關心 _____

4. 我的孩子做得很好的一些事情是（不必和課後照顧有關）

   (1) _____　(2) _____

   (3) _____　(4) _____

   (5) _____　(6) _____

5. 我希望孩子更努力的學習領域是 _____

6. 我的孩子具有的良好品行（例如，信任、耐心、理解、守時……等）

   _____

   _____

7. 我今年最驚奇的事情是 _____

8. 我的孩子想做而未做的事情是 _____

9. 對我的孩子好像較困難的是 _____

10. 我的孩子在參加課後照顧時最喜歡做的是 _____

11. 我的孩子較喜歡的學習領域是 _____

謝謝您費時完成這份問卷

資料來源：改編自親職教育──高雄經驗（頁35），陳明勇，1997，高雄市：高雄市政府教育局。

二、落實親師溝通促進雙向互動的教育效能

親師溝通是指教師和家長為了幫助兒童能快樂成長、有效學習，在教養態度上取得協調、達到一致的做法而進行的一種雙向互動的活動。因此，教

師班級經營的理念必須透過各種聯絡和溝通管道，例如親師懇談、信函（或e-mail）、電話聯絡、家庭聯絡簿、家庭訪問等方式，傳遞給家長了解。除此之外，在開學初也必須建立完整的班級通訊錄和緊急聯絡網，並了解家長對孩子緊急救醫的需求，以及孩童是否有特殊的疾病需要教師配合的部分，以避免造成家長的誤解。

至於在進行溝通時應注意的事項包括以下五點（教育部國民教育司，1993）：

1. 營造和諧、輕鬆的會議氣氛。
2. 接納家長態度和感受。
3. 以平和、委婉的方式化解衝突的場面。
4. 提供有效處理兒童問題的可能方法。
5. 協助特殊個案轉介輔導。

三、掌握重要行事和問題，加強與家長的聯絡溝通，強化親師關係

為能促進親師關係的建立，教師應把握重要時機主動和家長聯絡，例如，課後照顧辦理單位內所舉辦的與家長有關之活動，包括：家長教學參觀日、親子戶外活動或親職講座等。在此同時，更重要的是，對於學生表現良好或不良時，以及學生發生意外時，都必須採取主動積極的方式，和家長保持密切的聯繫，提供家長相關的資訊或建議，以贏得家長的肯定和認同。

第五節
問題討論

在讀完本章之後，你應該能回答下列與課後照顧服務方案班級經營有關的問題：

1. 班級經營為什麼重要？一個成功的班級經營會帶來什麼優點？而不成功的班級經營有哪些壞處？

2. 請試述你課後照顧的班級經營理念為何？

3. 請根據你的課後照顧班級經營理念擬定你的班級經營計畫書。

4. 請說明班級常規建立的技巧為何？請舉例說明之。

5. 請說明低、中、高三個年段的班級常規應有何不同？請舉例說明之。

6. 請試繪班級教學情境平面圖，並說明其構想的理念為何？

7. 請試述教學情境的重點工作有哪些？你個人認為哪一項最重要？

8. 請說明親師關係對課後照顧服務方案品質的影響。

9. 請試述親師溝通最常遇到的困難，其解決策略為何？

10. 如果你是一位新進的課後照顧教師，你的班級經營的重點會是什麼？你會採取哪些做法？

第十四章

如何做好兒童輔導

本章大綱

學習目標

壹、了解兒童輔導的目的與任務，並能建立正確的
　　輔導理念

貳、了解兒童輔導的策略，並能有效運用在實務工
　　作中

參、了解兒童輔導的運作機制，並具有規劃和執行
　　的能力

肆、了解兒童輔導網絡的運作機制，並能具以規劃
　　及運作

第 一 節
建立兒童輔導工作要點

　　兒童輔導（child guidance）包含了對兒童身心各方面發展的輔導。基本上，輔導具有以下四種涵義：(1)輔導是一種人與人間發生相互關係的動力過程，此種關係的建立是用以影響一個人的態度及其繼起的行為；(2)在正常教學外，給予兒童的一種有系統的協助，其目的在幫助兒童審度自己的能力與性向，並有效應用審度結果，處理其日常生活；(3)安排環境引導兒童朝著一個有目的的方向前進的行動與方法，此種環境須能促使兒童感覺並認識其基本的需要，並採取有目的的步驟，以滿足這些需要；(4)是教學上一種重要的方法，藉此教師可引導兒童去發現自己的願望，並引導他們做適當的反應（國立編譯館，1984）。

　　據此而論，課後照顧辦理單位為幫助每位孩子健康成長，因應社會快速變遷以及家庭結構和功能欠缺下所造成的兒童行為問題，能夠獲得改善及預防，必須讓每一位工作人員了解輔導學生應為其職責所在，並樂於參與以及知道個人的工作規範，同時建立一套兒童輔導工作要點，以供所有人員參考和運用。其目的無他，係為了達成下列四項目標，奠定兒童未來健全發展的基礎：

1. 鼓勵學生優良表現，培養學生自尊尊人、自治自律的處事態度。
2. 導引學生身心發展，激發個人潛能，培養健全人格。
3. 養成學生良好生活習慣，建立符合社會規範之行為。
4. 確保班級教學以及相關教育活動的正常進行。

壹、輔導工作原則

1. 輔導工作是全體工作人員的職責。
2. 輔導工作應以全體兒童為對象。

3. 輔導工作要能正視兒童的人格尊嚴。

4. 輔導工作應配合學生心智發展與個別差異。

5. 輔導工作應秉持教育愛，積極維護學生受教權益。

6. 輔導工作應與教學和班級經營有效結合。

7. 輔導工作是一種長期且延續的教育歷程。

8. 輔導工作應整合各項資源以發揮其綜效。

貳、輔導工作要點

1. 每學期應擬定輔導計畫，明確訂定實施的項目、方式、時間、人員、預期效果等要項，並列入課後照顧行事曆，定期實施之。

2. 完整建立學生基本資料，並能適時更新和有效運用。

3. 輔導兒童適應課後照顧學習生活，包括認識師長、認識環境、認識同學，以及輔導兒童參與團體活動或課外活動，充實生活內涵及促進人際互動。

4. 實施特殊兒童的生活輔導，使特殊兒童能獲得適當的照顧和輔導，以增進生活適應的能力。

5. 課後照顧服務方案應培養兒童良好的學習興趣和態度，以及養成良好的學習習慣和能力。

6. 當兒童干擾或妨礙教學活動正常進行；違反規定、社會規範或法律；或從事有害身心健康之行為者，教師應施予適時及適當的輔導措施。對於情節嚴重者，應結合社區家長、醫療、警政單位及輔導諮詢機構，做緊急協助與支援。

7. 教師對於兒童不當行為的輔導，應了解兒童的行為動機，並明示必要管教之理由，教師不得為情緒性或惡意性之管教。除此之外，教師應自願擔任個案兒童的認輔教師，加強及落實個案輔導之工作。

   若從輔導的觀點來看，兒童的不當行為包括：違規犯過、情緒困擾、學業適應問題、偏畸習癖、焦慮症候群，以及精神病症候等六大類行為（吳武典，1985）：

   (1) 違規犯過行為：例如，逃學、逃家、不合作、反抗、不守規律、亂發

263

脾氣、說謊、偷竊、打架、搗亂、破壞、欺負弱小、罵粗話等。

(2)情緒困擾行為：包括畏縮、消極、不合群、不敢表達自己的意見、過分依賴、焦慮、具敵意情緒、自虐、自殺等。

(3)學業適應問題行為：此行為係非智力因素所造成，往往帶有情緒上的困擾。例如，考試作弊、不寫作業、投機取巧、粗心大意、學業成績不穩定、注意力不集中、低成就等。

(4)偏畸習癖行為：例如，吸吮拇指、咬指甲、肌肉抽搐、口吃、偏食、尿床、性不良適應等，此類行為往往和性格發展上的不健全有關。

(5)焦慮症候群行為：此行為係因過度焦慮所引發，有明顯的身體不適應症或強迫性行為，通常為精神官能症。例如，表現坐立不安、發抖、表情緊張等。若因焦慮而引發消化系統與循環系統的機能障礙，則包括嘔吐、肚痛、頭昏、心胸緊迫、全身無力等。再者，焦慮也可能引發強迫性思考或強迫性動作，或出現歇斯底里的現象。

(6)精神病症候行為：此行為已明顯地脫離現實，屬於嚴重的心理病態，例如精神分裂症、躁鬱症等。

8. 教師因實施輔導與管教兒童所獲得之個人或家庭資料，非依法律規定，不得對外公開或洩漏。

9. 教師輔導兒童，不得因兒童的性別、能力或成績，以及兒童家長的宗教、種族、黨派、地域、家庭背景、身心障礙或犯罪紀錄等，而對兒童有歧視和不公平的對待。

10. 教師要積極鼓勵及強化兒童優良表現，並給予適當之獎勵。其相關注意事項如下：

(1)建立兒童個人榮譽紀錄，將各項獲獎事實加以記載，以激發學生的榮譽心。

(2)獎勵的方式宜求變化，可因事、因人、因程度，給予不同形式的獎勵。

(3)頒獎或表揚應公開化，以激發受獎者和參與者能重視和效法優良行為的表現。

(4)頒獎或表揚時，要讓受獎者明確知道自己為什麼可以得獎，有哪些具體事蹟是值得大家效法學習。

(5)要兼顧精神和物質層次的獎勵，以增進兒童的成長與學習。

參、相關注意事項

1. 當輔導兒童無效或違規情節重大者，課後照顧辦理單位可採行下列措施：
   (1)進行心理輔導。
   (2)協助改變學習環境。
   (3)家長或監護人帶回管教。
   (4)移送司法機關或相關單位處理。
   (5)其他適當措施。
2. 兒童攜帶之物品足以影響兒童專心學習或干擾教學活動進行者，教師應先行保管，必要時得通知家長或監護人領回。
3. 兒童若攜帶或使用下列物品者，教師或相關人員應立即處置，並視其情節協請相關單位處理：
   (1)具有殺傷力之刀械或其他危險物品。
   (2)猥褻或暴力之書刊、圖片、影片、光碟片或卡帶。
   (3)菸、酒、檳榔或其他有礙兒童身心健康之物品。
   (4)並無任何繳費但卻常帶有五百元或千元以上的紙鈔。
   (5)其他危險禁品。
4. 對個案兒童的輔導，可配合兒童所就讀的學校，共同採取一致性的做法，並請家長或監護人能配合輔導。

第 二 節
兒童輔導的基本技術

　　兒童輔導工作的推動，必須根據兒童的發展需求和問題，才能適時提供必要之協助，為此教師和兒童良好互動關係的建立就顯得格外重要，不論是團體輔導抑或是個別輔導，也都必須基於合作而非強迫的立場，才能讓輔導

工作順利進行。以下本節進一步提出可供課後照顧教師運用的兒童輔導技術，茲分述如下：

壹、尊重

係指教師以不評價、不強迫的態度，接納兒童的獨特性，同時也相信孩子自己有能力來處理自己的問題。主要目的是希望建立接納、開放的安全環境，使兒童能盡量表達自己內在的看法和感受。在使用上，應注意以下事項：把兒童視為獨立的個體；持不批評的態度；重視兒童的問題和權利；將自己所了解的表達給兒童知道；不強迫兒童做不願意的嘗試。

貳、真誠

教師必須將自己所感受到的和其態度合一，並適時將此感覺表達給兒童知道。主要目的是為了建立信任真實的談話關係，增加兒童成長的機會。在運用上應注意下列重點：對負向感受能不防衛並願意接納；與兒童交談時要能秉持誠懇、真實、關懷和肯定的態度。

參、接納

主要目的是希望讓兒童能感受到他的談話內容是被教師所接受的，它能幫助兒童進一步做到自我接納。因此，在使用上不可批評兒童的感受、看法和行為。

肆、溫暖

教師能尊重、欣賞並樂於和兒童分享他的問題或感受，讓兒童感受到他是被支持、肯定、關心和接納的。因此，教師的語言和非語言的行為表現必須一致，並且要使用正向語言，以便建立一開始的信任關係。

伍、支持

　　當兒童表現出情緒壓抑、感到徬徨無助、基於負責已為某事做了決定，或想要嘗試新的挑戰等情形時，教師應提供適度的關懷和肯定，降低學生的焦慮或引發其產生希望。為此教師要以肯定的方式表示支持，並協助兒童從正向角度來看待事情；此外教師也應以身作則，要表現出積極、正向、樂觀的態度，作為兒童參考之架構。

　　綜上所述可知，教師要做到尊重、真誠、接納、溫暖和支持，尚須搭配二項基本能力，即同理心和觀察力。因為一位具輔導理念的教師會藉由言說行為，表達自己對兒童內心世界的支持和關懷，讓兒童感受到教師是了解我的，讓兒童能卸下防衛，真實地面對自我。

　　除此之外，一位有責任感的教師會透過觀察及其個人對所觀察事物的敏銳度，進而做出適度的決定和處置，幫助兒童能對自己有更深入的了解。基本上，教師對兒童的觀察必須掌握以下四點原則：

1. 客觀的觀察：教師不可對兒童有先入為主的觀念，否則觀察的結果就會失之偏頗。
2. 持續的觀察：教師對兒童言行舉止的觀察，尤其對個案兒童來說，必須要能長時間的觀察，藉以協助找到問題行為的真正事因。
3. 多向度的觀察：教師應針對兒童在學習和遊戲的過程、同儕互動、與家長相處，或獨處時的言行舉止加以觀察，以期從不同情境資料的蒐集，能對兒童有更多的了解。
4. 質量並重的觀察：教師必須對兒童言行舉止的觀察，給予發生次數的記錄和發生行為的文字描述，以作為協助兒童的參考依據。

第 三 節
進行班級團體輔導

　　所謂班級團體輔導，係指教師透過有計畫的班級團體輔導活動方案的設計與實施，可轉變成教師與兒童彼此成長和良性互動的過程，使兒童輔導工作的推動成為師生雙贏的共同經驗，進而幫助兒童能更了解自己也更了解別人，在團體中促進人際之間的互動關係，以及增進對社會環境變遷的適應力。

　　對課後照顧的教師來說，班級團體輔導活動的實施，可安排在每週固定的時段；至於活動方案主題的選定，則可依課後照顧服務方案的目標，或配合重大時事與議題予以規劃安排。以下本節進一步從班級團體輔導方案設計的考量因素、班級團體輔導常用的學習策略、班級團體輔導活動方案的實施，以及方案實例等四個層面做一介紹，茲分別說明如下：

壹、班級團體輔導方案設計的考量因素

　　在方案設計的實務工作上必須考量以下七個因素（王智弘，1998）：

1. 主題的研擬：班級團體輔導方案的主題選擇與方案命名。
2. 目標的設定：方案目標的設計與撰寫。
3. 流程的推演：班級團體輔導活動的設計與實施流程的推演。
4. 媒體的準備：相關媒體的蒐集、設計與應用技巧的演練。
5. 場地的規劃：實施場地的選擇、設計與事先的布置。
6. 資源的協調：相關人力、物力、財力與行政和社區資源的取得及協調。
7. 效果的評估：評估方法的選擇與設計、評估資料的蒐集。

貳、班級團體輔導常用的學習策略

　　教師在班級團體輔導活動的安排上，較常使用的學習策略，包括：角色

扮演、腦力激盪、討論法、辯論法、價值澄清法、戲劇表演、分組活動、座談會、參觀訪問、影片欣賞、遊戲等。教師應針對活動的主題和目標，搭配合適的學習策略，必定能強化班級團體輔導的功能。

參、班級團體輔導活動方案的實施

方案的執行過程是否能達預期的效果，有賴在實施流程上有妥善的規劃與細心設計，實施的細部流程包含下列步驟（王智弘，1998）：

1. 引導情緒：暖身活動的選擇與使用，氣氛的營造，情緒的引導。
2. 運用媒體：媒體的操作與使用以增加說明或催化的效果。
3. 循序漸進：活動進行次序的安排，整體效果的銜接。
4. 催化互動：團體輔導方案不同於教學之核心因素，乃在團體動力因素之應用與掌握，催化學生彼此的參與和互動，是為團體輔導方案設計精妙之處。
5. 鼓勵分享：學生的參與以及彼此的分享與回饋，使團體輔導的效果得以和生活經驗及個人連結，而深化其效果。
6. 引發領悟：學生在參與中獲致新的想法與感受而引發學習的領悟，開啟改變與成長的契機。
7. 促成行動：為落實學習領悟所得的成果，鼓勵學生即席或在日常生活採取行動和演練成果，為確保團體輔導方案實施成果的重要步驟。
8. 統整經驗：方案實施結束前的經驗統整有回顧與前瞻的重要功能。
9. 彼此回饋：提供師生之間、學生與學生之間的回饋機會，以延續良好活動關係與強化方案成果。
10. 評估效果：方案設計本身應包含效果評估的規劃與設計，以提供方案自行改進和不斷修正的機制，而能從實務工作中不斷有機地成長和引發新的設計構想。

肆、班級團體輔導舉例──921 地震班級團體輔導

本案例係以 921 地震作為方案設計的核心理念（參見表 14-1），希望透過班級團體輔導的實施，讓兒童感受到生命不是孤單的，並藉著在班級中經驗和情感的分享，形成同儕關心和支持的力量（魏渭堂、吳錦鳳，2006）：

1. 教師先適度釐清自己對人生與死亡的態度與看法，且能真誠無畏地表露自己的感覺和想法，最好是教師也能參與過類似的團體或實際的經驗。

2. 教師以邀請、開放的態度來帶班級團體，不批判、不評價、不比較，例如，不說：「不要難過，你要堅強」、「你家房子才半倒，他家可是全倒呢」。而是運用引導式的技巧，多鼓勵、多描述 How，少問 Why，來讓學生描述他在地震中的經驗和感受。例如：「地震當時，你的情形是……」「地震這陣子來，你最常聽到或看到的是……」「地震後這幾天，你的生活如何……」。

3. 開場白的暖身，不妨用教師親身經驗做自我開放，例如：「地震當時，我也是很害怕，不知道躲在哪裡好？還以為炸彈來了，世界末日到了。」暖身不要太長，避免反而成為焦點。然後由學生七嘴八舌，重建現場，也有助於拉回現實感。

4. 班級團體中可由相同經驗者再分成小組，有同樣經驗的學生一組，可以讓他們更容易表達，互相支持與陪伴。

5. 教師不妨準備面紙，供哭泣學生安心使用。

6. 班級中若發現焦點同學，邀請同學給予真摯的支持和協助。

7. 重視個人內心自癒的能量，協助學生找到力量。

8. 整理出災變後自己可以做的事，發展重新出發的力量。邀請同學分享心得，時間夠的話可用接龍方式進行。結束班級團體輔導活動時，要終止在正向思考上。

表 14-1 921 大地震班級團體輔導方案範例

活動目標	1. 協助班上同學處理震後創傷情緒 2. 恢復同學自我功能的現實感 3. 強化班上同學社會支持能力 4. 帶出未來積極生命力量	
活動時間	一至二節	
活動程序	操作說明	使用技巧
1. 七嘴八舌： 大家先後說出地震當時以及近日來自己經歷的情景（現象與情緒），以利現場重建，把驚恐傷痛的心情說出來，並發現班上同學之家園或親友有嚴重之傷害者（焦點同學）。	老師開場：「這次的大地震，真是恐怖極了！在地震當時，你在什麼樣的情況下？你的反應和感覺是什麼？還有，這陣子餘震不斷，以及看到災難現場等等的衝擊，可能我們這輩子想都沒想過。這一節課先讓我們分享，表達我們每個人的經驗和感覺。」	運用引導式的語彙，引發一些需要被觸及的地震恐懼經驗
	學生甲：「地震時天搖地撼，好像世界末日來了。」 老師：「真是嚇壞了。」	接納情緒
	學生乙：「我家住的是大樓，那時我正熟睡，還以為在搖籃裡，誰知東西紛紛掉落，恐慌之中，趕快逃到空地，整晚就在公園，其實也露宿好幾天了。」 老師：「是呀！在那樣緊急的情況下，你已經盡了最大的努力。」	提供支持
	學生丙：「我住在學校宿舍，地震時停電，一片漆黑，擔心極了，特別是在南投家中的父母，不知會如何？」 老師：「你心裡一定急壞了，禱告上蒼父母能平安。」	表達同理
	學生丁：「我也是住在宿舍，地震後通訊全無，心裡非常不安，後來想辦法搭同學爸媽便車趕回家中，沿路一片斷壁殘垣，比戰爭還可怕，我家也倒了，不能住了，還好家人逃出來了，真是餘悸猶存。老天爺為什麼會這樣對待我們呢？」 老師：「實在難以預料，家人見面相聚慶幸極了，但你也搞不懂老天是怎麼了。」	表達尊重

（接下表）

活動程序	操作說明	使用技巧
	學生戊：「看到這次地震，讓許多人家庭支離破碎，這幾個晚上，半夜失眠睡不著，不時感覺到地在搖，每有餘震，驚恐著要不要往外逃？吃東西也沒什麼胃口，到現在手腳摸起來都冰冷的。」 老師：「擔心受怕的感覺很強，是不？我想是不是也有同學和你相類似的感覺？」	接納，形成同儕互助動力
2. 情緒洩洪： 在支持的氣氛下，鼓勵焦點同學（坐內圈）將內心的情緒做適當的宣洩，其餘同學圍在外圈，或以身體語言（例如握手、握肩等），或以卡片話語，表達對焦點同學的了解與支持。（此段活動亦可視焦點同學之多寡，分組進行之）	老師從上面活動中觀察到班上最需要支持的同學（焦點同學）。 老師邀請焦點同學：「你要不要把你家裡所遭遇到的事情說一下。」 焦點同學……	表達關懷
	老師問焦點同學：「你最想要別人（我們）為你做些什麼？」 焦點同學也許會答：「安慰我。」	表達關懷
	老師鼓勵在場的同學：「我們每個人都給他一些支持的話。」 例： 學生甲：「我會常陪著你。」 學生乙：「如果你想哭的話，我會跟你一起哭。」	表達關懷
	學生丙…… 老師對焦點同學說：「你要相信，只要你願意說出來，你會發現同學都像親人般會幫助你。」	給予信心
3. 長者對話： 請同學閉眼冥想向一位智慧的長者（或以其所信仰之宗教人物為對象），在內心中與其靜默對話，傾聽長者對此次地震災難事件的安慰或啟示。	老師對全體：「現在請各位同學把眼睛閉起來，想像你面前正坐著一位智慧的長者，他也許是佛陀、媽祖、耶穌，或你過世的親人、神明，或你所信賴的人等，你很想跟他說一些話，你可以將心中的話或困惑告訴他，然後靜靜傾聽他的回答。」（約10分鐘）	發揮潛在的創造想像與自癒力

（接下表）

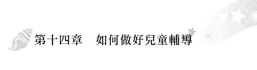

活動程序	操作說明	使用技巧
4.人與自然： 認識自己的有限性，接納自己在此災難事件中所能之作為。	老師對全體：「當地震發生時，讓我們體會大自然的憤怒與無情（反撲），我們也經歷了人的傲慢與貪婪，還有一些建商的偷工減料，我們除了對大自然深感痛悔外（例如：不重視環保），也覺得自己的渺小（例如：無法預測地震會來、無法救出更多的人，或者當時做更多救助的事）。同學可不可以分享你對人與大自然關係的一些感覺？」 例： 學生甲…… 老師：「除了上面這些感覺以外，我們來想想看能做些什麼？」	接納自己
5.行動活力： 請同學說出災後自己最想做、最可以協助做的一件事。	老師對全體或分組同學：「讓我們的愛相連在一起，（校名）人一起來，共同讓我們一起撐下去。我知道，每個同學心中都有一份愛，你也想行動、貢獻你的力量，你曾想過為災區民眾、為自己、為家人、為周遭的人做些什麼事呢？請同學把它寫在一張紙上，我們將會統計全班同學的想法與做法。」	腦力激盪
	讓同學寫出來，將紙張蒐集起來剪貼在海報上，張貼在教室。	激發行動力
	最後請全體或小組同學手握著手，每個人說一句話。	團體支持力

資料來源：921 大地震班級團體輔導活動方案，魏渭堂、陳月靜、吳錦鳳，2006，http://www. edu.tw/EDU_WEB/EDU_MGT/E0001/EDUION001/menu03/sub01/content_010203/paper0103.htm

第四節
建立兒童輔導網絡

　　課後照顧辦理單位為能使兒童輔導工作產生最大的成效，有必要建立兒童輔導網絡。就內部而言，須整合單位內各工作小組的行政資源，以及教師和家長的力量；外部則必須考量與兒童輔導和社會福利有關的政府機關，或民間團體、社區心理衛生中心、醫療保健機構等單位的統合，共同建置兒童的輔導網絡。

壹、兒童輔導網絡的型態

一、支持性網絡

　　連結課後照顧辦理單位與社會支援系統，例如，單位內的成員、學生家長、社區人士、家庭等，以及各類社區資源，包括：社會福利團體、宗教團體，及其他各種社會資源等之間的組織結構。透過這些機構的合作與努力，提供良好的教育環境，幫助兒童有充分的機會發展社會應變的能力。

二、治療性網絡

　　連結課後照顧辦理單位與心理諮商、精神醫療及各種輔導網絡之間的組織架構。醫療網絡包括公私立醫療院所、心理級精神醫療中心等；社會輔導網絡包括張老師、生命線、少輔會等。若有孩子在成長過程中發生偏差，則透過治療性輔導網絡中各成員的幫助，可使他們盡快回到正常的社會化過程之中。

貳、兒童輔導網絡的內涵

1. 單位內的輔導機制：建立主管、教保人員、保育人員、社工人員、相關工作人員的聯繫網絡。
2. 政府機關：包括教育局、社會局、家庭暴力暨性侵害防治中心等。
3. 社區醫療體系：包括醫院、衛生教育諮詢網、心理醫師諮詢顧問制度等。
4. 輔導諮詢機構：包括社區內各級學校輔導處、生命線、張老師，或大學輔導心理相關系所等機構。
5. 圖書媒體資源：例如，訂購與兒童輔導有關的書籍、期刊等。
6. 網路系統：在專屬網站內建置兒童輔導網絡之網頁。

參、課後照顧兒童輔導網絡之運作

一、兒童輔導網絡系統的建置

以課後照顧辦理單位為中心，根據上述內容建立輔導網絡資源系統，與這些機構建立關係並保持聯繫。

二、兒童輔導網絡的運用

建置完成的兒童輔導網絡，應配合課後照顧服務方案的行銷作業，讓所有人員都能充分了解，且方便查詢使用。在做法上，例如，將輔導網絡印製成摺頁，人手一份；將輔導網絡上網；將輔導網絡資訊印製於教師手冊等。除此之外，也可配合教學研討會的召開，進行個案分享或輔導網絡實例示範，讓教師在實務操作面能夠更為熟悉且樂於使用。

三、兒童輔導網絡運用之回饋與支援

課後照顧辦理單位和社區資源機構彼此建立關係並務實運作後，在業務的結合與聯繫上，應以兒童為中心，透過回饋機制的運作，互相支援，讓不

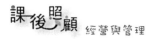

同單位之間的整合功能得以充分發揮。

第 五 節
問題討論

在讀完本章之後，你應該能回答下列與課後照顧辦理單位如何做好兒童輔導有關的問題：

1. 兒童輔導工作愈來愈重要，請試述其原因為何。

2. 為提升課後照顧教師的輔導知能，可透過哪些途徑？請試述之。

3. 兒童輔導工作的原則和重點有哪些？

4. 兒童常見的偏差行為有哪些？請舉例說明之。

5. 請以生命教育為題，擬定一份時間為二節課的班級團體輔導方案。

6. 兒童輔導有哪些基本的技術？請進一步透過小組方式進行相關技術的演練。

7. 為何要建立兒童輔導網絡？它與兒童輔導工作的落實有何關聯？

8. 請以你居住地或服務的區域，試擬一份兒童輔導網絡的計畫草案。

第十五章

如何做好專業成長

本章大綱

學 習 目 標

壹、了解行動研究對教師專業成長的意義並能加以運用

貳、了解教學研討的重要性並具備規劃和執行的能力

參、了解教學觀摩和教學視導是教師精進課堂教學的基
　　本能力，並能據以實踐

肆、了解教師專業評鑑的目的，並且能運用多樣化的評
　　鑑方法提升專業素養

伍、了解終身學習對教師專業素養的重要性，並願意培
　　養其能力和習慣

第 一 節
推動教師行動研究

面對行動研究（action research）的興起，對從事教育工作的人來說，它並非一項新的政策或理念。最早見於 Corey（1953）所著《行動研究改善學校實務》（*Action Research to Improve School Practices*）一書中，就有系統地在教育中定義行動研究。Schwab（1970）則指出「教師即研究者」的新概念，強調教師有責任對實務工作進行了解、改善和自我成長。除此之外，Carr 和 Kemmis（1986）更進一步強調「事實是最好的路」（there is one truth, one best way），強調行動研究能使教師從無權力和宰制中，轉變成權力者而得到解放。

據此而論，行動研究的發展，對課後照顧的工作人員來說，無非是要使其成為一位有理念、有能力，能夠促進教育和保育專業的實踐者。而且在此過程中，所獲得的具體成果更可撰寫成書面報告，供組織內的成員閱讀，或建立行動研究心得分享與經驗交流的運作機制。職是之故，從事課後照顧工作的相關人員應善用行動研究機制，作為改進課程、教學、評量、班級經營、保育等專業化作為之具體表現。

壹、行動研究的意義

行動對每個人來說，就像是生活上的附屬品，當個體決定要做某件事，或達成某項願望時，行動就成為理想實踐的原始動力。因此，對課後照顧的教師抑或是各行各業的人，行動是個體每天面對工作情境、解決問題，或與他人共同合作等不同環境裡，必須經歷的重要過程。但是，當行動加上了研究二字，卻成為實務工作者望之卻步的一件事。

因為，一般人總認為研究是大學教授或學者專家的專利，而行動則是實務工作者的職責。特別是傳統的研究，大多是以學者專家為主體，其研究之

目的，多在建立普遍的原理原則或可進一步類化的理論知識。因此，傳統的研究結果，總是無法直接應用在解決實務工作情境中所產生的問題。換言之，理論和實務之間往往存在著不可避免的差距（Zubert-Skerritt, 1996）。

　　然而，面對實際情境所產生的問題，個體除了透過經驗法則予以解決外，應用客觀方法、工作者彼此之間合作，以及透過系統化的行動方案，企圖獲得較佳的結果，進而提升工作成效，更足以代表個人對工作態度的積極回應。此一作為，即是實務工作者建立在問題情境中，使行動和研究合而為一的具體作為，它是和工作相結合的，其結果是可以立即應用的，並非額外增加工作者的負擔。

　　職是之故，行動研究是一種由工作者共同參與，謀求工作情境中當前問題之解決，評價並導正決定與行動過程的研究方法。在教育方面特別適合於教育實際問題之研究（胡夢鯨、張世平，1988）。而且，行動研究在本質上，對實務工作者（即研究者）的研究能力要求不高，它所強調的是組織成員行動、合作、保持彈性與不斷考核、檢討的運作機制。換言之，當行動和研究在工作場域中相結合時，所蘊涵的是個體對實務工作的反思與檢討，它可促使理論和實務更接近，是一種具有專業價值導向的研究，值得課後照顧辦理單位加以推廣和運用。

貳、行動研究的特性

　　整體來說，行動研究包括下列三項基本理念：(1)經歷真實情境的個體，是最佳研究與探詢的人員；(2)人類的行為深受其所在真實情境的影響；(3)質性研究可能是最適於用在真實情境的研究方法（Mckernan, 1991）。因此，行動研究根植於真實情境中，兼具實用性與問題解決導向的研究方法。研究者在真實情境中所運用的策略，是一種發展性的計畫，它將促使問題的形成－診斷－行動方案－研究結果－問題的解決或問題的再形成，成為一個循環的過程。

　　同時，研究者透過個人的看見、理解與詮釋，真實地記錄在此過程中所自然產生的現象，以避免研究結果受到干擾，而喪失了研究結果在真實情境

中達成問題解決或改善的有效性。因此，行動研究與其他研究方法最大的不同，即在於實用價值顯著高於理論的探討，或止於發現理論知識。

基本上，行動研究包括下列六點特性（Altrichter, Posch, & Somekh, 1993, pp. 6-7）：

1. 行動研究與真實社會情境有關。
2. 行動研究源自每天教育工作中所發生的實際問題，它的目標在於改善實務和發展參與過程中的知識。
3. 行動研究的內涵兼具學校教育的價值和教師的工作情境。它可改善在教育系統中的工作情境與價值。
4. 行動研究是提出簡單的方法和策略去研究和發展實務。
5. 特定的研究方法或技能不是行動研究的特徵，行動研究是一種持續的、緊密的連結，以及對行動的反省。
6. 每一個行動研究的方案有它本身的特色，並沒有固定的模式。因為統一的模式可能會限制行動研究之研究途徑的多樣性。但是，從不同行動研究過程中可歸納出一些典型的階段與步驟，如圖 15-1 所示。

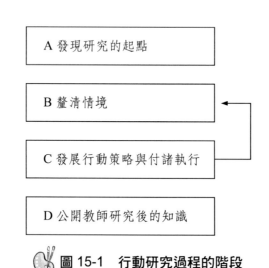

圖 15-1　行動研究過程的階段

資料來源：*Teachers investigate their work: An introduction to the methods of action research* (p. 7). by H. Altrichter, P. Posch, & B. Somekh, 1993, N.Y.: Routledge.

　　總而言之，從事課後照顧工作的教師，應當從教育和保育的觀點加以思考，運用行動研究的精神、原則和策略，投注在自己所面對的工作情境，並尋求團隊合作的支持。如此一來，對於課後照顧專業服務的提升，以及組織成員彼此間經驗知識的交流，必定能夠形成一股助力。

參、如何進行行動研究

一、找到行動研究的開端

　　對實務工作者來說，行動研究並沒有嚴格的規定，只要掌握行動研究的精神，依循一些基本的步驟和概念，就可以為實務工作帶來新的視野。當然一開始最重要的，就是要能找到值得研究的起點，這個起點可能來自於工作上的困境或有待解決的問題；也可能是研究者個人所感興趣的主題，例如，教學方法、課程的研究發展、學生的學習態度，或者是班級經營策略等向度。而這個起點可以透過腦力激盪、與他人討論，或者從平常的工作日誌中尋找可能的線索。

　　當找到這個可行的起點後，為了確認其研究的價值所在，你必須進一步釐清以下的問題，以幫助自己了解這個問題和實務工作是否有明確的意義連結。即你想要為自己的工作改變什麼；為什麼要改變；這些改變可以為你的工作帶來什麼不同；而與這些改變有關的人，他們對於可能的改變會有何想法；學生會因此獲得什麼具體的學習成效。一旦這些問題有了答案後，就可以進一步發展行動方案。

二、擬定行動方案並予以執行

　　如果你已經掌握了研究的起點，也再次檢視了目前的實務工作和確認要改進的地方及其理想目標。接下來，必須進一步提出行動方案，研究者可參考表 15-1 內容之順序，逐項進行行動研究的各項工作。

表 15-1　行動研究方案的實施計畫表

研　究　題　目：		
各階段工作項目	時間	備註
一、準備階段 　　1. 提出研究的問題 　　2. 確認研究的領域 　　3. 蒐集及閱讀相關文獻 　　4. 確定研究的目的		
二、尋求資源 　　1. 擬定經費預算 　　2. 檢視需要的設備是否皆可取得 　　3. 與他人一起工作 　　　確定研究參與者 　　　邀請你的批判學習夥伴 　　　確定檢證團體 　　　訂出一起開會討論的時間		
三、擬定行動策略 　　1. 對於達成的研究目的至少想像出一種以上的可能方法 　　2. 歸納出一套有系統的解決方法 　　3. 邀請你的夥伴一起討論這套解決方法的觀念及想法 　　4. 決定你可能需要蒐集的資料 　　5. 選擇蒐集資料的方法及工具		
四、執行行動研究策略 　　1. 蒐集各項資料，並將資料與你的夥伴一起討論 　　2. 評估影響 　　3. 檢視是否需要修正行動研究策略 　　4. 確認可以建立宣稱的標準 　　5. 思考從檢證團體所獲得的回饋		
五、撰寫行動研究報告並與他人分享 　　1. 仔細思考這個行動研究對自身的意義 　　2. 與研究參與者共同討論 　　3. 詢問學校裡其他人的意見 　　4. 考慮如何以不同的方式來進行此方案		

(一)準備階段

準備階段主要是延續行動研究的開端，讓整個研究變得更有系統且予以書面化。你必須透過相關文獻資料的蒐集、整理和閱讀，幫助自己對此研究領域有更進一步的認識和了解，並和實務現況做一整體性的分析討論，才能擬定具體可行的研究目的。主要關鍵在於使理論和實務的界限消除，讓你的實務工作也可以成為一種實踐理論。

(二)尋求資源

在行動研究的過程中，人力資源是非常重要且必需的，因為行動研究是研究者和他人一同做研究，而不是對人們做研究。為此，研究者必須先確定以下三種人的角色定位，並進一步邀請他們一同參與你的行動研究：

1. 研究參與者：教育或保育的行動研究之目的，無非是想改善工作現況或增進學生的學習成效，而與此工作有關的人，就成為你的研究參與者。舉例來說，如果你想要提升學生在團體活動時與同組同學合作學習的能力，那麼過程及結果你都得了解，你的行動策略對這些學生所產生的實質影響，所以學生的回饋意見就顯得格外重要。質言之，你有義務讓與你研究有關的人，了解你的研究如何進行，邀請他們提供回饋，並且讓研究參與者知道，他們在過程中的表現會被記錄並加以評估。當然，你也有責任對相關的資料做好保密的工作。

2. 批判學習夥伴：亦稱為批判性諍友，簡單來說，他是你工作場域裡一個或數個有能力又有意願和你一起討論工作的人。既然是批判學習夥伴，那他的回饋就不能只是歌功頌德式的分享，而必須要能幫助你從不同的角度思考問題的現象或本質，以協助你更清楚地看到自己在行動研究中的位置，進而能做出更適切的判斷。除此之外，你還必須了解，你和你的批判學習夥伴之間的關係，應該是相對的；所以，你也必須給予你的批判學習夥伴協助、支持和鼓勵。

3. 檢證團體：將你的研究計畫和研究成果拿給一些人審視，以確保你所得出的結論不是自以為是的想法，而是獲得許多人認可的事實，當然，你的想法也可能會受到其他人的嚴厲批評。好同事會建議你如何調整研究工作和修正想法，當你撰寫研究報告時，要納入這些意見，並且要說明

你對這些建議的反應和動作，以及它們如何幫助你更完整深入地思考問題和採取行動（朱仲謀譯，2004）。原則上，一個好的檢證團體，最好是由能對這個研究表示同理的人來組成，因為他們對此研究可能是感興趣的、應該是支持的，也或許就是他們的專長，不管是理論還是實務工作上的專長，而且他們必須能夠提供批判性的回饋。

(三)擬定行動策略

行動策略是你是否能達成研究目的的重要關鍵，一個好的行動策略必須扣緊你的研究目的，每一個策略的焦點和範圍都必須明確詳實，為此研究者至少應當提出一種以上的可行策略，並藉此規劃一個有系統的策略架構。而對於實務工作者或初次運用行動研究改善工作的人來說，剛開始不要選擇一個太大的問題，以免行動策略過於龐大，反而不容易執行和檢證。此外，當有所疑慮時，則建議可以選擇較小或較局限性的計畫，會較容易實施。在這個階段，你可以邀請你的批判學習夥伴和檢證團體，和他們一同討論你的想法和觀點，以謀求一個具體可行的行動策略。

本階段另一項重要的工作就是決定你可能需要蒐集的資料，和選擇蒐集資料的方法和工具。在行動研究的過程中，資料是被當作一種對行動做出特別說明或詮釋的證據，當每一個行動研究完成時，自己將擁有對行動循環的監督和評估的紀錄。換言之，如果在行動之前，你無法決定需要蒐集何種資料，就無法證明你的研究是否成功。舉例來說，如果你要提升班上學生的口語表達能力，你就必須了解學生在上課中和口語表達有關的行為，包括：學生上課主動發言的情形、言說的內容、使用的詞彙、參與討論的情形等資料加以蒐集。

至於蒐集資料的方法和工具，一般來說，常被使用的方法有錄音、錄影、攝影、課堂觀察、教師的教學日誌或工作手札、學生的學習檔案，或與學生的晤談、問卷等，都可使所蒐集到的資料成為有價值的研究內容。

(四)執行行動研究策略

在執行階段，你必須仔細觀察發生的事物，以及注意和覺察當中的各種現象，進一步評估和檢視是否有修正行動策略的必要，並持續地監控以蒐集有效的資料。在此同時，你要整理和組織你所蒐集到的資料，使你能夠確認

這些證據是不是已經達成你的研究目的，對於這些證據的標準，你可以和你的檢證團體一同討論，以尋求獲得有關你的行動研究是否已導致改善的回饋。如果檢證團體未能同意你的宣稱，你必須思考他們說了些什麼，或者重新整理資料後再呈現你的證據。在此階段，研究者應當要有自我批判和反省的習慣與能力，才能對你的專業發展有實質的助益。

(五)撰寫行動研究報告並與他人分享

公開及分享行動研究的成果，能夠引起其他教師的共同思考與批判對話，進而獲得情感上的、認知上的與行為上的共鳴，並對組織內的成員在教育和保育工作上產生啟發意義，進而擴展行動研究的影響潛力，開發更多的機會來增進教師的專業權能感、建立專業自信與自主（甄曉蘭，2003）。

肆、行動研究案例──課程發展與教學的行動研究

本研究是以一年級教師為合作研究的對象，實際探討課程統整與實踐過程中，經由行動研究所獲得的系統知識。具體而言，本研究目的是以發展統整課程以提升教師自編教材的專業能力為核心，並進一步透過行動研究的歷程，建構統整課程發展的系統概念圖和知識流程圖，以作為日後改進教學之參考。

以下所呈現之案例，主要包括找到一個起點、釐清情境、執行行動研究策略，以及形成結論等四個階段，茲分述如下：

一、找到一個起點

在○○年○○月○○日的教師進修時間，學校邀請了一所推動小班教學成效不錯的學校教師，到校與我們分享課程統整的實務經驗，演講者藉由一張張投影片的呈現，提出該校所做的成果。到了隔天晨會，教務主任告訴全校教師：「已為各位辦理研習，請各位老師開始進行課程規劃，在學期結束前要實施完畢。」此時的教師晨會已瀰漫著一股不安的氣氛，隨即校長接下麥克風說：「只透過一次的教師進修就馬上實施，恐怕老師的準備度還不夠，再過一陣子可能比較恰當。」（研札○○年○○月○○日）

晨會後，研究者（以下簡稱我）和教師會會長針對此事做了一些討論後，決定進一步了解老師們的想法，在一次老師的聚會中，我將上次週三進修的議題提出與老師分享，並且詢問老師兩個問題：「你們覺得學到了什麼？」「你們會做了嗎？」經過反思之後，老師們大多表示：「結果導向的進修課程，並沒有辦法提供實作過程的參考」，「學校在課程統整的發展上，並沒有給予我們太多的支持」（研札○○年○○月○○日）。至此，我已找到研究的利基與起點，即老師們對於課程統整的實施並非全然排斥，只是對於該如何進行，似乎找不到一個具體的方針，另一方面也認為自己的能力可能還不足。

二、釐清情境

為釐清老師對課程統整的概念，我和教師會會長在與一年級老師的訪談後得知，老師們對課程統整的概念多半是片段、零碎的知識，且欠缺實作的經驗，對於其他學校的推動情形也不太了解。因此，我和一年級老師研商之後，希望先透過讀書會的運作方式，由我扮演學習促進者，帶領老師共同閱讀及探討課程統整的有關文獻，並了解高雄市從推動開放教育到實施小班教學的一些具體成果與特色，期能從他校的經驗中，一起找出在現有基礎上我們可以做哪些努力和準備。

基於現有人力和教師先備經驗等因素的考量，我們決定採用跨學科統整模式進行課程規劃，並以 Jacobs（1989）所發展的模式為參考架構。該模式的目標係在結合學科觀點，並關注問題、主題的探索，使學生就探究的事件，覺知學科間的關係，其概念模式如圖 15-2 所示。Jacobs 更進一步建議教師在進行課程統整規劃時，可依下列四個步驟進行：(1)選定一組織中心；(2)腦力激盪連結方式；(3)引導問題至教材的範圍與教學先後順序；(4)編寫活動設計與實施。

三、執行行動研究策略

根據文獻探討的心得，協同研究的一年級老師已決定進行統整課程的研發工作。首先，透過每週五下午的讀書會時間，大家共同研商討論，確定了

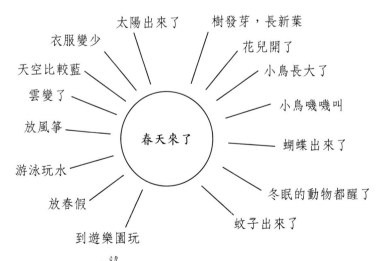

圖 15-2　跨學科統整模式

資料來源：*The interdisciplinary model: A step-by-step approach for development integrated units of study,* by H. H. Jacobs, 1989, Alexandria, VA: The Association for Supervision and Curriculum development, p. 56

下學期的教學主題「春天來了」。為能更清楚地看見春天來了這個主題可以連結的觀念與材料，一年級老師透過和班上小朋友的腦力激盪，嘗試畫出了第一張網狀圖，如圖 15-3 所示。

圖 15-3　第一次網狀思路圖

在這之後，我針對圖 15-3 提出問題和一年級老師進行討論，即「這些向度的分類會不會太細，它們很可能只是教學活動中一個小小的部分，能否將它們再做一些歸納」（研札○○年○○月○○日）。

很快地，一年級老師經過討論分類後，畫出了第二張網狀圖，如圖 15-4 所示。但是，再經彼此的討論後，發現這四個向度其實只能呈現兩個子題，分別為「春天的景象」（包括：圖 15-4 的左上、右上、右下三個圖）和「春天的旅遊活動」（圖 15-4 的左下圖），如圖 15-5 所示。隨著這兩個子題的呈現，我進一步提出了下列兩個問題：「現在只有兩個子題是否足以成為跨學科的統整課程，而這兩個子題只能和什麼學科做連結」；「是否可以就所連結的子題名稱再做一些潤飾」（研札○○年○○月○○日）。雖然，當時並沒有針對這二個問題馬上進行討論，但從一年級老師的反應中，已清楚地感受到他們對課程統整的構思又向前跨越了一大步。

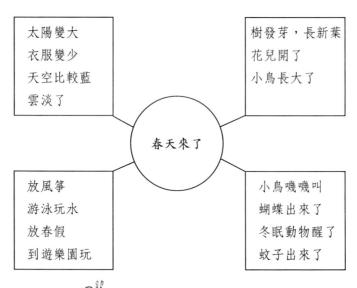

太陽變大
衣服變少
天空比較藍
雲淡了

樹發芽，長新葉
花兒開了
小鳥長大了

春天來了

放風箏
游泳玩水
放春假
到遊樂園玩

小鳥嘰嘰叫
蝴蝶出來了
冬眠動物醒了
蚊子出來了

圖 15-4　第二次網狀思路圖

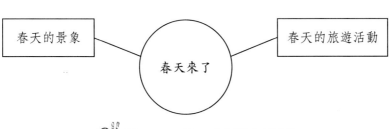

圖 15-5　第三次網狀思路圖

　　一個星期後，已清楚看見初步的輪廓。因為，一年級老師將原先圖 15-5 最後所歸納的兩個子題，分別將「春天的景象」改成「發現春天」和自然科做連結，將「春天的旅遊活動」改成「拜訪春天」和道德與健康科做連結。而這兩個子題的定名，讓我和一年級老師都深刻地感受到，它所代表的不只是主動探索，更意涵著教學活動是一個動態的歷程。同時，在這一週內，一年級老師也將下學期的課本重新審閱，發現國語、音樂和美勞等三科的課文內容，也可以和本次的課程主題結合。因此，他們隨即增加了兩個子題，即「認識春天」和國語科做連結，「美哉春天」和音樂、美勞科做連結。

　　至此，網狀思路不但愈來愈清晰，而且和圖 15-3、15-4、15-5 比較起來，也有了完全截然不同的面貌。但我和一年級老師仍覺得似乎少了什麼，因為，既然是統整課程，學生必定會有一些跨學科的學習成果，得以在課程實施的過程中，藉由活動設計或評量予以呈現和分享。基於這個想法，我們進一步確立了這個子題的基本立場，即它或許可以不和特定的科目做連結，但它能夠完全涵蓋前面已定案的四個子題所欲達成的教學成果。最後，我們將其定名為「春的禮讚」，所連結的是四個子題的學習成果。

　　經過網狀思路的發展，本次統整課程的主題共結合了「認識春天──國語科」、「發現春天──自然科」、「拜訪春天──道德與健康科」、「美哉春天──美勞科、音樂科」、「春的禮讚──學習成果」等五個子題，如圖 15-6 所示。由於圖 15-6 是一年級老師接下來進行學科內容統整規劃的依據，因此，我們將其定名為「課程原始構念圖」。整個原始構念圖的發展，從一開始一年級老師海闊天空的思考到逐漸的聚焦，可以從圖 15-3、15-4、15-5、15-6 之間的轉折中看出，它已成為一種見樹又見林的系統思考（system

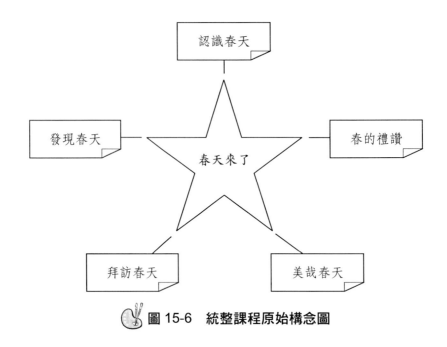

認識春天

發現春天

春的禮讚

春天來了

拜訪春天

美哉春天

圖 15-6　統整課程原始構念圖

thinking）。綜合言之，其發展過程係藉由超學科統整的觀點出發，使老師們一開始就不受到既有課程內容的限制，從思考、討論、對話的過程中去發現教學主題的內涵，之後，將其結果進一步的與原先課程做連結，逐步發展成跨學科的統整課程。

第二階段，我和一年級老師將之前在發展原始構念圖過程中曾經出現和討論的相關論題，進一步區分成兩個不同的系統，即學科系統，包括哪些科目單元、與外在世界的連結、科目的配置流程；以及教學系統，涵蓋教學策略、級科任的合作與親師合作。茲分別說明如下：

在學科系統方面：經過彼此對教材內容的討論，共統整了國語、自然、音樂、美勞、道德與健康等五個科目，在檢視各科教材後，一年級老師針對課程內容不足的部分，增加補充教材，以符合教學上的需要，達成預期的教學目標。在與外在世界連結方面，為了能強化學習的成效，則分別設計了戶外教學、母親節感恩和成果發表會等三項配合活動。同時，一年級老師根據前述討論結果，將教學資源區分為人力資源：即行政、社區家長，以及物力

資源：包括學習單、投影片、圖片、豆子、培養皿、字卡、春天的詩篇、錄音帶。

最後，在進行科目的配置流程安排時，三位老師的速度減慢了，他們的疑問是：「跨學科的課程應該怎麼安排？科目與科目之間的流程應該如何銜接？應該從哪一科開始教起？」此時，我和三位老師再次運用對話、反思的方式，並透過以下的問題，釐清所面對的瓶頸：「在進行這個主題教學之前，學生有哪些舊經驗呢？」「我們所設計的教學活動，它的核心概念是什麼？」「有哪些活動或教材是我們補充的？」「哪些活動是用於評量學生的學習成果？」

當這些問題經過彼此的對話，似乎有著柳暗花明又一村的感覺，我們決定將學習活動區分為四個部分，分別是「導入活動：喚起學生的舊經驗，引導學生對即將學習的課程產生興趣」；「核心活動：課程設計中要教給學生主要概念的相關課程」；「支持活動：教學者自行設計補充的教材，在教學過程中和核心活動互相搭配」；「評量活動：預定評量學生學習成果的各項活動及方式」（研札○○年○○月○○日）。

在這個階段，三位老師各司其職，互相輔助，已為日後的教學活動奠定良好的基礎，而在進行課程統整的過程中，我亦深刻地感受到一種漸序發展的思維，已發生在我們之間，其概念如圖 15-7 所示。

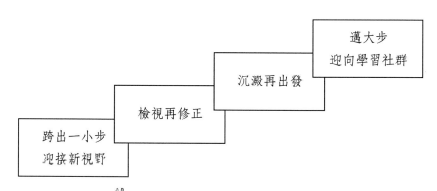

 圖 15-7　團隊學習的思維發展階層

　　而在教學系統方面：為有效達成此次的教學目標，一年級老師研商決定了討論、觀察、發現、操作、參觀、腦力激盪及講述等六項教學方法，並且將學生的學習活動分成「班級內分組學習、三班協同教學、班級內個別自主學習」等三種學習式態。在級科任合作上，陳老師提到：「我們好像一開始就沒有請科任老師參與討論，在實施上會不會有困難」（研札○○年○○月○○日）。

　　這個問題確實是一開始就疏忽了，尤其在討論網狀思路時，就已提出級科任合作是課程統整落實的關鍵因素之一，但也沒能即時邀請科任老師參與，因此，我們隨即檢視各班科任老師的授課節數，還好僅有陳老師因擔任組長，所以有四節的科任課，經協調後，科任老師也願意配合統整課程的實施。

　　而在親師合作方面，由於各班先前就已有班親會的組織運作，因此，在配合上並無任何問題。整個課程規劃發展，在經過學科和教學兩大系統的探討，已接近完成的狀態，最後一項工作是決定何種評量方式，才能真正了解孩子的學習成果。經過彼此的討論，決定運用紙筆測驗、學習單、演唱、操作觀察、發表紀錄作為評量的主要方式。之後，一年級老師們開始將之前所討論定案的內容逐項透過電腦文書作業一一呈現出來，此時我又拋出了一個問題：「你們知道什麼是專業嗎？這時，只見我們彼此都會心的一笑，因為我們做到了。」（研札○○年○○月○○日）

　　本次統整課程的實施，自○○年○○月○○日至○○月○○日結束，為了使課程實施的過程中，掌握問題的發現與立即的回饋，我和三位老師仍保持每週一次的對話，分享一週來的教學成果。在第一週課程結束之後，三位老師都分享了他們的教學心得（研札○○年○○月○○日）。

　　蘇老師：「教學內容有一個核心概念支撐，不必再臨時準備課程的內容，內心覺得踏實許多，而且學年間相互支援的感覺真好。一週來發現孩子的觀察力真是敏銳，剛開始孩子的確很高興上戶外觀察課，但如果沒有適當的引導，孩子也會覺得很無聊。在這過程中，你會發現孩子如果真的靜下來看，他真的會發現且告訴你一些可能是你都不會注意到的事情。」

　　陳老師：「整個課程實施非常順暢，小朋友也覺得非常快樂。尤其，有些課程是由觀察導入，這是小朋友最喜歡的，小朋友自己能種一棵樹並照顧

它，變成他早上到校的第一件事，非常有趣。」

洪老師：「小朋友的學習動機及興趣較以往高出許多，因教學方法及內容的更新，學生的注意力及學習能力提升了不少。而且，小朋友對於自己能親手栽種小樹苗，非常的高興，參與度也很高。」

隨著課程內容的漸序實施，孩子的生活經驗與社會環境，和老師所運用及引導的科技知識，已逐漸融合在一起，而且學生的學習檔案和老師的教學檔案也變得愈來愈豐富。尤其，老師們的教學檔案已擺脫過去堆砌式的陳列方式，所呈現的是一種充滿反省、改變及行動的工作手冊。同時，在公布欄上、窗台上，也不時可以看見孩子的作品，為班級的情境布置更增添新意。而我也發現三位老師的笑容更多了，彼此談論的話題，是分別敘述著屬於自己班級的教學故事，是一種充滿學習的對話，促使教師的專業知能更為提升。

四、形成結論

以下共分為三個部分，即教師專業素養的提升、課程統整的系統概念圖，及課程統整與行動研究的知識觀，茲分別說明如下：

(一)團隊學習對教師專業素養的提升

研究者選擇團隊學習作為課程發展的運作策略，其理由係因為在現代組織中，學習的基本單位是團隊而非個人，團隊的學習方能促進組織的學習，現今我們處在一個高度競爭，一切講求快、更快、再快的社會環境中，團隊整體搭配的行動能力將會遠超過個人的表現。因為，當團隊真正在學習的時候，不僅團隊整體產生出色的成果，個別成員成長的速度也比其他的學習方式為快。所以，學習如何與他人共同學習、共同合作是組織運作中相當重要的一環，透過此一模式的運行，更能夠增進集體思維的敏銳度，有效提升組織學習、行動與生產的效能（吳瓊恩，1996；郭進隆譯，1994）。

據此，進一步檢視本研究，無疑地，我和協同研究的一年級老師從一開始的文獻閱讀，到課程設計及實施，即充分掌握了團隊學習的精義，因為在對話過程中，我和一年級老師都放棄了個人的成見，總是能傾聽對方的所言、所問，尋找言說內容的異同處。即使在下午課餘時間，也不時看見一年級老師對課程的規劃與實施不斷地交換意見，將個人反思後的看法記錄在教學檔

案中。這樣的情景引起了會計主任的注意，她問蘇老師：「你們好像很投入，不覺得累嗎？」蘇老師的回答確實令人為之振奮，她說：「我覺得這個過程讓我學到很多。」（研札〇〇年〇〇月〇〇日）

另一方面，從前述對課程規劃與實踐的過程中可知，協同研究的一年級老師已能藉由不斷的反思，擬定下一步驟的具體工作內容。彼此更將對方視為工作夥伴，在協同教學中分享專業與共同學習。就如同一年級老師在課程實施後，心得分享所得到的結論是：「我們已體會教師專業能力培養的重要性，教師專業分工合作的必要性，如此才能提供最完整的、最好的教學品質給學生。」（研札〇〇年〇〇月〇〇日）總而言之，團隊學習策略的運用，確實能對教師專業素養的提升，產生實質的效益。

(二)課程統整的系統概念圖

本研究在課程規劃階段的後期，已明確地將課程統整在發展歷程上區分為教學和學科兩個不同的系統。為使研究中所獲得的初步結果，成為一項系統化的概念，以作為日後發展課程或與他人進行討論時的參考或依據，本研究進一步地透過圖像來呈現，如圖 15-8 所示。即課程統整以確定主題為起點，透過網狀思路將對話、討論的結果，分別連結至教學和學科兩個系統，進一步決定欲達成此次教學目標的評量方式，據以撰寫課程方案，包括導入、核心、支持、評量四個主軸，並注重課程實施時的檢核回饋，以能修正在課程規劃時考慮不周或不盡理想的面向，使統整課程的發展更為具體落實。

(三)課程統整與行動研究的知識觀

本次行動研究結束後，研究者就知識系統的建構、實施到評鑑，進一步透過圖 15-9 具體呈現。

基本上，藉由此次統整課程的規劃與實施，研究者發現協同研究的一年級老師，針對主題確定後所進行的各種討論，以及從圖 15-3、15-4、15-5、15-6 的發展序階來看，整個過程係從一些未經整理的原始資料開始，經由彼此的對話、統整，將原始資料逐漸發展成具可用性的資訊後，再經過彼此的對話、統整，成為一套有系統的知識架構。

而參與者的主動探索，把歧見視為向前發展的最佳機會是發展過程的重要關鍵。因為，我們並非試圖建立一套放諸四海皆可實施的課程，而是去建

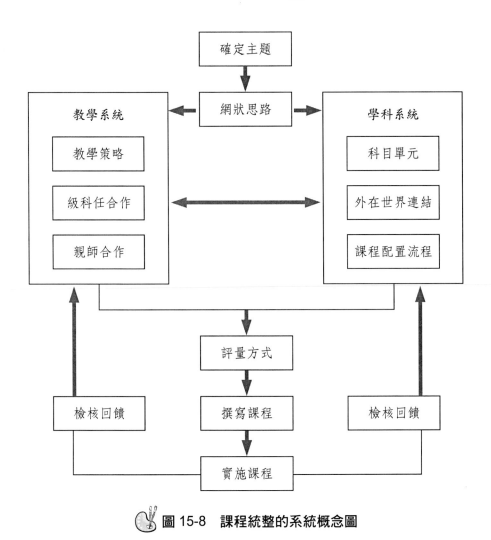

 圖 15-8 課程統整的系統概念圖

構一個屬於這個環境、這個季節、這個文化，乃至適合這裡的孩子所需要的課程。因此，我們沒有任何的壓力，甚至將發展過程中的對話視為一種提升專業能力的手段，我們樂於去享受這個情境，去創造一個小巧敘述兼具多元、創新、因地制宜的課程型態。換言之，學校本位課程的發展已經在此次開始萌芽。

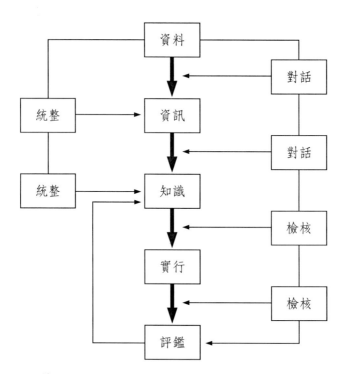

圖 15-9　課程統整與行動研究的知識流程圖

第 二 節
推動教師教學研討

　　後現代主義（postmodernism）思潮下的教育，所強調的是網狀組織、策略聯盟，以及以工作為導向的趨勢，使得教學文化必須從切割式的個人主義和分隔的小團體，走向合作的教學文化（江愛華，2002）。據此而論，一個高效能的教學團隊，其成員彼此間是願意合作、溝通協調且相互支援，團隊成員能知道自己在團隊中的角色和任務，不斷地精進團隊及其個人的工作效能與效率。

　　一般而言，教學研討機制的發揮，係可整合現有人力資源，透過專業對話，以及行動和反思的連結歷程，營造出教師合作的教學文化。所謂合作的教學文化具有下列十項特點（Hargreaves, 1993）：

1. 精神支援：合作可強化老師的決心，大家可互相扶持度過挫折和失敗。

2. 增進效率：合作可減少重複的心力，除去老師和學科間不必要的重複。

3. 改善效能：合作可鼓勵老師的冒險精神，採用多樣式的教學方式，改善老師之間的效能意識。

4. 減低負荷：合作可使老師之間互相分擔從繁重的工作中及加速變化中而來的重擔和壓力。

5. 同步進行的時間表：老師們一起參與活動和溝通，可使大家制定實際的改革時間表。

6. 建立安全感：一起制定教學目標可使老師們減少不安定感及過度的愧疚感。

7. 堅定的政治立場：堅固的合作可使老師們更有信心及更確定的與周遭的體系產生相互影響。

8. 增強反思的能力：老師們之間的對話和合作讓彼此得到回饋和比較，這促使老師們可反思其教學方針。

9. 提高組織反應力：老師們之間的合作集合了老師人力的智識、專業和能力，因而提高組織對周遭環境需求的立即反應能力。

10. 學習機會與不斷的改進：合作增加老師們彼此之間的學習，且合作鼓勵老師們對改變的看法不再是一件必須完成的工作，而是一種持續不斷的改進，合作是組織學習的不二法則。

　　本節主要內容，包括：教學研討應避免一般會議的通病；教學研討要從團隊學習開始；教學研討要營造理想的溝通情境；以及教學研討會的實踐等四個部分。茲分述如下：

壹、教學研討應避免一般會議的通病

　　以國民小學為例，綜觀校園內的各項會議，倘若相關人員並不重視會議

的功能，或者受到組織文化長期以來的影響而形成僵化思維，以下所列各種狀況其實是很容易在校園內出現。基本上，這些狀況也值得課後照顧辦理單位借鏡，以避免同樣的錯誤發生在自己的組織內，以致教學研討形同虛設，根本無法發揮其應有的功能。

1. 只有工作計畫但並沒有確實執行會議。
2. 會議的功能流於形式，導致每次開會的時間一次比一次長。
3. 雖然有召開會議但卻沒有設定本次開會的目標或任務。
4. 會議沒有議程或者議程沒有事先發放。
5. 參加本次會議的人，包括會議主持人在內，都沒有事先準備。
6. 只有少數人發言，其他人靜默不語。
7. 會議只有業務單位單向的報告，沒有發揮討論、規劃或解決問題的功能。
8. 與會者會打斷彼此的發言，或無視他人的存在而交談。
9. 會後才在小圈圈裡進行額外的討論，甚至不必要的批評。
10. 會後沒有發展出後續的工作計畫或指派的工作沒有準時完成。

　　質言之，教學研討的發展階段，從「不需要任何的準備和不參與討論的會議」，到「會準備、能討論的會議，但話不多且討論往往失去焦點」，再到「有準備、有行動和討論聚焦的會議」，是需要參與者的熱望、承諾與行動。因為一個好的教學研討對專業發展來說，是一種極富教育意義及象徵性的活動，更是一種塑造和改變組織文化強而有力的方式，值得課後照顧辦理單位加以推廣和落實。

貳、教學研討要從團隊學習開始

　　在現代組織中，透過團隊整體搭配的行動能力，將會遠超過個人的表現。因為當團隊真正在學習的時候，不僅團隊整體產生出色的成果，個別成員成長的速度也比其他的學習方式為快。因此，學習如何與他人共同學習、共同合作，是組織運作中相當重要的一環。

　　而深度匯談（dialogue）是團隊學習修練的開始，讓每個人的想法自由交流，以發現遠較個人深入的見解，透過此一模式的運行，增進集體思維的敏

銳度，有效提升組織學習、行動與生產的效能。它包含了以下三個要件：(1)
所有的組織成員必須將他們的假設懸掛在前面；(2)所有的組織成員必須彼此
視為工作夥伴；(3)組織中必須有一位輔導者來掌握深度匯談的精義與架構
（郭進隆譯，1994）。

　　整體來說，一個成功的團隊學習者會積極聆聽別人的發言；會尊重別人
的需求、感覺及權利，也會容許別人有不同的意見；為了整體的效能，他會
公開地分享資訊及專業知識，樂於分享自己的價值觀與內心的想法，也願意
和需要協助的同事共同討論解決問題的方案，以謀求團隊出擊後彼此所獲得
的新思維與新認知。

參、教學研討要營造理想的溝通情境

　　一項言談行動的進行，個人是否具備理性的態度是相當重要的，在溝通
討論前個人應有自我反省與檢討的能力，在過程中要持有包容和接納的胸懷，
但同意並非妥協，它不是一種你讓一步、我讓一步，互相勉為其難的一種接
受。當然，同意也可能經由外在影響或暴力的使用來獲得，然而這個經由外
在強力所獲得的結果，不能在主觀上被認為是真正的同意，同意是基於共同
的信任。亦即在論證的過程中，說話者與聽者並沒有透過任何不當形式來驅
使對方接受。

　　J. Habermas 認為，理想的言談情境是在溝通的整體結構中，所有的參與
者都有對稱分配的機會去選擇和應用言談行動，這種的對稱分配機會包括以
下四種（Hohendahl, 1993）：

1. 在溝通行動的過程中，所有溝通參與者都有相等的機會，使用溝通的言
   談行動，任何一方都不能霸占發言的機會。
2. 在溝通行動的過程中，所有溝通參與者都有相等的機會使用陳述性的言
   談行動，即提供說明、解釋、質疑、反駁和辯解的言詞，任何一方都能
   針對對方的意見進行反思、批判和討論。
3. 在溝通行動的過程中，所有溝通參與者都有相等的機會使用表意性的言
   談行動，即自由地表達自己的態度、感覺、意向，以便雙方可以相互了

解彼此的內在感受。

4. 在溝通行動的過程中，所有溝通參與者都有相等的機會使用規約性的言談行動，即提出命令、阻止、遵守和拒絕等言詞，以便排除只對單方面具有約束力的規範或特權。

總而言之，理想的言談情境乃是溝通雙方在言談行動中均具有相等的發言機會，並能表現個體的真誠性，以及免除內外在的限制和所有的特權與束縛，如此才能確保自由和自主的討論，使得溝通雙方能在獲得「較佳論辯力量」（the force of better argument）情況下，達成理性的共識。

肆、教學研討會的實踐

做任何事情之前，我們都必須認真地思考，我們為什麼要做這件事情，才能真正選擇做對的事情，並且進一步把事情做對。據此而論，課後照顧辦理單位及其內部和教育或保育工作有關之人員，必須清楚知道教學研討的目的，才能在此目的的導引下，做好教學研討應該達成的任務和使命。

有關運作機制的建立，可先藉由下列九個問題，檢視組織目前的現況，確認組織是否很清楚在推動並落實教學研討的工作：

1. 教學研討多久召開一次，每一次是否都有設定教學研討的目標和時間。

2. 教學研討如何開始，每一次是否有明確的會議程序。

3. 每次研討是否能獲取所有的資訊，並開放聽取不同的觀點。

4. 每次研討有哪些意見被接受，哪些意見遭到反對，是否有獲得充分的討論。

5. 每次研討出席者是否都有積極參與，是否都有相等的發言機會。

6. 每次研討的氣氛如何，是否能感受到同僚之間的專業互享。

7. 會議主持人如何掌握會議進行的方向，若要做成決定，共識是如何達成的。

8. 出席者在參與教學研討後，是否能感受到獲得專業上的成長。

9. 出席者在參與教學研討後，是否會對實務工作採取行動或改變觀點及想法。

表 15-2　教學研討會實施計畫參考範例

第一條　本中心為激勵內部員工討論風氣、互相切磋學習，藉以強化教育和保育活動之成效，特訂定本計畫。

第二條　教學研討採分組方式進行，其分組方式，由教保組於每學期開學前一週依教師意願和專長分別編成之。

第三條　教學研討每組設召集人一人，負責召集本組會議（若人數受限可不分組，召集人由主任或教保組擔任）。

第四條　教學研討之任務如下：

一、各領域教學方法及教材內容之研討。

二、各領域教學活動及學習單設計之研討。

三、各領域教學評量、命題技術與學習目標之研討。

四、班級經營理論與實務之研討。

五、團體活動與體能活動設計及學習成效之研討。

六、校外教學活動設計及活動成效之研討。

七、教學觀摩會實施成效之研討。

八、特殊學生學習及生活輔導之研討。

九、新興教育與保育議題之研討。

第五條　教學研討各組召集人之權責如下：

一、擔任會議主席，主持會議，並執行教學研討之任務。

二、教學研討決議案之處理與建議。

三、協調本組成員之意見。

四、協調本組教學及班級經營觀摩之相關事項。

五、協助解決教學或班級經營上偶發之疑難問題。

第六條　教學研討至少每月應召開一次，研討時教保組應派員列席，必要時得召開臨時會議。

第七條　每次教學研討應將會議過程，詳細記錄於記錄簿。

第八條　教學研討記錄簿由各組召集人保管，每次研討後由召集人查閱簽名送教保組。

第九條　教學研討之決議及建議事項，由教保組會請相關單位簽報處理。

第十條　本計畫奉主任核定後實施，修正時亦同。

　　總而言之，課後照顧辦理單位應把教學研討定位為組織內的常態性活動，並進一步透過有計畫的經營和管理，讓教學研討的機制正常化，才能真正發揮其功能（實施計畫可參考表 15-2）。除此之外，課後照顧辦理單位應重視組織內部人才的培養，因為一個好的會議主持人不僅是一位參與者，也必須是討論過程中的學習促進者。

　　至於領導者的管理型態和風格，以及個人面對教學研討活動時的承諾、支持和參與，更攸關組織成員是否願意全心投入於此工作之中。質言之，如果領導者不能用一種全新的思維來面對組織及其成員的改變，並將高高在上的管理者角色調整成為一位學習者、觸動變革者、以身作則的示範者，勢必無法激勵成員的士氣。

第 三 節
推動教師教學觀摩

　　教學觀摩的目的不是為了比較教師之間的教學表現，而是為了改進教師課堂教學的實踐性和教學策略，以提高教學效果。另一方面，則是希望透過教學觀摩的實施，可以清楚地看見教師教學和學生學習的真實互動過程；其實，教學觀摩的另一項意涵，更具有教師之間內隱知識的相互學習。從一開始教案的設計到課堂教學的參與觀察，再到觀摩會後的檢討回饋，參與者可以近身觀察和學習到每一位教學演示者的教學信念、在教學上的獨特優點和操作策略，以及在班級經營上的各種技巧；相對地，也可以從過程中發現值得檢討的地方，並進一步檢視自己的教學行為，以避免相同的錯誤發生在自己的教學過程。

　　整體來說，作為一位教學的良師，其任務包括：示範教學、觀察內部教師的教學、能提供回饋與討論，以及協助教師解決教學上的問題。假使每個人都有這種體認，人人都有可能成為教師專業成長的促進者，在這裡，他們會用學習、合作、相互信任來取代專斷和單打獨鬥，教師覺得是有安全感的，認為教學觀摩可以提供實質的幫助；簡單來說，為落實教學觀摩，應積極營

造一個兼具物理環境和心理環境的工作場所。

　　課後照顧辦理單位為能落實教學觀摩工作，應掌握下列八點原則：

1. 每學期開學初即應公布教學觀摩的日程表，而擔任教學演示者之順序，每個課後照顧辦理單位得視實際現況，建立一套內部運作規則，據以實施。

2. 基於專業成長和公平正義原則，每位教師均應擔任教學演示者。

3. 每學期教學觀摩的領域單元應妥善配置，使每位教師能對不同領域的教學有所涉獵。

4. 擔任教學演示的教師應於教學觀摩前一週將教案設計完畢，並交給教保組及每一位參與觀察者，以利事前閱讀，教案設計參考範例，如表 15-3 所示。

5. 教學觀摩當天教保組應提供教學觀摩評量表，範例如表 15-4 所示，每位參與觀察者應針對教學演示者在教材與教學方法、處理學生反應、班級經營，以及儀態言行等面向的表現，分別給予量化成績與質化描述的回饋。

6. 教學觀摩當天教保組應協助錄影和攝影等工作，以作為事後研討及教師製作教學檔案之用。

7. 教學觀摩後至少應在三日內召開檢討會，若時間允許，以立即召開的效果最好，每位與會的人都必須善盡自己的職責，將自己的所見所學分享給大家，才能讓教學觀摩發揮更大的功效。

8. 為能加強教學觀摩的成效，教保組可採定期或不定期的方式，邀請外部學者專家參與教學觀摩會，以期獲得更大的收穫。

表 15-3　教案設計參考範例

教　學　者		教學班級	
教　學　領　域		教學單元	
教　學　日　期	年　　月　　日　　星期	教學時間	
教　材　來　源	○○版○○課本第○○冊		
參　考　資　料			
教學研究	教材分析：		
	本節教學重點：		
	學生經驗：		
教學準備	教　　師		
	學　　生		
教學目標	主　要 能力指標		
	主題目標	活動目標	

活　動 目標代號	第一節教學活動	教學 時間	教學媒體	形成性評量
	壹、準備活動			
	貳、發展活動			
	參、綜合活動			

表 15-4　教學觀摩評量範例表

參與者		演示者	
演示時間		演示領域	
單元名稱		優良中可差	文字記錄
教材與教學方法	1.教材熟習程度	☐☐☐☐☐	
	2.授課內容充實	☐☐☐☐☐	
	3.延伸知識豐富	☐☐☐☐☐	
	4.課程講解流暢	☐☐☐☐☐	
	5.課程講解清楚明白	☐☐☐☐☐	
	6.提問對象公平	☐☐☐☐☐	
學生反應	1.注意學生的學習狀況	☐☐☐☐☐	
	2.學生學習態度認真	☐☐☐☐☐	
	3.學生對課程感到興趣	☐☐☐☐☐	
	4.對學生回答給予正面回應	☐☐☐☐☐	
班級經營	1.課堂秩序控制得宜	☐☐☐☐☐	
	2.與學生互動狀況良好	☐☐☐☐☐	
	3.班級學習氣氛良好	☐☐☐☐☐	
	4.能準時上下課	☐☐☐☐☐	
儀態言行	1.態度自然、舉止適宜	☐☐☐☐☐	
	2.講話速度適當	☐☐☐☐☐	
	3.口齒清晰明亮	☐☐☐☐☐	
	4.詞語流暢，比喻恰當	☐☐☐☐☐	
表現好值得肯定，或覺得可以做得更好的建議			

第四節
推動教師教學視導

　　教師教學專業化的建立，有助於教師專業地位的提升，並能在教學歷程中進行有效的教學活動，以及持續監控反思自己的教學過程，以作為不斷精進課堂教學的依據。據此而論，課後照顧辦理單位應當要重視並落實教師教學專業能力的提升，而此一工作範疇，可從教學視導切入，並透過專業知識、專業判斷和專業行為的表現，強化教學品質，提升教師專業成長的效能。

　　所謂教學視導是指視導人員進入教室，直接對教師的教學做觀察並做成紀錄，事後雙方或小組成員就課堂上學生的學習情況與教師的教學方法加以研究討論，交換彼此意見的動態歷程。其功能包括：改善教師教學方法；改善教師評量方法；協助教師課程規劃能力；增進教師班級經營能力；提升學生學習成效。

壹、教學視導的模式

　　教學視導模式可分為以下三種（許馨瑩，2007）：

1. 臨床視導（clinical supervision）：係指受過訓練的視導人員或外部專家走進教室，直接與教師接觸的一種現場視察和輔導教師的教學歷程。
2. 同儕視導（peer supervision）：係指教師同儕組成小組進入教室，以合作學習的方式促進教師同儕對話與經驗分享的一種現場視導和輔導教師的教學歷程。
3. 發展性視導（development supervision）：係指依照教師本身不同階段的專業需求、教學能力、工作動機等，以及評估教師的發展層次，採取不同的視導方式，以增進教師的教學效果。

　　再者，若依領導者和教師在教學視導過程中的互動關係，教學視導可分為指導型、合作型和非指導型三種，茲分述如下：

1. 指導型：指領導者在過程中居主導地位，對結構和決策上經常發揮影響力。

2. 合作型：強調領導者和教師雙方共同分擔責任與決策，彼此居平等的地位。

3. 非指導型：以教師為主，由其負責計畫與執行，領導者僅在旁提供必要的行政支援。

整體來說，課後照顧辦理單位若要推動教學視導工作，應當衡酌組織內部教師專業發展的現況與優缺點、組織內部的人力資源，以及組織發展的願景，做一通盤考量後，再選擇一個最適合的視導模式，會較有利於教學視導工作的落實。

貳、教學視導的工作階段

教學視導工作的執行，應包括視導前會議、教學觀察、視導後會議、視導後分析等四個階段，茲分別說明如下：

一、視導前會議

主要目的是讓視導者與被視導者能就視導的重點和方向取得共識。被視導者有義務讓視導人員了解本次視導的教學領域、方案設計和教學方法，以及個人期望在本次教學視導過程所欲提升的教學能力及其具體目標。對視導人員來說，則必須充分了解被視導者的班級背景，以及他所提出的表件資料和說明事項，才能讓視導工作產生實質的意義。有關教學視導前會議，被視導者的自我陳述內容，可參考表 15-5 範例所示。

表 15-5　教學視導前自我陳述範例表

視導小組召集人		視導人員	
教學者		會議日期	
		會議地點	
教學領域			
單元主題			
教學方法			

主要教學目標與流程概述	
單元目標：	活動目標：

壹、準備活動
　　一、引起動機

貳、發展活動
　　活動一

　　活動二

參、綜合活動

簡述本次教學中所欲提升的教學能力

簡述本次教學中所欲提升教學能力的具體目標

二、教學觀察

　　為了使教學觀察能有效了解師生在教室之中的行為意義，教保組應事先訂定標準化的效標，提供視導人員進行觀察記錄的工作。在內容上，大致應涵蓋教師對學生的正面評價或回饋；掌握教學及學習的時間；管理學生行為；教師認知、技能和情意知能；以及發揮有益的學習環境等五個向度。每一個向度可再進一步擬定相關的視導規準，以符合教學視導的實際需要，參考範例如表 15-6 所示。

　　除此之外，視導人員對於觀察結果的描述，應避免使用情緒性的字眼；反之，應當以客觀中立的立場，忠實地記錄被視導者在教學上和學生互動上的表現，對於表現欠佳或良好的行為，則應提供具體的建議和讚許，讓被視導者清楚明確地知道視導人員的看法和意見。

表 15-6　教學視導觀察範例表

```
_____學年度　第_____學期　班級：_____年_____班　教師：_____
視導人員：
教學單元：　　　　　　　　　　　觀察日期：
一、教學策略
　　1. 對學生的正面評價或回饋
```

視導規準	有	無	文字記錄
(1)告知學生在學習上的期許	☐	☐	
(2)要求學生的表現	☐	☐	
(3)增強正確反應	☐	☐	
(4)澄清學生錯誤觀念	☐	☐	
特殊表現：			

2. 掌握教學及學習的時間

視導規準	有	無	文字記錄
(1)能立刻上課進入主題	☐	☐	
(2)適當安排活動先後順序	☐	☐	
(3)調整上課速度	☐	☐	
特殊表現：			

二、教室經營與管理

3. 管理學生行為

視導規準	有	無	文字記錄
(1)告知學生正確受獎勵的行為	☐	☐	
(2)避免不專心不妥當的行為	☐	☐	
(3)立刻禁止不當的行為	☐	☐	
(4)正確行為給予特別獎勵	☐	☐	
(5)公平及一致地對待每一位同學	☐	☐	
特殊表現：			

三、教學內容

4. 教師認知、技能和情意

視導規準	有	無	文字記錄
(1)說明上課重點與目標	☐	☐	
(2)由簡入繁	☐	☐	
(3)舊經驗與新知識的連結	☐	☐	
(4)概念、定義、例子（講解）	☐	☐	
(5)提供練習機會	☐	☐	
(6)做綜合要點的陳述（總結）	☐	☐	
特殊表現：			

四、學習環境

　　5. 發揮有益的學習環境

視導規準	有	無	文字記錄
(1)座位安排	☐	☐	
(2)備妥及善用教具	☐	☐	
(3)耐心對待學習有困難的學生	☐	☐	
(4)善用教學媒體	☐	☐	
(5)適當使用板書或其他	☐	☐	
(6)溫暖、支持、肯定	☐	☐	
特殊表現：			

建議：

受視導教師簽名：

視導教師簽名：

三、視導後會議

　　視導後會議的工作重點，係視導者針對視導過程中所蒐集的資料，與被視導者共同討論其教學過程的優缺點，在此階段，被視導者個人的自我反思是非常重要的，而視導人員所扮演的角色也絕非是評鑑者。換言之，會議的焦點除了共同討論被視導者的優缺點外，還必須為持續改善做好更充分的準備，即被視導者應根據自我教學的反思和視導建議，組織自己教學專業成長的向度和可能層面，並提出可進一步再提升的教學能力及其具體的提升策略。有關教學視導後會議表件範例，如表 15-7 所示。

🖌 表 15-7　教學視導觀察後綜合意見範例表

視導小組召集人		視導人員	
教學者		會議日期	
		會議地點	
教學領域			
單元主題			
自我教學反思	簡要敘述對本次教學的自我檢討		
視導建議	記錄視導小組觀察後的建議		
教學能力確認	根據自我檢討和視導建議，組織自己教學專業成長的向度和可能層面，並提出可進一步再提升的教學能力		
具體提升策略	簡述需要改善哪些教學活動設計或引入何種資源，才能提升上述所提之教學能力		

四、視導後分析

　　主要目標是對整個過程做檢討，針對前三項工作的進行，檢視其行政與做法上的缺失，以作為下一次參考。所關心的問題應包括下列五點（Goldhammer, 1969；引自蔡瓊華、陳思潔，2004）：

　1. 教師尊嚴是否被適當維護。

　2. 視導過程中，人員的配置是否得當。

　3. 教師是否以平等地位積極參與視導。

　4. 給予教師的回饋是否讓其心服或引起抵抗。

　5. 是否擴大職權而扮演了評鑑者的角色。

第 五 節
推動教師專業評鑑

　　我國自 1975 年起，教育部、廳、局即開始對大學、專科、公私立高中職、國民中小學、幼稚園進行一連串有關校務、課程、輔導、學校建築等有關項目之評鑑工作，使評鑑的觀念普遍受到社會及教育界人士的關切與注意（湯志民，2001）。而近年來，我國的教育發展更在社會急劇變遷的影響下，連帶促動了體制內接二連三的各級各類學校教育改革，為了了解學校教育改革之成效，無不透過評鑑制度藉以檢視教育現況，進而引起各界對教育評鑑的迫切需求。

　　相對地，落實教師專業評鑑制度，也成為此時代背景下愈來愈被重視的課題，因為透過評鑑可以清楚了解教師教學的成敗與缺失，能立即提供教學回饋，增進教師專業能力與教學效能的發展。教育部為了協助教師教學，促進教師專業發展，更在 2006 年 4 月 3 日訂頒「教育部補助試辦教師專業發展評鑑實施計畫」，積極推展教師專業發展之評鑑工作（教育部，2006b）。

　　據此而論，參與課後照顧服務方案的教師是否需要接受專業評鑑，或許各方意見不同，會呈現見仁見智的說法。但是擔任課後照顧的教師，必須為朝向專業化做努力，應為不可抗拒的事實；否則政府就不需要制定任何的法令規範，來管理和推動與課後照顧有關的業務。職是之故，課後照顧辦理單位若要執行教師專業評鑑工作，同樣必須強調有計畫地評估受評教師的優缺點，診斷問題、提出建議，確保教師教學品質在永續發展中不斷地精益求精。在運作機制上，則可採取較為彈性的做法，以循序漸進的方式，從觀念的培養到共識的建立，讓教師了解接受評鑑是責任也是一種義務。

壹、教師專業評鑑的意義

　　教師專業評鑑就是對教師的教學、學生輔導、行政協助，或是一切與教

師角色和功能有關的行為效果加以評估和衡鑑，藉以提升教師專業水準的歷程（黃德祥，2000）。就教師專業評鑑的本質來看，其主要目的包括下列四點：(1)提供獎勵與改進的資料；(2)對於新職位或保留舊職位時，可協助選擇最適任教師人選；(3)協助教師持續的專業發展；(4)促使了解組織的整體運作（Stake, 1989）。

根據圖 15-10 所示可知，一位優良教師必須同時兼顧在知識、能力和道德上的養成與持續發展，而教師專業評鑑則是確保教師素質的重要手段之一。因此，為了確保課後照顧服務方案的品質，必須要重視教師素質的提升，唯有教師素質不斷提升，教學品質和學生的學習成效才會愈來愈好。

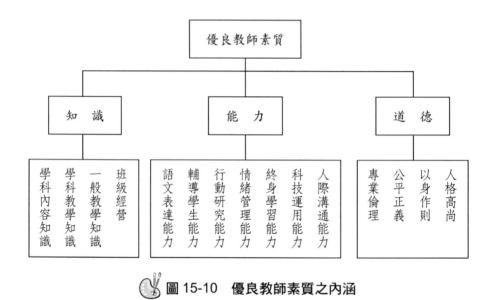

圖 15-10　優良教師素質之內涵

資料來源：提升教師素質之探究，吳清山，2004a，教育研究月刊，127，頁8。

貳、課後照顧教師專業評鑑的策略

針對課後照顧教師的專業評鑑，除了本章所提到的教學觀摩和教學視導外，以下再提供四種課後照顧辦理單位可資運用的評鑑策略：

一、教師自我評鑑

　　教師自評是教師自我診斷、自我激勵與自我提升的過程，可以透過觀看自己的教學錄影帶來省視、評估自己的教學行為。教師自評因為缺乏比較的標準或對象，通常不能拿來作為總結性評鑑的結果，但是作為教師反省的工具之一，則有其價值（陳世佳，2004）。在做法上，課後照顧辦理單位可自行發展或改編現有的自我評鑑檢核表，要求教師根據檢核表的內容，填寫相關資料，填寫的時間則依實際情形，可採每月、每學期一次或兩次的方式進行，協助教師自我了解及探討其教學工作之表現。

二、教學檔案

　　教師可將個人的教育理念、課程計畫、教學與評量等相關資料、學生和教師同儕的回饋、足以證明教學效能的客觀文件、教師與學生作品、研究發表、個人省思等內容置於檔案中。檔案除了要能具體呈現教師反省的價值，亦可透過同儕相互觀摩或請專家檢視教學檔案，並提供具體改進建議，以利於評鑑或改進教學之參考。教學檔案的範例可參考表 15-8 所示。

三、教師面談

　　由評鑑者和被評鑑的教師直接面對面地溝通，了解受評教師在知識、能力和道德上的專業素養以及教學現況，藉以了解教師的專業表現，並適時提供回饋與建議，以供教師參考。

四、教學相關資料的評鑑

　　課後照顧教師應負責蒐集某一單元指導學生學習所使用的課本、習作本、教材、教具、學習單、教學媒體、測驗卷等相關資料，與評鑑者一同回顧、分析和檢視此一單元的教學過程，並進一步討論要如何改進可以使教學更有效能。

表 15-8　教學檔案組織結構及內容範例

組織結構	教學檔案內容
檔案目錄	
專業背景資料	1. 學經歷 2. 個人教育理念描述 3. 教學情形描述：對任教班級、任教領域及學生做一簡單描述
教學紀錄與省思	1. 學期教學計畫及班級經營計畫 2. 教學活動設計：任選一單元或主題，就教學目標、教學內容、教學方法、教材教具等項目做一說明 　(1) 補充教材：與上項同一單元或主題 　(2) 教學錄影帶：任選一節課進行錄影 　(3) 觀察檢核表：任選一節課進行教室觀察 　(4) 他人觀察：其他人員的觀察記錄 　(5) 評量計畫：任選一科目，提出一份評量計畫，就評量方式、選擇原因、結果解釋等項目分別說明
親師溝通	1. 成立班親會組織、工作計畫、班級通訊 2. 訪談紀錄 3. 活動通知 4. 合作紀錄 5. 支援教學紀錄 6. 家長回饋意見表
輔導紀錄	提出最滿意和最不滿意輔導紀錄各一份，說明滿意與不滿意之原因，及可能解決之道
省思筆記	在資料中加註意見、建議與心得，並建議至少提出期初、期中與期末筆記各一份，敘述教學成長歷程，在省思評語的部分應說明從中學習到什麼、整體的成長如何、還有哪些需要改進
專業成長	1. 參加教育研習活動、受訓等紀錄 2. 教學研討會參與情形 3. 行動研究、創意教學的發表
學生作品	任選一領域，自高、中、低程度學生各選一份作品，作品含教師回饋評語，說明不同程度作品差異之原因，並提出協助改進計畫
附　　錄	

資料來源：改編自教學寫真——教師的教學檔案，劉淑雯，2003b，國民教育，43（3），頁21。

第六節
推動教師終身學習

　　自從 1972 年聯合國教科文組織（UNESCO）出版的法爾報告書（Faure Report）中強調，應以終身教育（lifelong education）作為各國制定教育政策的主要思潮開始（Faure et al., 1972），終身教育的理念對各國的教育發展已形成深遠的影響。之後，該組織在 1996 年即以終身學習（lifelong learning）作為二十一世紀國際教育委員會（International Commission on Education for the Twenty-first Century）報告的核心主軸。在此同時，歐盟（European Union）為推動終身學習活動，將該年訂為歐洲的終身學習年，據此可知，終身學習已然成為重要的思潮，並受到各國熱烈的討論。

　　同樣地，以學習作為核心概念所發展的學習社會理念，也有相同的歷史背景，簡單來說，學習社會的理念自 1960 年代開始萌芽發展，先後受到學者專家及國際重要組織的探討和重視。此一概念，亦已從原先理念的倡導，到了 1990 年代以後，轉向更為積極的具體實踐。

　　首先是歐盟委員會（European Commission, 1995）提出了「教與學：邁向學習社會」（Teaching and Learning: Towards the Learning Society）白皮書；之後聯合國教科文組織（UNESCO, 1996）二十一世紀國際教育委員會則是提出了「學習：內在的財富」（Learning: The Treasure Within）教育報告書；我國則是在 1998 年公布「邁向學習社會」白皮書（教育部，1998a），而英國在 1999 年進一步提出「學習成功」（Learning to Succeed）白皮書。其內容再再顯示出不論是終身學習或學習社會，皆強調個人對學習和教育目標的覺知，在自我導向的驅力下，個人必須具有轉化、持續與改變的能力，進而才能在學習如何學習的運作過程中，關注學習的價值與過程。

　　當然，就我國而言，除了先前在 1998 年所推動的終身學習年活動外，在 2002 年 6 月 26 日，更進一步為了鼓勵終身學習、推動終身教育、增進學習機會、提升國民素質，特別制定頒布《終身學習法》。由此可見，終身學習

的重要性已不言可喻，它強調個人應當在其生涯發展的每一個階段，均要持續不斷地進行學習活動，才能適應社會變遷的需要，它不僅是個人生存的必要條件，也是個人適應外在環境改變及產生變革的原動力。

壹、終身學習理論內涵的探討

有關終身學習理論內涵的探討，以下分別從終身學習的目的、特徵，以及終身學習對課後照顧教師的啟示等三個角度加以說明：

一、終身學習的目的

終身學習的事實，與人類歷史一樣久遠，終身學習的觀念，亦古已有之。例如，我國自古以來，即有「活到老，學到老」的說法，日本亦早有「修業一生」的觀念。二十世紀初，美國學者 Dewey 也提出教育和學習是終身歷程的說法，這些古老的觀念，到了二十世紀後期獲得進一步的發展，進而形成理論，成為二十世紀教育最重要、最具影響力的一種教育思潮（黃富順，1996）。

根據美國成人終身學習需求研究顧問小組（Advisory Panel on Research Needs in Lifelong Learning Adulthood, 1978）指出：「終身學習一詞係指個人在一生中，為增進知識、發展技能、改正態度所進行的有意的、有目的的活動。它可能發生在正規教育情境中，如學校，或較不正規的情境中，如家庭或工作場所；教師可能是一位專業的教育者或其他具有知識的人，如熟練的工匠、生產者或同輩；教材可能是傳統教科書、任何書本或新的科技，如電視、電腦；學習經驗可能發生在教室或其他場地經驗中，如參觀博物館、實習等。」（引自黃富順，1996）

基本上，終身學習至少包含三層意義：(1)維護：使原有的知識、能力堪以繼續使用，不致因落伍而淘汰；(2)更新：吸收或補充必要的新知識、新理念、新技術、新方法等，確保自我知識能力得以累積成長，進而具優勢地位；(3)持續：不間斷地維護與更新之動能，是永續發展的活力泉源（李保興，1996）。

　　總而言之，終身學習的目的是強化個人的適應力，並與其個人的生活、經濟、生命期任務重新分配相結合的一種具有明確性、個別性與全民性的學習觀，主張學習為適應變局的不二法門。時至今日，面對社會快速的變遷，資訊通信科技（information communication technology）的與時俱進，教育發展之重點必須著重個人知識、技能和態度的整合，以及持續參與有意義的學習活動為鵠的。也就是說，個人終身學習習慣與能力的養成，將有助於個人在人生全程中，接受全面且適當的教育。

二、終身學習的特徵

　　終身學習是一種學習能力的展現，貫穿在個人一生的生涯週期之中，與學習需求和學習方法相結合，進而實踐在知識與技能、個人發展與職業訓練、群體與個體、國際化與本土化、多元文化與單一標準、經濟發展與社會平等，以及個人生活與自我實現等範疇之中，期能有效地改變個體自身固有的想法和作為，以面對社會快速變遷所帶來的各種挑戰。

　　以下進一步從終身性、全民性、個別性和自主性四個層面，說明終身學習的特徵（陳乃林，1998）：

(一)終身性

　　終身性是終身學習時間縱貫面的特性，也是終身學習最重要的本質特徵，強調個體在貫穿一生中的任何時段都要不斷進行學習活動，才能適應社會的需要。換言之，具有終身性的學習才能稱為終身學習。

(二)全民性

　　全民性是終身學習空間橫斷面的特性。終身學習不是個人或少數人的需求，不論在現在或未來社會中，此一學習理念將是社會大眾的普遍需求，進而成為人們日常生活中不可或缺的一部分和行為習慣。

(三)個別性

　　每一位學習者都是一個獨特的個體，除了擁有自己的背景和經歷之外，也都扮演不同的角色，這些不同的差異造成每一個人在不同的時間、不同的場合產生不同的需求，終身學習即能符合多樣性、多元化及個別性的學習需求。

(四)自主性

終身學習強調學習目標的確定、學習內容的選擇、學習方法的應用，以及時間、步驟的安排，都是學習者自主決定的，而不是聽從教育機構的安排，也不是教育者所強加的，此一特性也是終身學習者和傳統學習者的顯著差異。

三、終身學習對課後照顧教師的啟示

課後照顧教師在服務的過程中，照理說，每一位均有其個人的本職學能和工作理念，若個人對於自己所扮演的角色，都無法明確了解其相關的知識、技能與態度，就如同沒有理論的行動是盲目的一般，無法適時配合課後照顧政策之推展。因此，面對知識暴增且變動不羈的世界潮流，個人建立終身學習的習慣，以及課後照顧辦理單位發展成為學習型組織，將可促使組織及個人的素質普遍提升。以下進一步從五個層面提出終身學習對課後照顧教師的啟示：

(一)幫助個人的發展

從 Erikson 的心理社會發展理論來看，個體從出生開始到老年期，共可分為八個階段，對成長中的個體而言，每一個階段都有所屬的發展危機，若個體在每一個階段能獲得適當的教育內容，不但能使個體獲得充分的發展，同時也使得發展危機變成發展轉機，如此，教育就成了個人發展上的助力（張春興，1994）。其內涵與精神正符合了終身學習所主張的，個體在人生中每一個階段，都必須不斷地參與學習活動，以適應社會發展之所需。

(二)持續教育的理念

建立正確的工作理念是課後照顧教師工作的起點，而理念的建立、持續和修正係為動態發展的歷程，因此，課後照顧教師在職業生涯中所接受的在職訓練、進修課程、個人學習，乃至個人的工作經驗，就顯得相當重要。唯有透過不斷的教育與學習的過程，建立正確的價值觀，了解個人的定位，才能更清楚地確立個人工作理念的定位。

(三)體察教育的需求

教育改革是世界潮流之所趨，任何人均可能扮演教育改革宣導、執行或檢證的角色，因此，個人透過終身學習掌握新知，注意社會的脈動，了解教

育改革的目標，透過教師團隊合作的機制，必定能激發出更多兼具效能和效率的實施策略。

(四)增進組織的動力

建立共同願景是組織經營管理的第一要務，在發展過程中，除了引導成員正確的發展方向外，激發成員的動機與士氣則是不可或缺的任務。雖然在運作過程中，例行的聚會聯誼、戶外休閒活動，是促進教師間情感交流、凝聚共識常見的互動模式。但值得我們省思的是，當教師在工作崗位中無法獲得新的資訊，而課後照顧辦理單位對於教師又僅止於聯誼、安排服務時數的階段，教師的能力水準將無法有效提升。因此，如果能透過學習的方式，建立教師之間良好的合作學習機制，讓教師間的凝聚力根植於專業素養的提升，勢必會為組織內部增進一股無形的動力。

(五)強化民主的素養

終身學習是一種有意義的學習活動，其目標除了知識的獲得外，若就個體的發展而言，有關道德判斷、情感陶冶、人格發展、人際溝通等等的課題，也都可以透過教育與學習的途徑來培養。值此社會發展之現況來看，民主化的腳步愈來愈快，不論是行政部門抑或是教師，應藉由學習後所獲得的理性思考，對所處情境加以判斷分析和解決問題，以建立民主社會的新秩序。

貳、課後照顧辦理單位推展終身學習活動應有的理念和做法

推展終身教育，邁向學習社會，是我國二十一世紀教育的遠景與美景，建立終身學習社會，已為我國社會各界努力的目標與方法（中華民國成人教育學會主編，1995）。據此而論，衡諸國內教育現況，政府近十年來透過一項項教育政策的推動，確實展現了落實教育改革的決心，也更加凸顯了終身學習與終身教育成為我國教育發展的重要支幹。

一、教師和學生能力的培養與精進

實踐終身學習的理想，其首要之務，係奠基於個體必須要有學習的行動力，有能力且有意願地快樂學習；此為個體發展及改變的基礎。為此個體必

須具備四項關鍵能力：(1)基本認知能力；(2)學習如何學習的能力；(3)動機與情緒的管理；(4)學習遷移能力（賴麗珍，1998）。據此而論，課後照顧辦理單位在此前提下，其目標和功能，以及教師的教學和評量，都必須有所調整和轉型，它所代表的是傳統學習觀的解體，學習活動不再是以教師的教學為主，取而代之的是學生從生活經驗和學科領域的做中學，培養自我導向學習（self-directed learning）的能力，進而強化學生終身學習的態度、方法、技能與習慣的養成。

二、行政運作機制的配合措施

學校行政，係將學校組織中全部學童所需良好教學的一切力量協調成統一的計畫，以確保學校教育目標的充分達成（Wilson, 1966）。據此而論，課後照顧辦理單位若要落實終身學習理念的具體實踐，行政運作機制的配合不容忽略。例如，教師的在職進修制度、帶薪教育假的推動，以及對於教師參加研習、考察、學術研討、研究成果發表、進修學分或學位時的差假問題，亦應建立完善的配套措施。

三、學習環境的調整與充實

終身學習的實踐，與傳統教育強調身教、言教與境教三合一的想法，並無殊異。也就是說，教師個人的示範、課程結構的調整、教學方法的改變，以及多元評量的實施，必須輔以學習環境的支持，才能使課後照顧辦理單位成為一個充滿學習氣息的場所。首先，在場所的規劃上，教室不再是學生學習的唯一地方，學習環境必須整全涵蓋整個組織、社區及鄰近的文教機構。其次，在環境安排上，必須將資訊通信科技與知識管理作有效的結合，增進組織成員對設備的使用能力，提升學習者的學習品質。

第 七 節
問題討論

在讀完本章之後，你應該能回答下列與課後照顧辦理單位如何做好專業成長有關的問題：

1. 課後照顧教師為何要進行專業成長？專業成長和教師個人及課後照顧服務方案之間有何關係？

2. 請簡述行動研究和教師專業成長的關係為何、行動研究的步驟為何。

3. 請提出個人在課後照顧服務過程中曾遭遇的困境，並進一步說明哪些是值得透過行動研究加以改善的。

4. 請針對某一問題情境，研擬行動研究方案的計畫表。

5. 為何要進行教學研討？此機制對教師的幫助層面有哪些？

6. 一項成功的教學研討必須注意哪些原則？

7. 教學觀摩和教學研討要如何搭配進行使能夠發揮更大的效能？

8. 教學觀摩時，教學演示者在事前、事中或事後必須注意哪些事項？

9. 教學觀摩和教學視導有何不同？請試從目的和策略兩個層面加以說明之。

10. 教學視導要如何推動才能真正幫助教師提升專業素養？

11. 為什麼要進行教師專業評鑑？在推動過程中應注意哪些事項？

12. 請提出教師專業評鑑的可行策略，並加以說明之。

13. 何謂終身學習？終身學習對教師的專業成長有何影響？

14. 請試提個人的終身學習計畫為何，並說明其理由和具體做法。

參考文獻

中文部分

中華民國成人教育學會（主編）（1995）。**成人教育辭典**。台北市：作者。

方世榮（譯）（1995）。**行銷管理學——分析、計劃、執行與控制**。台北市：
　　東華書局。

王文中（2000）。擴展多元智能評量。載於郭俊賢、陳淑惠（譯），**落實多
　　元智能教學評量**（頁 13-15）。台北市：遠流。

王文彥（2002）。**知識分享內外在動機與知識分享行為之研究——以 A 公司
　　為例**。國立中央大學人力資源管理研究所碩士論文，未出版，桃園縣。

王卓聖（2003）。家庭結構變遷與婦女福利之思惟。**社區發展季刊，101**，
　　248-255。

王智弘（1998）。班級團體輔導活動方案設計的理論基礎。載於教育廳（主
　　編），**高中團體輔導手冊**（頁 1-9）。

王順民（2005）。**課後照顧服務的一般性考察：現況處境與未來展望**。台北
　　市：財團法人國家政策研究基金會國政研究報告。2007 年 1 月 18 日，
　　取自 http://www.npf.org.tw/PUBLICATION/SS/094/SS-R-094-011.htm

台北市政府社會局（2007a）。**托育機構行政管理手冊**。台北市：台北市政
　　府。

台北市政府社會局（2007b）。**台北市 96 年度托育機構評鑑自評表**。台北市：
　　台北市政府。

朱伊雯、林淑卿、黃正宜（無年代）。**小作家創意作文系列——觀察作文**。

台北市：華祥兒童教育研究出版社。

朱仲謀（譯）（2004）。**行動研究原理與實作**。台北市：五南。

朱建民（1996）。專業倫理教育的理論與實踐。**通識教育季刊，3**（2），33-56。

江佳樺（2005）。**彰化地區家長對其國小子女選擇安親才藝班消費決策傾向之探討**。私立大葉大學事業經營研究所碩士論文，未出版，彰化縣。

江秋坪、許宏彬、黃淑津、蕭淳元、葉千綺（譯）（1992）。評鑑非正式成就測驗之檢核表。載於陳英豪（主編），**教學評量**（頁 117-120）。台南市：國立台南師範學院。

江愛華（2002）。**學習型組織與學校教學改革**。2003 年 1 月 14 日，取自 http://www.tec.ntou.edu.tw/

行政院退除役官兵輔導委員會政風電子報（2004）。**危機管理與處理的認識**。2007 年 3 月 10 日，取自 http://www.vac.gov.tw/ethics/epaper/134/134page.htm

行政院婦女權益促進委員會（2007）。**婦女勞動政策**。2007 年 1 月 5 日，取自 http://cwrp.moi.gov.tw/index.asp

何俊青（1997）。危機管理在學校經營之應用。**國立高雄師範大學教育學系教育研究期刊，5**，113-134。

余東霖（2003）。數學科多元化教學評量。**教育資料與研究，50**，54-63。

余康寧（1991）。**危機管理研究——政策設計面之探討**。國立政治大學公共行政研究所碩士論文，未出版，台北市。

余朝權（2001）。**現代行銷管理**。台北市：五南。

吳宗立（2004）。學校危機管理的理論與應用。**台北市立師範學院初等教育學刊，18**，51-76。

吳武典（1985）。**青少年問題與對策**。台北市：張老師文化。

吳青松（1998）。**現代行銷學——國際性視野**。台北市：智勝。

吳思華（1998）。知識流通對產業創新的影響。載於**第七屆產業管理研討會論文集**。

吳昭怡（2004）。品牌危機求生有道。**天下雜誌，295**，150-151。

吳美枝、何禮思（譯）（2001）。**行動研究——生活實踐家的研究錦囊**。嘉

義縣：濤石文化。

吳清山（2004a）。提升教師素質之探究。**教育研究月刊，127**，5-17。

吳清山（2004b）。學校行銷管理的理念與策略。**北縣教育，47**，23-34。

吳清山（2004c）。學校組織創新經營與策略。**教師天地，128**，30-44。

吳清山、林天祐（2000）。專業倫理。**教育資料與研究，35**，107-108。

吳清山、林天祐（2004）。行銷管理。**教育研究月刊，118**，146。

吳清山、黃旭鈞（2005）。教師專業倫理準則的內涵與實踐。**教育研究月刊，132**，44-58。

吳清涼（2003）。**虛擬社群之知識分享與知識管理過程之研究——以網路讀書會為探討對象**。私立南華大學資訊管理學研究所碩士論文，未出版，嘉義縣。

吳瓊恩（1996）。**行政學**。台北市：三民。

李平（譯）（1997）。**經營多元智能**。台北市：遠流。

李田樹等（譯）（2003）。**管理是什麼**。台北市：天下文化。

李坤崇（2001）。**九年一貫課程國中綜合活動學習領域多元評量方式與策略之發展與實施研究**。國科會專案研究報告 NSC 89-2413-H-006-014-FB。

李保興（1996）。終生學習的實踐價值——最小負擔的成長途徑。**人力發展月刊，35**，34-38。

李琪明（2004）。品德本位校園文化之營造——美國推動經驗與啟示。**台灣教育雙月刊，625**，30-38。

李新民（2001）。**課後托育理論與實務**。高雄市：麗文。

沈泰全、朱士英（2005）。**圖解行銷——行銷人的第一本書**。台北市：早安財經文化。

汪金城（2000）。**研發機構分享機制之研究——以工研院光電所研發團隊為例**。國立政治大學公共行政研究所碩士論文，未出版，台北市。

辛治寧（1999）。活動單設計初步與在博物館教育之應用。**科技博物，3**（1），27-29。

周文賢（2003）。**行銷管理**。台北市：智勝。

周立勳（2002）。教育的心理學基礎。載於楊國賜（主編），**新世紀的教育**

學概論──科際整合導向（頁 71-106）。台北市：學富文化。

周旭華（譯）（1998）。**勇於創新──組織的改造與重生**。台北市：天下文化。

林海清（2005）。學生課後學習問題面面觀。**研習資訊，22**（5），6-15。

林清文（2004）。學生發展與輔導工作。載於秦夢群（主編），**教育概論**（頁 305-325）。台北市：高等教育。

林萬億（2003）。**當代社會工作──理論與方法**。台北市：五南。

林義屏（2001）。**市場導向、組織學習、組織創新與組織績效間關係之研究 ──以科學園區資訊電子產業為例**。國立中山大學企業管理學系博士論文，未出版，高雄市。

邱永富（2000）。**補習班之服務品質──以屏東縣某立案補習班為例**。國立中山大學企業管理研究所碩士論文，未出版，高雄市。

邱毅（1998）。**現代危機管理**。台北市：偉碩。

金承慧（2003）。**研發機構組織成員知識分享行為意圖研究──以工研院研發人員為例**。私立元智大學資訊傳播學系研究所碩士論文，未出版，桃園縣。

柯秋萍（2004）。**價值觀、道德發展期及職業道德知覺關聯性之研究──以金融相關從業人員為例**。私立中原大學企業管理研究所碩士論文，未出版，桃園縣。

柯華葳（1997）。什麼才算是中國人的道德發展理論。**本土心理學研究，7**，246-252。

洪志成（2000）。教育的心理學基礎。載於黃光雄（主編），**教育導論**（頁 67-94）。台北市：師大書苑。

洪順慶（2003）。**行銷學**。台北市：福懋。

胡瑋珊（譯）（1999）。**知識管理：企業組織如何有效運用知識**。台北市：中國生產力中心。

胡夢鯨、張世平（1988）。行動研究。載於賈馥茗、楊深坑（主編），**教育研究法的探討與應用**（頁 103-140）。台北市：師大書苑。

夏侯欣鵬（2000）。**信任與權力對組織內知識分享意願影響之研究**。國立政

　　治大學企業管理學系博士論文,未出版,台北市。

孫本初（1996）。校園危機管理策略。**教育資料與研究,14**,259-269。

宮文卿（2005）。**國民小學行銷管理之研究──以台北市某國民小學為例**。
　　台北市立師範學院國民教育研究所碩士論文,未出版,台北市。

徐士雲（2002）。**國民小學校園危機管理之研究──以台北市為例**。國立台
　　北師範學院國民教育研究所碩士論文,未出版,台北市。

秦夢群（1998）。**教育行政──實務部分**。台北市:五南。

國立編譯館（1984）。**兒童發展與輔導**。台北市:正中書局。

張民杰（2005）。**班級經營學說與案例應用**。台北市:高等教育

張春興（1994）。**教育心理學**。台北市:東華。

張茂源（2003）。校園危機管理。**學生事務,42**（4）,73-76。

教育部（1998a）。**邁向學習社會白皮書**。台北市:作者。

教育部（1998b）。**國民中學學生成績考查辦法**。台北市:作者。

教育部（2006a）。**九年一貫 92 課綱**。2006 年 6 月 25 日,取自 http://teach.
　　eje.edu.tw/9CC/brief/brief5.php

教育部（2006b）。**教育部補助試辦教師專業發展評鑑實施計畫**。台北市:作
　　者。

教育部（2008）。**九年一貫 97 課綱**。2008 年 11 月 4 日,取自 http://teach.eje.
　　edu.tw/9CC/9cc_97.php

教育部（2012）。**國民小學辦理兒童課後照顧服務人員訓練課程參考方案**。
　　台北市:作者。

教育部訓育委員會（2003）。**學生事務危機處理**。台北市:作者。

教育部國民教育司（1992）。**國民小學教學評量手冊**。台北市:作者。

教育部國民教育司（1993）。**國民小學班級實務手冊**。台北市:作者。

梁桂錦（2002）。**組織成員知識分享意願影響因素之研究──以資訊產品製
　　造業研發人員為例**。國立中正大學勞工研究所碩士論文,未出版,嘉義
　　縣。

許長田（1999）。**行銷學:競爭、策略、個案**。台北市:揚智。

許瑛珍、洪榮昭（2003）。皮亞傑認知發展階段的新詮釋。**科學教育月刊,**

260，2-9。

許馨瑩（2007）。**國民小學教學視導內涵及其發展策略之研究**。國立屏東教育大學教育行政研究所碩士論文，未出版，屏東市。

郭俊賢、陳淑惠（譯）（2000）。**落實多元智能教學評量**。台北市：遠流。

郭振鶴（1996）。**行銷管理**。台北市：三民。

郭進隆（譯）（1994）。**第五項修練——學習型組織的藝術與實務**。台北市：天下文化。

郭靜晃（2006）。**中華民國九十四年台閩地區兒童及少年生活狀況調查報告分析**。內政部：綜合規畫組。

陳乃林（1998）。終身學習析論。**成人教育雙月刊，41**，36-41。

陳世佳（2004）。以教師專業成長為目標之教師評鑑。**教育研究月刊，127**，33-44。

陳佳禧（2004）。**老人統整與絕望之研究——以苗栗地區老人為例**。私立南華大學生死學研究所碩士論文，未出版，嘉義縣。

陳佩正（譯）（2001）。**多元智能融入教學與領導**。台北市：遠流。

陳明勇（1997）。親師合作。載於高雄市政府教育局（主編），**親職教育，高雄經驗**（頁33-46）。高雄市：高雄市政府教育局。

陳亮宇（2003）。**自然科多元智能教學對國小學生科學創造力的影響**。國立台中師範學院自然科學教育學系碩士班碩士論文，未出版，台中市。

陳春蓮（2000）。教學目標與評量。載於洪志成（主編），**教學原理**（頁159-192）。高雄市：麗文。

陳迺臣（2000）。**教育概論**。台北市：心理。

陳啟榮（2005）。校園危機管理機制之建構。**教育研究與發展，1**（2），117-134。

陳琇玲（譯）（2001）。**知識管理**。台北市：遠流。

陳雅琴（1999）。**福利社區化與營利化之探討——以台北市課後照顧為例**。國立政治大學社會學研究所碩士論文，未出版，台北市。

陳靖毅（2005）。**南部地區國小教師在自然與生活科技使用學習單現況與理念之研究**。國立台南大學自然科學教育學系碩士班碩士論文，未出版，

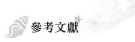

台南市。

陳寶山（主編）（1993）。**領航明燈——國民小學導師手冊**。台北市：張老師文化。

單文經（主譯）（2006）。**班級經營理論與實務**。台北市：學富文化。

彭曉瑩（2002）。教育行銷之理論與實務。**人文及社會學科教學通訊，13**（2），108-118。

曾光華（2002）。**行銷學**。台北市：東大。

曾榮祥、吳貞宜（2004）。**課後托育理論與實務**。台北市：華騰文化。

湯志民（2001）。台北市立國民中小學校務評鑑之研究。**載於第8次教育行政論壇論文集**，109-132。

馮燕（1997）。**托育服務——生態觀點的分析**。台北市：巨流。

馮燕（1999）。各國學齡兒童課後照顧方案。**兒童福利期刊，1**，195-208。

馮清皇（2002）。創新管理在國民小學校務經營的意涵。**教師天地，117**，32-42。

黃光國（1996）。專業倫理教育的基本理念。**通識教育季刊，3**（2），19-32。

黃秀媛（譯）（2005）。**藍海策略——開創無人競爭的全新市場**。台北市：天下文化。

黃怡瑾（2000）。台南市國小學齡兒童課後托育情形之初探。**台南師院學報，33**，233-262。

黃俊英（2005）。**行銷學的世界**。台北市：天下文化。

黃哲彬、洪湘婷（2005）。創新管理與學校創新經營。**國立台南大學教育經營與管理研究集刊，1**，211-232。

黃富順（1996）。終生學習的意義、源起、發展與實施。載於中華民國成人教育學會（主編），**終生學習與教育改革**（頁1-32）。台北市：師大書苑。

黃新福（1992）。**危機管理之研究——從組織層面來探討**。國立政治大學公共行政研究所碩士論文，未出版，台北市。

黃義良（2004）。**國民中小學學校行銷指標與行銷運作之研究**。國立高雄師

範大學教育學系博士論文，未出版，高雄市。

黃義良（2005）。國中小學校行銷指標與行銷運作之研究。**師大學報，50**
（2），139-158。

黃德祥（2000）。推展教師評鑑與教育視導提升教學專業品質。載於高雄師
範大學主辦，**建立學生輔導新體制學術研討會論文集**。

楊幼蘭（譯）（2004）。**如何做好創新管理**。台北市：天下文化。

楊銀興（2003）。多元化評量。載於賴清標（主編），**九年一貫課程教師手
冊**（頁70-76）。台北市：教育部。

甄曉蘭（2003）。**課程行動研究實例與方法解析**。台北市：師大書苑。

齊思賢（譯）（2000）。**知識經濟時代**。台北市：時報文化。

劉安彥（2003）。教學評量的理論與實用。**教育資料與研究，55**，100-108。

劉京偉（譯）（2000）。**知識管理的第一本書**。台北市：商周。

劉淑娟（2000）。**知識管理在學校營繕工程之運用**。國立東華大學教育研究
所碩士論文，未出版，花蓮縣。

劉淑雯（2003a）。**私立課後照顧教師專業能力、工作滿意與教師效能研究**。
國立台南師範學院教師在職進修社會碩士學位班碩士論文，未出版，台
南市。

劉淑雯（2003b）。教學寫真——教師的教學檔案。**國民教育，43**（3），
14-21。

歐慧敏（2002）。**運用多元智能理論在國小一年級生活課程之教學實驗研究**。
國立政治大學教育學系博士論文，未出版，台北市。

蔡文輝（1998）。**婚姻與家庭：家庭社會學**。台北市：五南。

蔡瓊華、陳思潔（2004）。淺談教育視導。**教育趨勢報導，10**，3-10。

鄭讚源（1999）。社會網絡、社會整合與學習家庭。載於國立台灣師範大學
（主編），**學習型家庭理論與實務研討會資料**。

黎士群（2000）。**組織公平、信任與知識分享行為之關係性研究——以Unix
系統管理人員為例**。私立銘傳大學管理科學研究所碩士論文，未出版，
台北市。

蕭富豐、李田樹（譯）（1998）。**創新與創業精神**。台北市：麥田。

賴麗珍（1998）。終生學習所需關鍵能力之分析。載於中華民國成人教育學會主辦，**中華民國終生學習年——國際終生學習學術研討會論文集**（頁151-172）。

戴國良（2003）。**行銷管理理論與實務**。台北市：五南。

韓應寧（譯）（1990）。**危機管理**。台北市：經濟與生活。

簡吟芳（2003）。**終身學習機構的知識分享策略研究——以國立自然科學博物館為例**。國立中正大學成人及繼續教育研究所碩士論文，未出版，嘉義縣。

簡茂發（2002）。落實國小自然科多元教學與評量。**現代教育論壇，7**，189-197。

魏惠娟（2003）。顧客中心導向的成人教育方案行銷。**成人教育，75**，36-43。

魏渭堂、吳錦鳳（2006）。**班級團體輔導的實施**。2006年1月10日，取自http://www.edu.tw/EDU_WEB/EDU_MGT/E0001/EDUION001/menu03/sub01/content_010203/paper0103.htm

魏渭堂、陳月靜、吳錦鳳（2006）。**班級團體輔導案例**。2006年1月10日，取自http://www.edu.tw/EDU_WEB/EDU_MGT/E0001/EDUION001/menu03/sub01/content_010203/paper0103.htm

魏意芳（2003）。**日本學童保育制度之研究——對我國課後托育的啟示**。國立台東師範學院教育研究所碩士論文，未出版，台東市。

譚大純、劉廷揚、蔡明洲（1999）。知識管理文獻之回顧與分類。載於**中華民國科技研討會論文集**。

英文部分

Altrichter, H., Posch, P., & Somekh, B. (1993). *Teachers investigate their work: An introduction to the methods of action research.* NY: Routledge.

Amabile, T. M., Hill, K. G., Hennessey, B. A., & Tight, E. M. (1994). The work preference inventory: Assessing intrinsic and extrinsic motivational orientation. *Journal of Personality and Social Psychology, 66*(5), 950-967.

Argyris, C., & Schon, D. A. (1978). *Organizational learning: A theory of action per-spective.* MA: Addison-Wesley.

Armstrong, T. (1994). *Multiple intelligence in the classroom.* VA: ASCD.

Bowonder, B., & Miyake, T. (1993). Japanese innovation in advanced technologies: An analysis of functional integration. *International Technology Management, 8* (2), 139.

Broberg, A. (1997). *Child care and early development: A longitudinal study of child care and its effects on child development.* Goteborg: University of Goteborg, Department of Psychology.

Campbell, L., Campbell, B., & Dickinson, D. (1999). *Teaching & learning through multiple intelligences* (2nd ed.). MA: Allyn & Bacon.

Carr, W., & Kemmis, S. (1986). *Becoming critical: Education, knowledge, and action research.* Philadelphia, PA: The Falmer Press, Taylor & Francis, Inc.

Checkley, K. (1997). The first seven and eighth: A conversation with Howard Gardner. *Education Leadership, 55*(1), 10.

Child Welfare League of America (1984). Standards for day care service. *Child Welfare League of America*, 9-10.

Comfort, L. K. (1988). *Management disaster: Strategies and policy perspective.* Durham and London: Duke University Press.

Corey, S. (1953). *Action research to improve school practices.* N.Y.: Columbia University.

Davenport, T. H., & Prusak, L. (1998). *Working knowledge: How organizations manage what they know.* Boston: Harvard Business School Press.

De Long, D. W., & Fahey, L. (2000). Diagnosing cultural barriers to knowledge management. *Academy of Management Executive, 14*(4), 113-127.

Department of Education and Employment (1999). *Learning to succeed: A new framework for post-16 learning.* London: The Author.

Dutton, J. E. (1986). The processing of crisis and non-crisis strategic issues. *Journal of Management Studies, 23*(5), 502-517.

European Commission (1995). *Teaching and learning: Towards the learning society*. European Commission Press.

Faure, E., et al. (1972). *Learning to be: The world of education today and tomorrow*. Paris: UNESCO.

Fink, S. (1986). *Crisis management: Planning for the inevitable*. New York: Commonwealth.

Gagne, R. M., Briggs, L. J., & Wager, W. W. (1988). *Principles of instructional design*. FL: Holt, Rinehart and Winston.

Gardner, H. (1983). *Frames of mind: The theory of multiple intelligences*. NY: Basic Books.

Gardner, H. (1993). *Multiple intelligences: The theory in practice*. NY: Basic Books.

Gardner, H. (1999). *Intelligence reframed: Multiple intelligence for the 21st Century*. NY: Basic Books.

Gary, L. (1991). *Marketing education*. PA: Open University Press.

Grinder, A. L., & McCoy, E. S. (1985). *The good guide: A sourcebook for interpreters, docents and tour guides*. Scottadale, Azirona: Ironwood Publishing.

Gronlund, K. D., & Linn, R. L. (1990). *Measurement and evaluation in teaching*. NY: Macmillan.

Hargreaves, A. (1993). *Changing teachers, changing times: Teachers' work and culture in the postmodern age*. London: Cassell.

Hendriks, P. (1999).Why share knowledge? The influence of ICT on motivation for knowledge sharing. *Knowledge and Process Management, 6*(3), 91-100.

Hidding, G., & Shireen, M. C. (1998). Anatomy of a learning organization: Turning knowledge into capital at andersen consulting. *Knowledge and Process Management, 5*(1), 3-13.

Hohendahl, P. U. (1993). *Reappraisals: Shifting alignments in postwar critical theory*. Ithaca: Cornell University Press.

Holtshouse, D. (1998). Knowledge research issues. *California Management Review, 43*(3), 277-280.

Hughes, J. E., & Norris, T. (2001). *Creativity, innovation and strategy: The innovation challenge*. London: John Wiley & Sons.

Inhelder, B., Caprona, D. De., & Cornu-wells, A. (1987). *Piaget today*. East Sussex: Lawrence Erlbaum Associates.

Jacobs, H. H. (1989). The interdisciplinary model: A step-by-step approach for development integrated units of study. In H. H. Jacobs (Ed.), *Interdisciplinary curriculum: Design and implementation* (pp. 53-66). Alexandria, VA: ASCD.

Kagan, S., & Kagan, M. (1998). *Multiple intelligence: The complete MI book*. CA: Kagan Cooperative Learning.

Kohlberg, L. (1981). *Essays on moral development Volume I. The philosophy of moral development: Moral stages and the idea of justice*. San Francisco, CA: Harper & Row.

Kohlberg, L. (1985). A just community approach to moral education in theory and practice. In M. Berkowitz & F. Oser (Eds.), *Moral education: Theory and practice*. Hillsdale, NJ: Lawrence Erlbaum Associates.

Kotler, P. (1991). *Marketing management: Analysis, planning, implementation and control*. NY: Prentice-Hall.

Kotler, P., & Andreasen, A. R. (1995). *Strategic marketing for non-profit organization*. NJ: Prentice-Hall.

Lansburgh, T. W. (1979). Child welfare: Day care of children. *Encyclopedia of social work*. Washington, D.C.: NASU.

Layng, D., McGrane, V., & Wilson, C. (1995). *Improving behavior through multiple intelligences*. Master's Research Project, Saint Xavier University and IRT/Skylight. (ED392550)

McDermott, R., & O'Dell, C. (2001). Overcoming culture barriers to sharing knowledge. *Journal of Knowledge Management, 5*(1), 76-85.

Mckernan, J. (1991). *Curriculum action research: A handbook of methods and resources for the reflective practitioner*. NY: St. Martin's Press.

Mcleod, J., Fisher, J., & Hoover, G. (2003). *The key elements of classroom manage-

ment: Managing time and space, student behavior, and instructional strategies. Alexandria, VA: ASCD.

Nancy, M. D. (2000). *Common knowledge: How companies thrive by sharing what they know.* Boston: Harvard Business School Press.

Nonak, I. (1994). A dynamic theory of organizational knowledge creation. *Organization Science, 15*(1), 14-37.

Nonak, I., & Takeuchi, H. (1995). *The knowledge-creating company.* NY: Oxford University Press.

Norm, G. G., Biancarosa, G., & Dechausay, N. (2003). *After school education: Approaches to an emerging field.* MA: Harvard Education Press.

Nunamaker, J. F. Jr., Weber, E. S., & Chen, M. (1989). Organizational crisis management system: Planning for intelligent action. *Journal of Management Information System, 5*(4), 7-32.

OECD (1973). *Case studies of educational innovation: IV. Strategies for innovation in education.* Paris: OECD.

OECD (1997). *The Osolo manual: Proposed guidelines for collecting and interpreting technological innovation data.* Paris: OECD.

Ormrod, J. E. (1998). *Educational psychology.* NJ: Merrill, Prentice-Hall.

Pierce, M. (1997). *Improving elementary students' motivation.* Master's Action Research Project, Saint Xavier University and IRT/Skylight.(ED412002)

Posner, J. K., & Vendell, D. L. (1994). Low-income children's after-school care: Are there beneficial effects of after-school programs. *Child Development, 65,* 440-456.

Powell, D. R. (1987). After-school child care. *Young Children Care, 11,* 33-45.

Probst, G., Raub, S., & Romhardt, K. (1999). *Managing knowledge: Building blocks for success.* NY: John Wiley & Sons.

Ramée, J. (1987). Corporate crisis: The aftermath. *Management Solutions, 32* (2), 19-22.

Robert, B. (2000). Pick employees brains. *HR Magazine, 45*(2), 115-120.

Schultz, S. E., & Schultz, D. (1997). *Theories of personality.* California: Cole Publishing Company.

Schwab, J. J. (1970). *The practical: A language for curriculum.* Washington, DC: National Education Association.

Scott, J. (2000). *Social network analysis: A handbook.* Beverly Hill, CA: Sage.

Senge, P. (1998). Sharing knowledge. *Executive Excellence, 15*(6), 11-12.

Shepard, L. A. (2000). The role of assessment in a learning culture. *Educational Research, 29*(7), 4-14.

Stake, R. E. (1989). The evaluation of teaching. In H. Simons & J. Elliott (Eds.), *Rethinking appraisal and assessment* (pp. 13-19). Bristol, PA: Open University Press.

Taylor, S. L., & Cosenza, R. M. (1997). Internal marketing can reduce employee turnover. *Supervision, 58*(12), 3-5.

U.S. Department of Education (1999). *Bring education to after-school programs.* Retrieved October 5, 2000, from http://www.ed.gov/pubs/after-school programs.html

Uit Beijerse, R. P. (1999). Questions in knowledge management: Defining and conceptualising a Phenomenon. *Journal of Knowledge Management, 3*(2), 94-110.

UNESCO (1996). *Learning: The treasure within.* Report to UNESCO of the International Commission on Education for the Twenty-first Century. Paris: Author.

Van der Zee, H. (1991). The learning society. *International Journal of Lifelong Education, 35*(1), 213-230.

Willson, R. E. (1966). *Educational administration.* Columbus, Ohio: E. Merrill Books, Inc.

Witners, L. (1986). *Major industrial hazard: Their appraisal and control.* England: Grower Technical Press.

Zuber-Skerritt, O. (1996). *New directions in action research.* London: Falmer.

附 錄

附錄一　兒童課後照顧服務班與中心設立及管理辦法

中華民國一百零一年六月四日教育部臺參字第1010098466C號令訂定發布全文33條；並自
一百零一年五月三十日施行
中華民國一百零二年三月十三日教育部臺教社(一)字第1020027946C號令修正發布第22條、
第25條、第33條條文，自發布日施行

第一章　總則

第1條　本辦法依兒童及少年福利與權益保障法（以下簡稱本法）第七十六條第三項
　　　　規定訂定之。

第2條　本辦法所稱主管機關：在中央為教育部；在直轄市為直轄市政府；在縣（市）
　　　　為縣（市）政府。

第3條　本辦法用詞，定義如下：

　　　　一、兒童課後照顧服務（以下簡稱本服務）：指招收國民小學階段兒童，於
　　　　　　學校上課以外時間，提供以生活照顧及學校作業輔導為主之多元服務，
　　　　　　以促進兒童健康成長、支持婦女婚育及使父母安心就業。

　　　　二、兒童課後照顧服務班（以下簡稱課後照顧班）：指由公、私立國民小學
　　　　　　設立，辦理兒童課後照顧服務之班級。

　　　　三、兒童課後照顧服務中心（以下簡稱課後照顧中心）：指由鄉（鎮、市、
　　　　　　區）公所、私人（包括自然人或法人）或團體設立，辦理兒童課後照顧
　　　　　　服務之機構。

　　　　前項第二款由公立國民小學設立或第三款由鄉（鎮、市、區）公所設立者，
　　　　為公立，其餘為私立。

第4條 公立國民小學或鄉（鎮、市、區）公所（以下簡稱委託人），得委託依法登記或立案之公、私立機構、法人、團體（以下簡稱受託人）辦理公立課後照顧班或公立課後照顧中心。

前項委託辦理，應符合政府採購法及其相關法規規定，受託人辦理本服務經評鑑成績優良者，委託人得以續約方式延長一年；其收費數額、活動內容、人員資格與在職訓練計畫、編班方式、辦理時間、辦理場所、管理方案、受託人續約及相關必要事項，應載明於招標文件。

公立國民小學依前項規定，委託辦理本服務者，應提供學校內各項設施及設備。受託人須使用學校以外之其他場所、設施或設備時，應以師生安全及服務活動需要為優先考量，並經學校同意後，報直轄市、縣（市）主管機關核准。

第5條 提供本服務而招收兒童五人以上者，應依本辦法規定辦理。但依法登記或立案之社會福利、公益、慈善或宗教團體提供免費之本服務者，不在此限。

國民小學辦理課後照顧班，應充分告知兒童之家長，儘量配合一般家長上班時間，並由家長決定自由參加，不得強迫。

課後照顧班、課後照顧中心（以下簡稱課後照顧班、中心）每班兒童，以十五人為原則，至多不得超過二十五人。

公立課後照顧班、中心，每班以招收身心障礙兒童二人為原則，並應酌予減少該班級人數。

國民小學得視身心障礙兒童照顧需要，以專班方式辦理本服務。

第6條 直轄市、縣（市）主管機關於離島、偏鄉、原住民族或特殊地區，得優先指定公立國民小學、區公所設立課後照顧班、中心，或補助鄉（鎮、市）公所、私人或團體設立課後照顧中心。

離島、偏鄉、原住民族或特殊地區依本辦法規定設立課後照顧中心有困難者，得專案報直轄市、縣（市）主管機關許可後，依許可內容辦理之。

前項特殊地區，由直轄市、縣（市）主管機關認定。

第7條 公立課後照顧班應優先招收低收入戶、身心障礙及原住民兒童。

公立課後照顧班之收費如下：

一、低收入戶、身心障礙及原住民兒童：免費。

二、情況特殊兒童：經學校評估後，報直轄市、縣（市）主管機關專案核准者，減免收費。

三、一般兒童：依第二十條規定收費。

前項兒童，除第五條第四項規定外，以分散編班為原則。

國民小學或受託人每招收兒童二十人，第二項減免之費用，應自行負擔一人；其餘由直轄市、縣（市）主管機關補助之；仍不足者，由中央主管機關視實際情況補助之。

低收入戶、身心障礙、原住民及其他情況特殊兒童參加本服務之人數比率，列為各國民小學辦理本服務之教育視導重要指標之一。

第二章　設立許可

第 8 條　直轄市、縣（市）主管機關依本法第七十六條第四項規定設立之課後照顧服務審議會，其任務如下：

一、研訂直轄市、縣（市）推展兒童課後照顧服務之目標及方針。

二、協調規劃直轄市、縣（市）主管機關兒童課後照顧服務之推動。

三、審議其他有關兒童課後照顧服務事項。

前項審議會置委員十三人至十七人，由直轄市、縣（市）長或其指定之人擔任召集人，並就學者專家、家長團體代表、婦女團體代表、兒童團體代表、公益教保團體代表及機關代表聘（派）兼之。

第 9 條　公立課後照顧班，由直轄市、縣（市）主管機關指定公立國民小學，或由公立國民小學提出申請，經直轄市、縣（市）主管機關核定後辦理；私立課後照顧班，由直轄市、縣（市）主管機關指定私立國民小學辦理者，由直轄市、縣（市）主管機關核定後辦理之。

私立課後照顧班，由私立國民小學申請辦理者，應填具申請書，並檢附下列文件、資料，經直轄市、縣（市）主管機關核定後辦理之：

一、設立目的及業務計畫書。

二、財產清冊及經費來源。

三、預算表：載明全年收入及支出預算。

四、組織表、主管與工作人員人數、資格、條件、工作項目及福利。

五、收退費基準及服務規定。

六、學校財團法人董事會同意附設課後照顧班之會議紀錄。

前二項所定國民小學，包括師資培育大學附設之實驗國民小學及高級中等以上學校附設之國民小學或國小部。

第一項指定或申請程序及應檢附資料文件，由直轄市、縣（市）主管機關定之。

第 10 條　公、私立課後照顧中心，由鄉（鎮、市）公所、私人或團體填具申請書，並檢附下列文件、資料一式五份，向直轄市、縣（市）主管機關申請許可：

一、中心名稱、地址及負責人等基本資料；負責人並應檢附其無違反本法第

八十一條第一項規定之切結書及警察刑事紀錄證明。

二、中心設立目的及業務計畫書。

三、建築物位置圖及平面圖，並以平方公尺註明樓層、各隔間面積、用途說明及總面積。

四、土地及建築物使用權利證明文件：包括土地與建物登記（簿）謄本、建築物使用執照影本、建築物竣工圖、消防安全設備圖說及消防安全機關查驗合格之證明文件與使用權利證明文件影本。土地或建物所有權非屬私人或團體所有者，應分別檢具經公證自申請日起有效期限三年以上之租賃契約或使用同意書。

五、財產清冊及經費來源。

六、預算表：載明全年收入及支出預算。

七、組織表、主管與工作人員人數、資格、條件、工作項目及福利。

八、收退費基準及服務規定。

九、履行營運擔保證明影本。

十、投保公共意外責任保險之保險單影本。

十一、申請人為法人或團體者，並應檢附法人或團體登記或立案證明文件影本，及法人或團體經目的事業主管機關核准附設課後照顧中心文件影本。

前項第九款履行營運擔保能力之認定及第十款公共意外責任保險之保險金額，由直轄市、縣（市）主管機關公告之。

直轄市、縣（市）主管機關得視需要，命申請人就第一項所定文件、資料繳交正本，備供查驗。

直轄市、市主管機關指定區公所辦理課後照顧中心者，由直轄市、市主管機關核定後辦理之。

第 11 條 課後照顧班、中心之命名及更名，應符合下列規定：

一、私立課後照顧班、中心，不得使用易使人誤解其與政府機關（構）有關之名稱。

二、課後照顧班應冠以學校附設之名稱；其依第四條規定委託辦理者，並應明確表示委託人與委託辦理及受託人之名稱。

三、公立課後照顧中心，應冠以直轄市、縣（市）某鄉（鎮、市、區）公所設立之名稱；其依第四條規定委託辦理者，並應明確表示委託人與委託辦理及受託人之名稱。

四、私立課後照顧中心，應冠以其所在地直轄市、縣（市）名稱及私立二字，

　　　　並得冠以該私人、團體之姓名或名稱。

　　五、同一直轄市、縣（市）之私立課後照顧中心，不得使用相同名稱。但由
　　　　同一私人或團體設立者，得使用相同名稱，並加註足資分辨之文字。

第 12 條　直轄市、縣（市）主管機關受理第十條第一項之申請後，經會同相關機關實
　　　　地勘查，認符合本辦法規定者，應許可其設立，並發給設立許可證書。

第 13 條　設立許可證書應至少載明課後照顧中心之名稱、地址、負責人姓名、機構面
　　　　積、最大招收人數、許可日期及許可文號；其格式，由直轄市、縣（市）主
　　　　管機關定之。

第 14 條　前條設立許可證書應載明之事項有變更時，負責人應自事實發生之次日起三
　　　　十日內，向直轄市、縣（市）主管機關申請變更登記，並換發設立許可證書。

第 15 條　課後照顧中心遷移者，應向遷移所在地直轄市、縣（市）主管機關重新申請
　　　　設立；其遷移至原行政區域外者，並應向原主管機關申請歇業。

第 16 條　課後照顧中心停業或歇業時，應於三十日前敘明理由及日期，申請直轄市、
　　　　縣（市）主管機關核准後，始得為之；停業後復業者，亦同。
　　　　課後照顧中心經許可設立後，於一年內未開始營運，或因故停業而未依前項
　　　　規定申請核准者，直轄市、縣（市）主管機關應命其限期改善；屆期未改善
　　　　者，得廢止其設立許可。已逾核准之停業期間而未復業者，亦同。
　　　　第一項所定停業期間，以一年為限，必要時得申請延長一年。

第 17 條　課後照顧中心在原址進行改建、擴充、縮減場地、增減招收人數等事項時，
　　　　應於三十日前檢具下列文件、資料，申請直轄市、縣（市）主管機關核准：

　　一、原設立許可證書。

　　二、變更項目及內容。

　　三、建築物改建、擴充或縮減場地之許可證明文件及建築物樓層配置圖，並
　　　　標示變更範圍。

　　四、消防安全設備機關核發之合格文件及圖說。

　　五、變更後之室內、外活動空間面積。

　　六、變更後之房舍用途及面積。

　　七、學童安置方式。

　　　　課後照顧中心依前項核准之事項變更完成後，應報直轄市、縣（市）主管機
　　　　關進行查核，通過者，換發設立許可證書。未依規定辦理或不符許可內容者，
　　　　直轄市、縣（市）主管機關得廢止其設立許可。

第三章　行政管理及收費

第 18 條　課後照顧中心每年六月三十日及十二月三十一日前，應檢附招收概況表，報

直轄市、縣（市）主管機關備查。

課後照顧中心每年十二月三十一日前，應檢附公共意外責任險保單影本，報直轄市、縣（市）主管機關備查。

課後照顧中心應每二年檢附主任、課後照顧服務人員與其他工作人員之健康檢查結果影本，報直轄市、縣（市）主管機關備查。

第 19 條 課後照顧中心應與兒童家長，就本服務之內容、時間、接送方式、逾時或短少時數、保護照顧、告知義務、緊急事故與處理、終止契約事項、收費與退費方式、違約賠償、申訴處理、管轄法院及其他課後照顧中心與家長之權利、義務等事項，訂定書面契約。

前項書面契約之範本，由中央主管機關公告之。

第 20 條 公立課後照顧班辦理本服務之收費基準，由直轄市、縣（市）主管機關以下列計算方式為上限，自行訂定：

一、學校自辦：

於學校上班時間辦理時，每位學生收費	新臺幣 260 元×服務總節數÷0.7÷學生數
於學校下班時間及寒暑假辦理時，每位學生收費	新臺幣 400 元×服務總節數÷0.7÷學生數
一併於學校上班時間及下班時間辦理時，每位學生收費	（新臺幣 260 元×上班時間服務總節數÷0.7÷學生數）＋（新臺幣 400 元×下班時間服務總節數÷0.7÷學生數）

二、委託辦理：

於學校上班時間辦理時，每位學生收費	
於學校下班時間及寒暑假辦理時，每位學生收費	新臺幣 410 元×服務總時數÷0.7÷學生數
一併於學校上班時間及下班時間辦理時，每位學生收費	

前項第一款服務總節數，其每節為四十分鐘。

第一項收費，得採每月收費或一次收費；參加兒童未滿十五人者，得酌予提

高收費，但不得超過直轄市、縣（市）主管機關依第一項所定收費基準之百分之二十，並應報直轄市、縣（市）主管機關核准。

第一項本服務總節（時）數，因故未能依原定服務節（時）數實施時，應依比率減收費用。

第 21 條　公立課後照顧班依前條規定收取之費用，其支應之項目，分為下列二類：

一、行政費：

（一）行政費包括水電費、材料費、勞健保費、勞退金、資遣費、加班費、獎金及意外責任保險等勞動權益保障費用。

（二）行政費以占總收費百分之三十為原則。但學校委託辦理時，受託人之行政費，以占總收費百分之二十為原則；學校之行政費，以占總收費百分之十為限。

二、鐘點費：以占總收費百分之七十為原則。

前項收費不足支應時，應優先支付鐘點費。

公立國民小學自行辦理本服務時，其收支得採代收代付方式為之，並應妥為管理會計帳冊。

第四章　人員資格訓練及配置

第 22 條　課後照顧班置下列人員：

一、執行秘書：一人；學校自辦者，得由校長就校內教師派兼之；委託辦理者，由受託人聘請合格人員擔任之。

二、課後照顧服務人員：

（一）每招收兒童二十五人，應置一人；未滿二十五人者，以二十五人計。

（二）學校自辦者，得由校長就校內教師派兼之或聘請合格人員擔任之，校內教師並應徵詢其意願；委託辦理者，由受託人聘請合格人員擔任之，並應於開課七日前報委託學校備查。

三、行政人員或其他工作人員：由學校視需要酌置之，並得由校長就校內教師派兼之。

課後照顧中心置下列人員：

一、主任：一人。

二、課後照顧服務人員：每招收兒童二十五人，應置一人；未滿二十五人者，以二十五人計。

三、行政人員或其他工作人員：視實際需要酌置之。

課後照顧中心遴聘主任及課後照顧服務人員，應符合第二十三條所定各該人員資格之規定；並於設立後，招生前，檢附主任、課後照顧服務人員與其他

工作人員之名單及下列文件，報直轄市、縣（市）主管機關核准後，始得招
生：

一、主任及課後照顧服務人員之資格證明文件影本。

二、所有人員無違反本法第八十一條第一項規定之切結書及警察刑事紀錄證
　　明。

三、所有人員之健康檢查表影本。

前項人員有異動時，課後照顧中心應自事實發生後三十日內，依前項規定，
報直轄市、縣（市）主管機關備查。

第 23 條　課後照顧班、中心之執行秘書、主任及課後照顧服務人員，應具備下列資格
　　　　　之一：

一、高級中等以下學校、幼稚園或幼兒園合格教師、幼兒園教保員、助理教
　　保員。

二、曾依中小學兼任代課及代理教師聘任辦法或國民中小學教學支援工作人
　　員聘任辦法聘任之教師。但教學支援工作人員為高級中等以下學校畢業
　　者，應經直轄市、縣（市）政府教育、社政或勞工相關機關自行或委託
　　辦理之一百八十小時課後照顧服務人員專業訓練課程結訓。

三、公私立大專校院以上畢業，並修畢師資培育規定之教育專業課程者。

四、符合兒童及少年福利機構專業人員資格者。但不包括保母人員。

五、高級中等以上學校畢業，並經直轄市、縣（市）政府教育、社政或勞工
　　相關機關自行或委託辦理之一百八十小時課後照顧服務人員專業訓練課
　　程結訓。

偏鄉、離島、原住民族或特殊地區遴聘前項資格人員有困難時，得報直轄市、
縣（市）主管機關核准，酌減前項第二款或第五款人員之專業課程訓練時數。

本服務針對需要個案輔導之兒童，應視需要聘請全職或兼職社會福利工作或
輔導專業人員為之；針對身心障礙兒童，應視需要聘請全職或兼職特教教師
或專業人員為之。

第 24 條　課後照顧班執行秘書、課後照顧中心主任及課後照顧服務人員，每年應參加
　　　　　直轄市、縣（市）主管機關辦理之在職訓練至少十八小時。

課後照顧班、中心應就前項參加在職訓練人員給予公假，並建立在職訓練檔
案，至少保存三年。

第一項在職訓練，得由直轄市、縣（市）主管機關自行辦理、委託專業團體、
法人或專科以上學校辦理，或由專業團體報經直轄市、縣（市）主管機關認
可後辦理。

第五章　場地、空間及設施設備

第 25 條　課後照顧中心之室內樓地板面積及室外活動面積，扣除辦公室、保健室、盥洗衛生設備、廚房、儲藏室、防火空間、樓梯、陽台、法定停車空間及騎樓等非兒童主要活動空間之面積後，應符合下列規定：

一、課後照顧中心總面積：應達一百平方公尺以上。

二、室內活動面積：兒童每人不得小於一點五平方公尺。

三、室外活動面積：兒童每人不得小於二平方公尺，設置於直轄市高人口密度行政區者，每人不得小於一點三平方公尺。但無室外活動面積或室外活動面積不足時，得另以室內相同活動面積替代之。

前項第三款所定高人口密度行政區，由中央主管機關會商直轄市主管機關定之。

第 26 條　課後照顧中心應有固定地點及完整專用場地；其為樓層建築者，以使用地面樓層一樓至四樓為限。

課後照顧中心經直轄市、縣（市）主管機關核准後，得依下列規定使用，不受前項規定之限制：

一、附帶使用地下一樓作為行政或儲藏等非兒童活動之用途。

二、位於山坡地或因基地整地形成地面高低不一，且非作為防空避難設備使用之地下一樓，得作為兒童遊戲空間使用。

第 27 條　課後照顧中心應具備下列設施、設備：

一、教室。

二、活動室。

三、遊戲空間。

四、寢室。

五、保健室或保健箱。

六、辦公區或辦公室。

七、廚房。

八、盥洗衛生設備。

九、其他與本服務相關之必要設施或設備。

前項第一款至第六款之設施、設備，得視實際需要調整併用。

第一項第八款設備數量，不得少於下列規定，其規格應合於兒童使用；便器並應有隔間設計：

一、大便器：

　　(一) 男生：每五十人一個，未滿五十人者，以五十人計。

(二) 女生：每十人一個，未滿十人者，以十人計。

二、男生小便器：每三十人一個，未滿三十人者，以三十人計。

三、水龍頭：每十人一個，未滿十人者，以十人計。

第 28 條 課後照顧班、中心之建築、設施及設備，應符合下列規定：

一、依建築、衛生、消防等法規規定建築及設置，並考量兒童個別需求。

二、配合兒童之特殊安全需求，妥為設計，並善盡管理及維護。

三、使身心障礙之兒童有平等之使用機會。

四、環境應保持清潔、衛生，室內之採光及通風應充足。

第六章 附則

第 29 條 本辦法所定書表格式，除第十九條第二項規定外，由直轄市、縣（市）主管機關定之。

第 30 條 直轄市、縣（市）主管機關得定期或不定期至課後照顧班、中心視導、稽查，其中安全措施相關業務之稽查，應每年至少辦理一次。

直轄市、縣（市）主管機關視導、稽查課後照顧班、中心時，得要求其提出業務報告，或提供相關資料、文件；課後照顧班、中心之負責人或相關人員不得規避、妨礙或拒絕。

前二項視導及稽查之相關規定，由直轄市、縣（市）主管機關定之。

第 31 條 直轄市、縣（市）主管機關應自本辦法施行之日起三個月內，通知本辦法施行前已許可設立之課後托育中心，於本法第一百十六條第一項所定期限內，填具申請表，並檢附下列文件，申請改制：

一、負責人基本資料：包括姓名、國民身分證影本及地址。

二、主任及課後照顧服務人員合於第二十三條規定之文件。

三、原設立許可證明文件正本及影本。

四、原設立許可證明文件所載建築物平面圖及投保公共意外責任保險之保單影本。

五、建築物公共安全檢查簽證及申報辦法所定期限內申報取得之查核合格或改善完竣證明文件。但建築物取得使用執照後，經建築主管機關通知首次檢查及申報期間為申請改制日以後，並取得證明文件者，得以該證明文件替代之。

第 32 條 直轄市、縣（市）主管機關依本辦法規定，得另訂補充規定。

第 33 條 本辦法自中華民國一百零一年五月三十日施行。

附錄二　幼兒教育及照顧法

中華民國一百年六月二十九日總統華總一義字第 10000133881 號令制定公布全文 60 條；並
自一百零一年一月一日施行

中華民國一百零二年五月二十二日總統華總一義字第 10200096081 號令修正公布第 10、15、
43、55 條條文；並自一百零一年一月一日施行

第一章　總則

第 1 條　為保障幼兒接受適當教育及照顧之權利，確立幼兒教育及照顧方針，健全幼
　　　　兒教育及照顧體系，以促進其身心健全發展，特制定本法。

第 2 條　本法用詞，定義如下：

　　　　一、幼兒：指二歲以上至入國民小學前之人。

　　　　二、幼兒園：指對幼兒提供教育及照顧服務（以下簡稱教保服務）之機構。

　　　　三、負責人：指幼兒園設立登記之名義人；其為法人者，指其董事長。

　　　　四、教保服務人員：指在幼兒園服務之園長、教師、教保員及助理教保員。

第 3 條　本法所稱之主管機關：在中央為教育部；在直轄市為直轄市政府；在縣（市）
　　　　為縣（市）政府。

　　　　本法所定事項涉及各目的事業主管機關業務時，各該機關應配合辦理。

第 4 條　各級主管機關為整合規劃、協調、諮詢與宣導幼兒教保服務，應召開諮詢會。

　　　　前項諮詢會，其成員應包括主管機關代表、衛生主管機關代表、身心障礙團
　　　　體代表、教保學者專家、教保團體代表、教保服務人員團體代表及家長團體
　　　　代表；其組織及會議等相關事項之辦法及自治法規，由各主管機關定之。

第 5 條　中央主管機關掌理下列事項：

　　　　一、教保服務政策及法規之研擬。

　　　　二、教保服務理念、法規之宣導及推廣。

　　　　三、全國性教保服務之方案策劃、研究、獎助、輔導、實驗及評鑑規劃。

　　　　四、地方教保服務行政之監督、指導及評鑑。

　　　　五、教保服務人員人力規劃、培育及人才庫建立。

　　　　六、全國性教保服務基本資料之蒐集、調查、統計及公布。

　　　　七、教保服務人員權益保障事項之推動。

　　　　八、協助教保服務人員組織及家長組織之成立。

　　　　九、其他全國性教保服務之相關事項。

第 6 條　直轄市、縣（市）主管機關掌理下列事項：

一、地方性教保服務方案之規劃、實驗、推展及獎助。

二、幼兒園之設立、監督、輔導及評鑑。

三、教保服務人員之監督、輔導、管理及在職訓練。

四、幼兒園親職教育之規劃及辦理。

五、地方性教保服務基本資料之蒐集、調查、統計及公布。

六、其他地方性教保服務之相關事項。

第二章　幼兒園設立及其教保服務

第7條　幼兒園教保服務應以幼兒為主體，遵行幼兒本位精神，秉持性別、族群、文化平等、教保並重及尊重家長之原則辦理。

推動與促進幼兒教保服務工作發展為政府、社會、家庭、幼兒園及教保服務人員共同之責任。

政府應提供幼兒優質、普及、平價及近便性之教保服務，對處於經濟、文化、身心、族群及區域等不利條件之幼兒，應優先提供其接受適當教保服務之機會。

公立幼兒園應優先招收不利條件之幼兒，其招收優先順序之自治法規，由直轄市、縣（市）主管機關定之。

政府對就讀幼兒園之幼兒，得視實際需要補助其費用；其補助對象、補助條件、補助額度及其他應遵行事項之辦法，由中央主管機關定之。

第8條　直轄市、縣（市）、鄉（鎮、市）、學校、法人、團體或個人得興辦幼兒園，幼兒園應經直轄市、縣（市）主管機關許可設立，並於取得設立許可後始得招生。

公立學校所設幼兒園應為學校所附設，其與直轄市、縣（市）、鄉（鎮、市）設立者為公立，其餘為私立。但本法施行前已由政府或公立學校所設之私立幼稚園或托兒所，仍為私立。

幼兒園得於同一鄉（鎮、市、區）內設立分班，其招生人數不得逾本園之人數或六十人之上限。

私立幼兒園得辦理財團法人登記並設置董事會。

幼兒園與其分班基本設施設備之標準，及其設立、改建、遷移、擴充、增加招收幼兒人數、更名與變更負責人程序及應檢具之文件、停辦、復辦、撤銷與廢止許可、督導管理、財團法人登記、董事會運作及其他應遵行事項之辦法，均由中央主管機關定之。

第9條　直轄市、縣（市）政府得委託公益性質法人或由公益性質法人申請經核准興辦非營利幼兒園，其辦理方式、委託要件、委託年限、委託方式、收費基準、

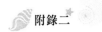

人員薪資、審議機制、考核及其他應遵行事項之辦法，由中央主管機關定之。

直轄市、縣（市）政府為辦理前項事項，應召開審議會，由機關首長或指定之代理人為召集人，成員應包括教保學者專家、家長團體代表、婦女團體代表、勞工團體代表、教保團體代表及教保服務人員團體代表。

第 10 條　離島、偏鄉於幼兒園普及前，及原住民族幼兒基於學習其族語、歷史及文化機會與發揮部落照顧精神，得採社區互助式或部落互助式方式對幼兒提供教保服務；其地區範圍、辦理方式、人員資格、登記、環境、設施設備、衛生保健、督導、檢查、管理及其他應遵行事項之辦法，由中央主管機關會同中央原住民族主管機關定之。

第 11 條　幼兒園教保服務之實施，應與家庭及社區密切配合，以達成下列目標：

一、維護幼兒身心健康。

二、養成幼兒良好習慣。

三、豐富幼兒生活經驗。

四、增進幼兒倫理觀念。

五、培養幼兒合群習性。

六、拓展幼兒美感經驗。

七、發展幼兒創意思維。

八、建構幼兒文化認同。

九、啟發幼兒關懷環境。

第 12 條　幼兒園之教保服務內容如下：

一、提供生理、心理及社會需求滿足之相關服務。

二、提供營養、衛生保健及安全之相關服務。

三、提供適宜發展之環境及學習活動。

四、提供增進身體動作、語文、認知、美感、情緒發展與人際互動等發展能力與培養基本生活能力、良好生活習慣及積極學習態度之學習活動。

五、記錄生活與成長及發展與學習活動過程。

六、舉辦促進親子關係之活動。

七、其他有利於幼兒發展之相關服務。

幼兒園教保活動課程大綱及服務實施準則，由中央主管機關定之。

第 13 條　直轄市、縣（市）主管機關應依相關法律規定，對接受教保服務之身心障礙幼兒，主動提供專業團隊，加強早期療育及學前特殊教育相關服務，並依相關規定補助其費用。

中央政府為均衡地方身心障礙幼兒教保服務之發展，應補助地方政府遴聘學

前特殊教育專業人員之鐘點、業務及設備經費，以辦理身心障礙幼兒教保服務，其補助辦法由中央主管機關定之。

第14條　幼兒園得提供作為社區教保資源中心，發揮社區資源中心之功能，協助推展社區活動及社區親職教育。

第三章　幼兒園組織與人員資格及權益

第15條　幼兒園應進用具教保服務人員資格，且未有第二十七條第一項所列情事者，從事教保服務。

幼兒園不得借用未在該園服務之教保服務人員資格證書。

未具教保服務人員資格者，不得在幼兒園從事教保服務。

教保服務人員資格證書不得提供或租借予他人使用。

教保服務人員每年至少參加教保專業知能研習十八小時以上；其實施辦法，由中央主管機關定之。

第16條　為提升教保服務品質，幼兒園應建立教保服務人員參與教保服務及員工權益重要事務決策之機制。

各級主管機關應協助教保服務人員成立各級教保服務人員組織，並協助其訂定工作倫理守則。

第17條　幼兒園應提供教保服務人員下列資訊：

一、人事規章及相關工作權益。

二、教保服務人員資格審核之結果。

三、在職成長進修研習機會。

四、參加教保服務人員組織權益。

第18條　幼兒園二歲以上未滿三歲幼兒，每班以十六人為限，且不得與其他年齡幼兒混齡；三歲以上至入國民小學前幼兒，每班以三十人為限。但離島、偏鄉及原住民族地區之幼兒園，因區域內二歲以上未滿三歲幼兒之人數稀少，致其招收人數無法單獨成班者，得報直轄市、縣（市）主管機關同意後，以二歲以上至入國民小學前幼兒進行混齡編班，每班以十五人為限。

幼兒園除公立學校附設者及分班免置園長外，應置下列專任教保服務人員：

一、園長。

二、幼兒園教師、教保員或助理教保員。

幼兒園及其分班除園長外，應依下列方式配置教保服務人員：

一、招收二歲以上至未滿三歲幼兒之班級，每班招收幼兒八人以下者，應置教保服務人員一人，九人以上者，應置教保服務人員二人；第一項但書所定情形，其教保服務人員之配置亦同。

二、招收三歲以上至入國民小學前幼兒之班級，每班招收幼兒十五人以下者，
應置教保服務人員一人，十六人以上者，應置教保服務人員二人。

幼兒園有五歲至入國民小學前幼兒之班級，其配置之教保服務人員，每班應有一人以上為幼兒園教師。

幼兒園助理教保員之人數，不得超過園內教保服務人員總人數之三分之一。

幼兒園得視需要配置學前特殊教育教師及社會工作人員。

幼兒園及其分班合計招收幼兒總數六十人以下者，得以特約或兼任方式置護理人員；六十一人至二百人者，應以特約、兼任或專任方式置護理人員；二百零一人以上者，應置專任護理人員一人以上。但國民中、小學附設之幼兒園，其校內已置有專任護理人員者，得免再置護理人員。

公立學校附設幼兒園置主任，由校長就專任幼兒園教師中聘兼之，其達一定規模者，應為專任；幼兒園達一定規模，得分組辦事，置組長，並由教師或教保員兼任之；幼兒園分班置組長，並由教師、教保員兼任之；附設幼兒園達一定規模及直轄市、縣（市）、鄉（鎮、市）設立之幼兒園得置專任職員；幼兒園應置廚工。

公立學校附設幼兒園除依第二項及第三項規定配置教保服務人員外，每園應再增置教保服務人員一人。

幼兒園之行政組織及員額編制標準，由中央主管機關定之。

第 19 條　幼兒園園長除本法另有規定外，應同時具備下列各款資格：

一、具幼兒園教師或教保員資格。

二、在幼兒園（含本法施行前之幼稚園及托兒所）擔任教師或教保員五年以上。

三、經直轄市、縣（市）主管機關自行或委託設有幼兒教育、幼兒保育相關科系、所、學位學程之專科以上學校辦理之幼兒園園長專業訓練及格。

前項第二款之服務年資證明應由服務之幼兒園開立，或得檢附勞工保險局核發之勞工保險被保險人投保證明文件，並均應經直轄市、縣（市）主管機關確認其服務事實。

第一項第三款之專業訓練資格、課程、時數及費用等相關事項之辦法，由中央主管機關定之。

第 20 條　幼兒園教師應依師資培育法規定取得幼兒園教師資格；幼兒園教師資格於師資培育法相關規定未修正前，適用幼稚園教師資格之規定。

第 21 條　教保員除本法另有規定外，應具備下列資格之一：

一、國內專科以上學校或經教育部認可之國外專科以上學校幼兒教育、幼兒

　　保育相關系、所、學位學程、科畢業。

二、國內專科以上學校或經教育部認可之國外專科以上學校非幼兒教育、幼
　　兒保育相關系、所、學位學程、科畢業，並修畢幼兒教育、幼兒保育輔
　　系或學分學程。

前項相關系、所、學位學程、科、輔系及學分學程之認定標準，由中央主管
機關定之。

第 22 條　幼兒園助理教保員除本法另有規定外，應具國內高級中等學校幼兒保育相關
　　　　　學程、科畢業之資格。

前項相關學程及科之認定標準，由中央主管機關定之。

第 23 條　幼兒園教保服務人員之資格、權益、管理及申訴評議等事項，於本法施行之
　　　　　日起三年內，另以法律規定並施行。

第 24 條　幼兒園依本法聘用之社會工作人員及護理人員，其資格應符合相關法律規定。

第 25 條　直轄市、縣（市）、鄉（鎮、市）設立之公立幼兒園其專任園長，除依第五
　　　　　十六條第二項第一款規定由公立托兒所所長轉換取得資格者仍依公務人員任
　　　　　用法之相關法令於原機構任用外，應由具公立幼兒園現職教師資格者擔任，
　　　　　其考核、解聘、停聘或不續聘、待遇、退休、撫卹、保險、福利及救濟事項，
　　　　　準用公立國民小學校長之規定。

前項公立幼兒園專任園長之遴選、聘任、聘期，及公立學校附設幼兒園專任
主任之任期等相關事項之自治法規，由直轄市、縣（市）主管機關定之。

公立幼兒園編制內有給職專任之教師，其考核、聘任、解聘、停聘或不續聘、
遷調、介聘、待遇、退休、撫卹、保險、福利及救濟事項，準用公立國民小
學教師之規定。

公立托兒所改制為公立幼兒園後，原公立托兒所依公務人員任用法任用之人
員及依雇員管理規則僱用之人員，於改制後繼續於原機構任用，其服務、懲
戒、考績、訓練、進修、俸給、保險、保障、結社、退休、資遣、撫卹、福
利及其他權益事項，依其原適用之相關法令辦理；並得依改制前原適用之組
織法規，依規定辦理陞遷及銓敘審定；人事、會計人員之管理，與其他公務
人員同。

公立幼兒園第一項、第三項及第四項以外之教保員、助理教保員及其他人員，
依勞動基準法相關規定，以契約進用；其權利義務於契約明定；其進用程序、
考核及待遇等相關事項之辦法，由中央主管機關定之。

公立幼稚園、公立托兒所依本法改制為公立幼兒園，原依聘用人員聘用條例、
行政院暨所屬機關約僱人員僱用辦法聘用及僱用之人員，及現有工友（含技

工、駕駛），依其原適用之相關法令規定辦理。

公立幼兒園之教保服務人員因婚、喪、疾病、分娩或其他正當事由得請假；其假別、日數、請假程序、核定權責與違反之處理及其他相關事項之辦法，由中央主管機關定之。

第 26 條　私立幼兒園人員，其勞動條件，依勞動基準法及其他相關法規辦理；法規未規定者，得經直轄市、縣（市）主管機關邀集代表勞資雙方組織協商之。教保服務人員應由私立幼兒園自行進用，不得以派遣方式為之。

私立幼兒園專任教師之聘任、待遇、進修與研究、退休、撫卹、離職、資遣、保險、教師組織、申訴及訴訟，於本法施行前已準用教師法相關規定者，仍依其規定辦理。

私立幼兒園，其園長由董事會遴選合格人員聘任；未設董事會者，由負責人遴選合格人員聘任，並均報請所在地直轄市、縣（市）主管機關核定。

第 27 條　教保服務人員或其他人員有下列情事之一者，不得在幼兒園服務：

一、曾有性侵害、性騷擾或虐待兒童行為，經判刑確定或通緝有案尚未結案。

二、行為不檢損害兒童權益，其情節重大，經有關機關查證屬實。

三、罹患精神疾病尚未痊癒，不能勝任教保工作。

四、其他法律規定不得擔任各該人員之情事。

教保服務人員或在幼兒園服務之其他人員，有前項各款情形之一者，除第三款情形得依規定辦理退休或資遣，及第四款情形依其規定辦理外，應予以免職、解聘或解僱。

教保服務人員或在幼兒園服務之其他人員有前項情形者，幼兒園應報直轄市、縣（市）主管機關備查，直轄市、縣（市）主管機關應將處理情形通報其他直轄市、縣（市）主管機關。

第 28 條　有下列情事之一者，不得擔任幼兒園之負責人、董事長及董事：

一、有前條第一項第一款及第二款所列事項者。

二、曾犯內亂、外患罪，經判決確定或通緝有案尚未結案者。

三、曾服公務因貪污瀆職，經判決確定或通緝有案尚未結案者。

四、褫奪公權尚未復權者。

五、曾任公務人員受撤職或休職處分，其停止任用或休職期間尚未屆滿者。

六、受破產宣告尚未復權者。

七、無行為能力或限制行為能力者。

幼兒園負責人有前項第一款情形者，直轄市、縣（市）主管機關應廢止其幼兒園設立許可；屬法人者，其董事長、董事有前項第一款情形者，直轄市、

縣（市）主管機關應令其更換。

第四章　幼兒權益保障

第 29 條　幼兒園應就下列事項訂定管理規定、確實執行，並定期檢討改進：

一、環境、食品衛生及疾病預防。

二、安全管理。

三、定期檢修各項設施安全。

四、各項安全演練措施。

五、緊急事件處理機制。

第 30 條　幼兒進入及離開幼兒園時，幼兒園應實施保護措施，確保其安全。

幼兒園接送幼兒應以經直轄市、縣（市）主管機關核准之幼童專用車輛為之；其規格、標識、顏色、載運人數應符合法令規定，並經公路監理機關檢驗合格；該車輛之駕駛人應具有職業駕駛執照，並配置具教保服務人員資格，或年滿二十歲以上之隨車人員隨車照護，維護接送安全。

前項幼童專用車輛、駕駛人及其隨車人員之督導管理及其他應遵行事項之辦法，由中央主管機關會同交通部定之。

幼兒園新進用之駕駛人及隨車人員，應於任職前最近一年內接受基本救命術訓練八小時以上；任職後每二年應接受基本救命術訓練八小時以上、交通安全相關課程三小時以上及緊急救護情境演習一次以上。直轄市、縣（市）主管機關辦理相關訓練、課程或演習時，幼兒園應予協助。

第 31 條　幼兒園應建立幼兒健康管理制度。直轄市、縣（市）衛生主管機關辦理幼兒健康檢查時，幼兒園應予協助，並依檢查結果，施予健康指導或轉介治療。

幼兒園應將幼兒健康檢查、疾病檢查結果、轉介治療及預防接種等資料，載入幼兒健康資料檔案，並妥善管理及保存。

幼兒園、教保服務人員及其他人員對前項幼兒資料應予保密。但經家長同意或依其他法律規定應予提供者，不在此限。

第 32 條　幼兒園應依第八條第五項之基本設施設備標準設置保健設施，作為健康管理、緊急傷病處理、衛生保健、營養諮詢及協助健康教學之資源。

幼兒園新進用之教保服務人員，應於任職前最近一年內接受基本救命術訓練八小時以上；任職後每二年應接受基本救命術訓練八小時以上、安全教育相關課程三小時以上及緊急救護情境演習一次以上。直轄市、縣（市）主管機關辦理相關訓練、課程或演習時，幼兒園應予協助。

前項任職後每二年之訓練時數，得併入教保專業知能研習時數計算。

幼兒園為適當處理幼兒緊急傷病，應訂定施救步驟、護送就醫地點，呼叫緊

急救護專線支援之注意事項及家長未到達前之處理措施等規定。

第33條 幼兒園應辦理幼兒團體保險；其範圍、金額、繳退費方式、期程、給付標準、權利與義務、辦理方式及其他相關事項之自治法規，由直轄市、縣（市）主管機關定之。

幼兒申請理賠時，幼兒園應主動協助辦理。

各級主管機關應為所轄之公私立幼兒園投保場所公共意外責任保險，其經費，由中央主管機關按年度編列預算支應之。

第五章　家長之權利及義務

第34條 幼兒園得成立家長會；其屬國民中、小學附設者，併入該校家長會辦理。

前項家長會得加入地區性學生家長團體。

幼兒園家長會之任務、組織、運作及其他相關事項之自治法規，由直轄市、縣（市）主管機關定之。

第35條 父母或監護人及各級學生家長團體得請求直轄市、縣（市）主管機關提供下列資訊，該主管機關不得拒絕：

一、教保服務政策。

二、教保服務品質監督之機制及作法。

三、許可設立之幼兒園名冊。

四、幼兒園收退費之相關規定。

五、幼兒園評鑑報告及結果。

第36條 幼兒園應公開下列資訊：

一、教保目標及內容。

二、教保服務人員及其他人員之學（經）歷、證照。

三、衛生、安全及緊急事件處理措施。

第37條 父母或監護人對幼兒園提供之教保服務方式及內容有異議時，得請求幼兒園提出說明，幼兒園無正當理由不得拒絕，並視需要修正或調整之。

第38條 直轄市、縣（市）層級學生家長團體及教保服務人員組織得參與直轄市、縣（市）主管機關對幼兒園評鑑之規劃。

第39條 幼兒園之教保服務有損及幼兒權益者，其父母或監護人，得向幼兒園提出異議，不服幼兒園之處理時，得於知悉處理結果之日起三十日內，向幼兒園所在地之直轄市、縣（市）主管機關提出申訴，不服主管機關之評議決定者，得依法提起訴願或訴訟。

直轄市或縣（市）主管機關為評議前項申訴事件，應召開申訴評議會；其成員應包括主管機關代表、教保團體代表、幼兒園行政人員代表、教保服務人

員團體代表、家長團體代表及法律、教育、心理或輔導學者專家，其中非機關代表人員不得少於成員總額二分之一，任一性別成員應占成員總數三分之一以上；其組織及評議等相關事項之自治法規，由直轄市、縣（市）主管機關定之。

第 40 條　父母或監護人應履行下列義務：

一、依教保服務契約規定繳費。

二、參加幼兒園因其幼兒特殊需要所舉辦之個案研討會或相關活動。

三、參加幼兒園所舉辦之親職活動。

四、告知幼兒特殊身心健康狀況，必要時並提供相關健康狀況資料。

第六章　幼兒園管理、輔導及獎助

第 41 條　幼兒園受託照顧幼兒，應與其父母或監護人訂定書面契約。

前項書面契約之格式、內容，中央主管機關應訂定書面契約範本供參。

第 42 條　公私立幼兒園之收費項目、用途及公立幼兒園收費基準之自治法規，由直轄市、縣（市）主管機關定之。

私立幼兒園得考量其營運成本，依直轄市、縣（市）主管機關所定之收費項目及用途訂定收費數額，於每學年度開始前對外公布，並報直轄市、縣（市）主管機關備查後，向就讀幼兒之家長或監護人收取費用。

公私立幼兒園之收退費基準、減免收費規定，應至少於每學期開始前一個月公告之。

幼兒因故無法繼續就讀而離園者，幼兒園應依其就讀期間退還幼兒所繳費用；其退費項目及基準之自治法規，由直轄市、縣（市）主管機關定之。

第 43 條　直轄市、縣（市）主管機關對主管之幼兒園及以社區互助式或部落互助式方式對幼兒提供教保服務者，其優先招收經濟、文化、身心、族群及區域等不利條件幼兒，應提供適切之協助或補助。

直轄市、縣（市）主管機關辦理前項協助或補助事項有經費不足情形，中央主管機關應視其財力予以補助。

前二項協助或補助之辦法，由中央主管機關定之。

第 44 條　幼兒園各項經費收支保管及運用，應設置專帳處理；其收支應有合法憑證，並依規定年限保存。

私立幼兒園會計帳簿與憑證之設置、取得、保管及其他應遵行事項，應依相關稅法規定辦理。

法人附設幼兒園之財務應獨立。

第 45 條　直轄市、縣（市）主管機關應對幼兒園辦理檢查、輔導及評鑑。

幼兒園對前項檢查、評鑑不得規避、妨礙或拒絕。

第一項評鑑應由直轄市、縣（市）主管機關自行或委託設有幼兒教育、幼兒保育相關科系、所之專科以上學校辦理，並應公布評鑑報告及結果。

第一項評鑑類別、評鑑項目、評鑑指標、評鑑對象、評鑑人員資格與培訓、實施方式、結果公布、申復、申訴及追蹤評鑑等相關事項之辦法，由中央主管機關定之。

第 46 條 幼兒園辦理績效卓著或其教保服務人員表現優良者，直轄市、縣（市）主管機關應予以獎勵；其獎勵事項、對象、種類、方式之自治法規，由直轄市、縣（市）主管機關定之。

第七章　罰則

第 47 條 有下列情形之一者，處負責人或行為人新臺幣六萬元以上三十萬元以下罰鍰，並令其停辦；其拒不停辦者，並得按次處罰：

一、違反第八條第一項規定，未經許可設立即招收幼兒進行教保服務。

二、未依第十條所定辦法登記，即招收幼兒進行教保服務。

有前項各款情形之一者，直轄市、縣（市）主管機關並應公告場所地址及負責人或行為人之姓名。

第 48 條 幼兒園之負責人、教保服務人員或其他人員，無正當理由洩漏所照顧幼兒資料者，處新臺幣三萬元以上十五萬元以下罰鍰，並得按次處罰。

第 49 條 違反第十五條第三項、第四項規定者，處行為人新臺幣六千元以上三萬元以下罰鍰，並得按次處罰。

第 50 條 社區互助式教保服務之人員違反依第十條所定辦法有關人員資格、檢查、管理、環境、衛生保健之強制或禁止規定者，應命其限期改善，屆期仍未改善者，處新臺幣三千元以上三萬元以下罰鍰，並得按次處罰，其情節重大或經處罰三次後，仍未改善者，得廢止其登記。

第 51 條 幼兒園有下列情形之一者，處幼兒園負責人新臺幣六千元以上三萬元以下之罰鍰，並令其限期改善，屆期仍未改善者，得按次處罰，其情節重大或經處罰三次後仍未改善者，得為減少招收人數、停止招收六個月至一年、停辦一年至三年或廢止設立許可之處分：

一、違反第十五條第一項規定，進用未具教保服務人員資格者從事教保服務。

二、違反第十五條第二項規定，借用未在該園服務之教保服務人員資格證書。

三、違反第二十六條第一項規定，以派遣方式進用教保服務人員。

四、違反第二十七條第二項規定，知悉園內有不得擔任教保服務人員或其他人員而未依規定處理。

五、違反第二十八條第二項規定,幼兒園之董事長或董事有不得擔任該項職務之情形而未予以更換。

六、違反第三十條第二項規定,以未經核准之車輛載運幼兒、載運人數超過汽車行車執照核定數額、未依幼童專用車輛規定接送幼兒、未配置具教保服務人員資格或年滿二十歲以上之隨車人員隨車照護幼兒。

七、違反第三十三條第一項規定,未辦理幼兒團體保險。

八、違反第四十二條第二項規定,未將收費數額報直轄市、縣(市)主管機關備查、以超過備查之數額及項目收費,或未依第四十二條第四項所定自治法規退費。

九、違反依第四十五條第四項所定辦法有關評鑑結果列入應追蹤評鑑,且經追蹤評鑑仍未改善。

十、違反第五十六條第一項規定,幼兒園未於本法施行之日起一個月內將在職人員名冊,報直轄市、縣(市)主管機關備查。

十一、招收人數超過設立許可核定數額。

十二、提供不安全之設施設備。

第 52 條 幼兒園有下列情形之一者,應令其限期改善,屆期仍未改善者,處幼兒園負責人新臺幣三千元以上三萬元以下罰鍰,並得按次處罰,其情節重大或經處罰三次後仍未改善者,得為減少招收人數、停止招收六個月至一年、停辦一年至三年或廢止設立許可之處分:

一、違反依第八條第五項所定標準有關幼兒園之使用樓層、必要設置空間與總面積、室內與室外活動空間面積數、衛生設備高度與數量,及所定辦法有關幼兒園改建、遷移、擴充、更名、變更負責人或停辦之規定。

二、違反依第十二條第二項所定準則有關幼兒園之教保活動、衛生保健之強制或禁止規定。

三、違反第十八條第一項至第五項、第七項及第八項置廚工之規定。

四、違反第二十七條第三項規定,未將處理情形報備查,違反第三十條第三項所定辦法之強制或禁止規定。

五、違反第三十二條第四項規定,未訂定注意事項及處理措施。

六、違反第四十五條第二項規定,規避、妨礙或拒絕檢查或評鑑。

七、經營許可設立以外之業務。

第 53 條 幼兒園有下列情形之一者,應令其限期改善,屆期仍未改善者,處幼兒園負責人新臺幣三千元以上一萬五千元以下罰鍰,並得按次處罰,其情節重大或經處罰三次後仍未改善者,得為減少招收人數、停止招生六個月至一年、停

辦一年至三年或廢止設立許可之處分：

一、違反第十六條第一項規定，未建立教保服務人員參與教保服務及員工權益重要事務決策之機制。

二、違反第十七條規定，未提供教保服務人員相關資訊、違反第十九條第二項規定，拒不開立服務年資證明。

三、違反第二十六條第三項規定，未將所聘任之園長報經直轄市、縣（市）主管機關核定。

四、違反第十五條第五項、第二十九條、第三十條第一項或第四項、第三十一條第一項或第二項、第三十二條第一項或第二項、第三十三條第二項、第三十六條、第三十七條、第四十一條第一項、第四十二條第三項、第四十四條規定。

幼兒園為法人，經依前項或第五十一條、第五十二條、第五十五條第一項規定廢止設立許可者，直轄市、縣（市）主管機關應通知法院令其解散。

第 54 條　本法所定糾正、命限期改善及處罰，由直轄市、縣（市）主管機關為之。

第八章　附則

第 55 條　本法施行前之公立托兒所、幼稚園或經政府許可設立、核准立案之私立托兒所、幼稚園，應自本法施行之日起一年內，申請改制為幼兒園，其園名應符合第八條第五項所定辦法之規定，屆期未申請者，應廢止其設立許可，原許可證書失其效力。但依兒童及少年福利法許可兼辦托嬰中心之私立托兒所，應於本法施行之日起二年內申請完成改制。

本法施行前私立托嬰中心已依兒童及少年福利法許可兼辦托兒所，其托兒部分符合兒童及少年福利機構設置標準專辦托兒業務及完整專用場地之規定，得獨立辦理托兒業務者，應於本法施行之日起二年內申請完成改制。

第一項托兒所依法許可設立之分班，應併同本所辦理改制作業。

前三項改制作業，應由直轄市、縣（市）主管機關通知各該幼稚園及托兒所檢具立案、備查或許可設立證明文件、建築物公共安全檢查簽證及申報辦法所定檢查期限內申報合格結果之通知書，向直轄市、縣（市）主管機關申請；其作業及其他應遵行事項之辦法，由中央主管機關定之。

依第一項至第三項規定，由原托兒所改制為幼兒園者，第十八條第四項所定人力配置，至遲應於本法施行滿五年之日起符合規定；由私立幼稚園改制之幼兒園，其於本法公布前，業經直轄市、縣（市）政府核定之代理教師，於本法施行之日起五年內，任職於原園者，得不受本法第十五條第一項前段及第三項規定之限制。

本法施行前，已依兒童及少年福利法許可兼辦托兒所者，於本法施行之日起二年內應停止辦理；已依兒童及少年福利法許可兼辦其他業務之托兒所，除國民小學兒童課後照顧服務外，亦同。

本法施行後，各幼兒園原設立許可之空間有空餘，且主要空間可明確區隔者，得於報直轄市、縣（市）主管機關核准後，將原設立許可幼兒園之部分招生人數，轉為兼辦國民小學階段兒童課後照顧服務之人數；其核准條件、管理及其他應遵行事項之辦法，由中央主管機關定之。

自本法施行之日起一年內，於完成改制前之托兒所、幼稚園，應由本法施行前之原主管機關依原有法令管理。

第 56 條　本法施行前之公立托兒所、幼稚園或經政府許可設立、核准立案之私立托兒所、幼稚園，應於本法施行之日起一個月內，將符合各該法令規定之在職人員名冊報直轄市、縣（市）主管機關備查。

本法施行前，已取得托兒所所長、幼稚園園長、助理教保人員、教保人員、幼稚園教師資格，且於本法施行之日在職之現職人員，依下列規定轉換其職稱，並取得其資格：

一、托兒所所長、幼稚園園長：轉稱幼兒園園長。

二、托兒所助理教保人員、教保人員：分別轉稱幼兒園助理教保員、教保員。

三、幼稚園教師：轉稱幼兒園教師。

第一項經備查名冊且符合前項所定轉換資格者，併同前條幼兒園改制作業辦理在職人員職稱轉換作業。

第 57 條　本法施行前已具下列條件，於本法施行之日未在職，而自本法施行之日起十年內任職幼兒園者，得由服務之幼兒園檢具教保服務人員名冊及相關訓練課程之結業證書，向直轄市、縣（市）主管機關申請分別取得園長、教保員、助理教保員資格，不受第十九條、第二十一條及第二十二條規定之限制：

一、業經直轄市、縣（市）政府依法核定在案之幼稚園園長、托兒所所長、已修畢兒童福利專業人員訓練實施方案戊類訓練課程，或已依兒童及少年福利機構專業人員資格及訓練辦法規定修畢托育機構主管核心課程並領有結業證書者，得取得園長資格。

二、已修畢兒童福利專業人員訓練實施方案具保育人員資格、或已依兒童及少年福利機構專業人員資格及訓練辦法規定修畢教保核心課程並領有結業證書者，得取得教保員資格。

三、已修畢兒童福利專業人員訓練實施方案具助理保育人員、或已依兒童及少年福利機構專業人員資格及訓練辦法規定修畢教保核心課程並領有結

業證書者，得取得助理教保員資格。

本法施行之日在幼稚園擔任教師，或在托兒所擔任教保人員，其於本法施行前已具前項第一款條件，於前項年限規定內任園長者，得取得園長資格。

第 58 條　本法施行前已依建築法取得 F3 使用類組（托兒所或幼稚園）之建造執照、使用執照，或已依私立兒童及少年福利機構設立許可及管理辦法規定取得籌設許可之托兒所，或依幼稚教育法規定取得籌設許可之幼稚園，於本法施行後二年內得依取得或籌設時之設施設備規定申請幼兒園設立許可，其餘均應依本法第八條第五項設施設備之規定辦理。

第 59 條　本法施行細則，由中央主管機關定之。

第 60 條　本法自中華民國一百零一年一月一日施行。

附錄三　兒童及少年福利機構專業人員資格及訓練辦法

中華民國九十三年十二月二十三日內政部台內童字第 0930093916 號令訂定發布全文 29 條；
　　並自發布日施行

中華民國九十八年二月十九日內政部台內童字第 0980840004 號令修正發布全文 29 條；並
　　自發布日施行

中華民國九十九年四月二十二日內政部台內童字第 09908400223 號令修正發布第 3、6、
　　8～10、13～17 條條文

中華民國一百年六月二十九日內政部台內童字第 1000840302 號令修正發布第 14 條條文；
　　並增訂第 17-1 條條文

中華民國一百零一年五月三十日內政部台內童字第 1010840281 號令修正發布全文 28 條；
　　並自發布日施行

第 1 條　本辦法依兒童及少年福利與權益保障法（以下簡稱本法）第七十八條規定訂
　　　　　定之。

第 2 條　本法所稱兒童及少年福利機構（以下簡稱機構）專業人員，其定義如下：

　　　　　一、托育人員：指於托嬰中心、安置及教養機構提供教育保育之人員。

　　　　　二、早期療育教保人員、早期療育助理教保人員：指於早期療育機構提供發
　　　　　　　展遲緩兒童教育保育服務之人員。

　　　　　三、保育人員、助理保育人員：指於安置及教養機構提供二歲以上兒童生活
　　　　　　　照顧之人員。

　　　　　四、生活輔導人員、助理生活輔導人員：指於安置及教養機構提供少年生活
　　　　　　　照顧及輔導之人員。

　　　　　五、心理輔導人員：指於安置及教養機構、心理輔導或家庭諮詢機構及其他
　　　　　　　兒童及少年福利機構，提供兒童、少年及其家庭諮詢輔導服務之人員。

　　　　　六、社會工作人員：指於早期療育機構、安置及教養機構、心理輔導或家庭
　　　　　　　諮詢機構及其他兒童及少年福利機構，提供兒童及少年入出院、訪視調
　　　　　　　查、資源整合等社會工作服務之人員。

　　　　　七、主管人員：指於機構綜理業務之人員。

　　　　　本辦法所稱教保人員、助理教保人員，指本辦法中華民國一百零一年五月三
　　　　　十日修正施行前於托兒所、托嬰中心、課後托育中心提供兒童教育保育服務者。

第 3 條　托育人員應符合本法第二十六條第二項資格。

　　　　　具備教保人員、助理教保人員資格者，於本辦法中華民國一百零一年五月三
　　　　　十日修正施行日起十年內，得遴用為托育人員。

第 4 條　早期療育教保人員應具備下列資格之一：
　　　　一、專科以上學校醫護、職能治療、物理治療、教育、特殊教育、早期療育、
　　　　　　幼兒教育、幼兒保育、社會、社會福利、社會工作、心理、輔導、兒童
　　　　　　及少年福利或家政相關學院、系、所、學位學程、科畢業或取得其輔系
　　　　　　證書者。
　　　　二、專科以上學校畢業，並修畢學前特殊教育學程或取得早期療育教保人員
　　　　　　專業訓練結業證書者。
　　　　三、高中（職）以上學校畢業，擔任早期療育助理教保人員三年以上者。
　　　　四、普通考試、相當普通考試以上之各類公務人員考試社會行政、社會工作
　　　　　　職系及格或具社會行政、社會工作職系合格實授委任第三職等以上任用
　　　　　　資格者。
　　　　專科學校畢業，依身心障礙福利服務專業人員遴用訓練及培訓辦法取得身心
　　　　障礙福利服務教保員資格者，於本辦法施行日起十年內，得遴用為早期療育
　　　　教保人員。
第 5 條　早期療育助理教保人員應具備下列資格之一：
　　　　一、高中（職）以上學校幼兒保育、家政、護理相關學程、科畢業者。
　　　　二、高中（職）以上學校畢業，並取得早期療育教保人員專業訓練結業證書
　　　　　　者。
　　　　高中（職）學校畢業，依身心障礙福利服務專業人員遴用訓練及培訓辦法取
　　　　得身心障礙福利服務教保員資格者，於本辦法施行日起十年內，得遴用為早
　　　　期療育助理教保人員。
第 6 條　保育人員應具備下列資格之一：
　　　　一、專科以上學校幼兒教育、幼兒保育、家政、護理、兒童及少年福利、社
　　　　　　會工作、心理、輔導、教育、犯罪防治、社會福利、性別相關學院、系、
　　　　　　所、學位學程、科畢業或取得其輔系證書者。
　　　　二、專科以上學校畢業，並修畢國民小學教師教育學程或取得保育人員專業
　　　　　　訓練結業證書者。
　　　　三、高中（職）以上學校畢業，擔任助理保育人員三年以上者。
　　　　四、普通考試、相當普通考試以上之各類公務人員考試社會行政、社會工作
　　　　　　職系及格，或具社會行政、社會工作職系合格實授委任第三職等以上任
　　　　　　用資格者。
第 7 條　助理保育人員應具備下列資格之一：
　　　　一、高中（職）以上學校幼兒保育、家政、護理相關學程、科畢業者。

二、高中（職）以上學校畢業，並取得保育人員專業訓練結業證書者。

三、具有三年以上社會福利機構照顧工作經驗者。

四、初等考試、相當初等考試以上之各類公務人員考試社會行政或社會工作職系及格者。

第8條　生活輔導人員應具備下列資格之一：

一、專科以上學校家政、護理、兒童及少年福利、社會工作、心理、輔導、教育、犯罪防治、社會福利、性別學院、系、所、學位學程、科畢業或取得其輔系證書者。

二、專科以上學校畢業，並取得生活輔導人員專業訓練結業證書者。

三、高中（職）以上學校畢業，擔任助理生活輔導人員三年以上者。

四、普通考試、相當普通考試以上之各類公務人員考試社會行政、社會工作職系及格，或具社會行政、社會工作職系合格實授委任第三職等以上任用資格者。

第9條　助理生活輔導人員應具備下列資格之一：

一、高中（職）以上學校家政、護理相關科畢業者。

二、高中（職）以上學校畢業，並取得生活輔導人員專業訓練結業證書者。

三、具有三年以上社會福利機構照顧工作經驗者。

第10條　心理輔導人員應具備下列資格之一：

一、專科以上學校心理、輔導、諮商相關學院、系、所、學位學程、科畢業或取得其輔系證書者。

二、專科以上學校社會工作、兒童及少年福利、社會福利、教育、性別相關學院、系、所、學位學程、科畢業，並取得心理輔導人員專業訓練結業證書者。

第11條　社會工作人員應具備下列資格之一：

一、社會工作師考試及格者。

二、專科以上學校社會工作、兒童及少年福利、社會福利相關學院、系、所、學位學程、科畢業或取得其輔系證書者。

三、高等考試、相當高等考試之各類公務人員考試社會行政或社會工作職系及格者。

專科以上學校畢業，於本辦法施行前，已修畢兒童福利專業人員訓練實施方案丁類訓練課程，並領有結業證書者，於本辦法施行日起十年內，得遴用為社會工作人員。

第12條　托嬰中心主管人員應具備下列資格之一：

一、大學幼兒教育、幼兒保育相關學院、系、所碩士班或碩士學位學程以上畢業，且有二年以上兒童教育保育服務經驗者。

二、大學幼兒教育、幼兒保育相關學院、系學士班或學士學位學程畢業或取得其輔系證書，有二年以上兒童教育保育服務經驗，並取得主管人員專業訓練結業證書者。

三、大學畢業，有三年以上兒童教育保育服務經驗，並取得主管人員專業訓練結業證書者。

四、專科畢業，有四年以上兒童教育保育服務經驗，並取得主管人員專業訓練結業證書者。

高中（職）學校畢業，有五年以上兒童教育保育服務經驗，於本辦法施行前，已修畢兒童福利專業人員訓練實施方案戊類訓練課程，並領有結業證書者，於本辦法施行日起十年內，得遴用為托嬰中心主管人員。

前二項所稱兒童教育保育服務經驗，指於托兒所、幼稚園、課後托育中心、托嬰中心、幼兒園或兒童課後照顧服務班及中心等提供教育保育服務之經驗，以直轄市、縣（市）主管機關或教育主管機關所開立服務年資證明為準。

第 13 條　早期療育機構主管人員應具備下列資格之一：

一、大學兒童及少年福利、幼兒教育、幼兒保育、社會福利、社會工作、心理、輔導、特殊教育、早期療育相關學院、系、所碩士班或碩士學位學程以上畢業，具有二年以上社會福利相關機關或社會福利機構工作經驗者。

二、大學兒童及少年福利、幼兒教育、幼兒保育、社會工作、心理、輔導、特殊教育相關學院、系學士班或學士學位學程畢業，具有二年以上社會福利相關機關或社會福利機構工作經驗，並取得主管訓練人員專業結業證書者或有身心障礙福利機構主管人員三年以上經驗者。

三、大學畢業，具教保人員、早期療育教保人員、保育人員、生活輔導人員、心理輔導人員、社會工作人員所定專業人員資格之一，且有三年以上社會福利相關機關或社會福利機構工作經驗，並取得主管人員專業訓練結業證書者或有身心障礙福利機構主管人員五年以上經驗者。

四、專科畢業，具教保人員、早期療育教保人員、保育人員、生活輔導人員、心理輔導人員、社會工作人員專業人員資格之一，且有四年以上社會福利相關機關或社會福利機構工作經驗，並取得主管人員專業訓練結業證書或有身心障礙福利機構主管人員七年以上經驗者。

五、高等考試、相當高等考試之各類公務人員考試社會行政或社會工作職系

及格，具有二年以上社會福利相關機關或社會福利機構工作經驗者。

六、具有醫師、治療師、心理師、特殊教育教師資格，具有三年以上社會福利相關機關或社會福利機構工作經驗，並取得主管人員專業訓練結業證書或有身心障礙福利機構主管人員三年以上經驗者。

第 14 條　安置及教養機構主管人員應具備下列資格之一：

一、大學兒童及少年福利、社會工作、心理、輔導、教育、犯罪防治、家政、社會福利相關學院、系、所碩士班或碩士學位學程以上畢業，具有二年以上社會福利相關機關或社會福利機構（構）工作經驗者。

二、大學兒童及少年福利、社會工作、心理、輔導、教育、犯罪防治、家政、社會福利相關學院、系學士班或學士學位學程畢業或取得其輔系證書，具有二年以上社會福利相關機關或社會福利機構工作經驗，並取得主管人員專業訓練結業證書者。

三、大學畢業，具教保人員、早期療育教保人員、保育人員、生活輔導人員、心理輔導人員、社會工作人員專業人員資格之一，且有三年以上社會福利相關機關或社會福利機構工作經驗，並取得主管人員專業訓練結業證書者。

四、專科學校畢業，具教保人員、早期療育教保人員、保育人員、生活輔導人員、心理輔導人員、社會工作人員專業人員資格之一，且有四年以上社會福利相關機關或社會福利機構工作經驗，並取得主管人員專業訓練結業證書者。

五、高等考試、相當高等考試之各類公務人員考試社會行政或社會工作職系及格，具有二年以上社會福利相關機關或社會福利機構工作經驗者。

六、具有醫師、護理師、心理師、教師資格，且有三年以上社會福利相關機關或社會福利機構工作經驗，並取得主管人員專業訓練結業證書者。

高中（職）學校畢業，具保育人員資格，且有五年以上社會福利相關機關或社會福利機構教保經驗，於本辦法施行前，已修畢兒童福利專業人員訓練實施方案己類訓練課程，並領有結業證書者，於本辦法施行日起十年內，得遴用為安置及教養機構主管人員。

第 15 條　心理輔導或家庭諮詢機構、其他兒童及少年福利機構主管人員應具備下列資格之一：

一、大學兒童及少年福利、社會工作、心理、輔導、教育、犯罪防治、家政、社會福利相關學院、系、所碩士班或碩士學位學程以上畢業，具有二年以上社會福利相關機關或社會福利機構工作經驗者。

二、大學兒童及少年福利、社會工作、心理、輔導、教育、犯罪防治、家政、社會福利相關學院、系學士班或學士學位學程畢業或取得其輔系證書，具有二年以上社會福利相關機關或社會福利機構工作經驗，並取得主管人員專業訓練結業證書者。

三、大學畢業，具教保人員、早期療育教保人員、保育人員、生活輔導人員、心理輔導人員、社會工作人員專業人員資格之一，且有三年以上社會福利相關機關或社會福利機構工作經驗，並取得主管人員專業訓練結業證書者。

四、專科學校畢業，具具教保人員、早期療育教保人員、保育人員、生活輔導人員、心理輔導人員、社會工作人員專業人員資格之一，且有四年以上社會福利相關機關或社會福利機構工作經驗，並取得主管人員專業訓練結業證書者。

五、高等考試、相當高等考試之各類公務人員考試社會行政或社會工作職系及格，具有二年以上社會福利相關機關或社會福利機構工作經驗者。

六、具有醫師、護理師、心理師、教師資格，且有三年以上社會福利相關機關或社會福利機構工作經驗，並取得主管人員專業訓練結業證書者。

高中（職）學校畢業，具保育人員資格，且有五年以上社會福利相關機關或社會福利機構教保經驗，於本辦法施行前，已修畢兒童福利專業人員訓練實施方案已類訓練課程，並領有結業證書者，於本辦法施行日起十年內，得遴用為其他兒童及少年福利機構主管人員。

第 16 條 持有教育主管機關立案之國內學校或符合教育部採認之國外學校之學院、系、所、學程或科所發給之學分證明者，得向中央主管機關申請抵免專業訓練相關課程時數。

第四條至前條所定相關學院、系、所、學程或科，由中央主管機關認定之。

前二項專業訓練時數之抵免及相關學院、系、所、學程或科之認定，中央主管機關得邀集專家學者共同認定或委託專業機構、團體辦理。

第 17 條 專業人員依第四條第一項第四款、第六條第四款、第七條第四款、第八條第四款、第十一條第一項第三款、第十三條第五款、第十四條第一項第五款及第十五條第一項第五款進用者，應取得各該類人員專業訓練結業證書。

第 18 條 托育、早期療育教保、保育、生活輔導、心理輔導、社會工作及主管人員資格之專業訓練課程，至少包括下列核心課程：

一、兒童及少年福利相關法規。

二、兒童發展。

三、家庭支持及社會資源。

四、親職教育。

五、專業工作倫理。

六、其他與兒童及少年服務相關課程。

修習不同類別人員資格之專業訓練，其課程名稱相同者，得抵免之。

第 19 條 本辦法所定專業人員資格之訓練課程由主管機關自行、委託設有相關學院、系、所、學位學程、科之高中（職）以上學校辦理。必要時，經專案報中央主管機關核准者，得委託辦理兒童及少年福利業務之團體辦理。

訓練成績合格者，由主管機關發給結業證書，並載明訓練課程及時數；結業證書格式，由中央主管機關定之。

第 20 條 兒童及少年福利機構專業人員應參與職前訓練及在職訓練。

第 21 條 職前訓練之內容，應包括簡介機構環境、服務內容、經營管理制度及相關法令等。

第 22 條 在職訓練每年至少二十小時，訓練內容應採理論及實務並重原則辦理。

第 23 條 在職訓練辦理方式如下：

一、由主管機關自行、委託或補助機構、團體辦理。

二、由機構自行或委託機構、團體辦理。

三、由目的事業主管機關辦理。

第 24 條 專業人員參加在職訓練，應給予公假。

第 25 條 本辦法施行前，已依兒童福利專業人員訓練實施方案修畢訓練課程，並領有結業證書者，視同已修畢本辦法各該類人員專業訓練課程。

第 26 條 本辦法施行前，已依兒童福利專業人員資格要點取得專業人員資格，且現任並繼續於同一職位之人員，視同本辦法之專業人員。

前項人員轉任其他機構、職位者，應符合本辦法專業人員資格。

第 27 條 山地、偏遠、離島、原住民地區、收容依少年事件處理法交付安置輔導、疑似或感染人類免疫缺乏病毒兒童少年之機構，遴用專業人員有困難者，得專案報請直轄市、縣（市）主管機關審查，並經中央主管機關同意後酌予放寬人員資格。

第 28 條 本辦法自發布日施行。

附錄四　兒童及少年福利與權益保障法

中華民國九十二年五月二十八日總統華總一義字第 09200096700 號令制定公布全文 75 條；
　　並自公布日施行（註：「兒童福利法」及「少年福利法」合併修正為本法）
中華民國九十七年五月七日總統華總一義字第 09700053471 號令修正公布第 30、58 條條文
中華民國九十七年八月六日總統華總一義字第 09700147761 號令修正公布第 20 條條文
中華民國九十九年五月十二日總統華總一義字第 09900117321 號令增訂公布第 50-1 條條文
中華民國一百年十一月三十日總統華總一義字第 10000267831 號令修正公布名稱及全文 118
　　條；除第 15～17、29、76、87、88、116 條條文自公布六個月後施行，第 25、26、90
　　條條文自公布三年後施行外，其餘自公布日施行（原名稱：兒童及少年福利法）
中華民國一百零一年八月八日總統華總一義字第 10100177941 號令增訂公布第 54-1 條條文
中華民國一百零二年七月十九日行政院院臺規字第 1020141353 號公告第 6 條所列屬「內政
　　部」之權責事項，自一百零二年七月二十三日起改由「衛生福利部」管轄

第一章　總則

第 1 條　為促進兒童及少年身心健全發展，保障其權益，增進其福利，特制定本法。

第 2 條　本法所稱兒童及少年，指未滿十八歲之人；所稱兒童，指未滿十二歲之人；
　　　　所稱少年，指十二歲以上未滿十八歲之人。

第 3 條　父母或監護人對兒童及少年應負保護、教養之責任。對於主管機關、目的事
　　　　業主管機關或兒童及少年福利機構、團體依本法所為之各項措施，應配合及
　　　　協助之。

第 4 條　政府及公私立機構、團體應協助兒童及少年之父母、監護人或其他實際照顧
　　　　兒童及少年之人，維護兒童及少年健康，促進其身心健全發展，對於需要保
　　　　護、救助、輔導、治療、早期療育、身心障礙重建及其他特殊協助之兒童及
　　　　少年，應提供所需服務及措施。

第 5 條　政府及公私立機構、團體處理兒童及少年相關事務時，應以兒童及少年之最
　　　　佳利益為優先考量，並依其心智成熟程度權衡其意見；有關其保護及救助，
　　　　並應優先處理。
　　　　兒童及少年之權益受到不法侵害時，政府應予適當之協助及保護。

第 6 條　本法所稱主管機關：在中央為內政部；在直轄市為直轄市政府；在縣（市）
　　　　為縣（市）政府。

第 7 條　本法所定事項，主管機關及目的事業主管機關應就其權責範圍，針對兒童及
　　　　少年之需要，尊重多元文化差異，主動規劃所需福利，對涉及相關機關之兒
　　　　童及少年福利業務，應全力配合之。

主管機關及目的事業主管機關均應辦理兒童及少年安全維護及事故傷害防制措施；其權責劃分如下：

一、主管機關：主管兒童及少年福利政策之規劃、推動及監督等相關事宜。

二、衛生主管機關：主管婦幼衛生、生育保健、發展遲緩兒童早期醫療、兒童及少年身心健康、醫療、復健及健康保險等相關事宜。

三、教育主管機關：主管兒童及少年教育及其經費之補助、特殊教育、幼稚教育、安全教育、家庭教育、中介教育、職涯教育、休閒教育、性別平等教育、社會教育、兒童及少年就學權益之維護及兒童課後照顧服務等相關事宜。

四、勞工主管機關：主管年滿十五歲或國民中學畢業少年之職業訓練、就業準備、就業服務及勞動條件維護等相關事宜。

五、建設、工務、消防主管機關：主管兒童及少年福利機構建築物管理、公共設施、公共安全、建築物環境、消防安全管理、遊樂設施等相關事宜。

六、警政主管機關：主管兒童及少年人身安全之維護及觸法預防、失蹤兒童及少年、無依兒童及少年之父母或監護人之協尋等相關事宜。

七、法務主管機關：主管兒童及少年觸法預防、矯正與犯罪被害人保護等相關事宜。

八、交通主管機關：主管兒童及少年交通安全、幼童專用車檢驗等相關事宜。

九、新聞主管機關：主管兒童及少年閱聽權益之維護、出版品及錄影節目帶分級等相關事宜。

十、通訊傳播主管機關：主管兒童及少年通訊傳播視聽權益之維護、內容分級之規劃及推動等相關事宜。

十一、戶政主管機關：主管兒童及少年身分資料及戶籍等相關事宜。

十二、財政主管機關：主管兒童及少年福利機構稅捐之減免等相關事宜。

十三、金融主管機關：主管金融機構對兒童及少年提供財產信託服務之規劃、推動及監督等相關事宜。

十四、經濟主管機關：主管兒童及少年相關商品與非機械遊樂設施標準之建立及遊戲軟體分級等相關事宜。

十五、體育主管機關：主管兒童及少年體育活動等相關事宜。

十六、文化主管機關：主管兒童及少年藝文活動等相關事宜。

十七、其他兒童及少年福利措施，由相關目的事業主管機關依職權辦理。

第8條　下列事項，由中央主管機關掌理。但涉及中央目的事業主管機關職掌，依法應由中央目的事業主管機關掌理者，從其規定：

　　一、全國性兒童及少年福利政策、法規與方案之規劃、釐定及宣導事項。

　　二、對直轄市、縣（市）政府執行兒童及少年福利之監督及協調事項。

　　三、中央兒童及少年福利經費之分配及補助事項。

　　四、兒童及少年福利事業之策劃、獎助及評鑑之規劃事項。

　　五、兒童及少年福利專業人員訓練之規劃事項。

　　六、國際兒童及少年福利業務之聯繫、交流及合作事項。

　　七、兒童及少年保護業務之規劃事項。

　　八、中央或全國性兒童及少年福利機構之設立、監督及輔導事項。

　　九、其他全國性兒童及少年福利之策劃及督導事項。

第 9 條　下列事項，由直轄市、縣（市）主管機關掌理。但涉及地方目的事業主管機關職掌，依法應由地方目的事業主管機關掌理者，從其規定：

　　一、直轄市、縣（市）兒童及少年福利政策、自治法規與方案之規劃、釐定、宣導及執行事項。

　　二、中央兒童及少年福利政策、法規及方案之執行事項。

　　三、兒童及少年福利專業人員訓練之執行事項。

　　四、兒童及少年保護業務之執行事項。

　　五、直轄市、縣（市）兒童及少年福利機構之設立、監督及輔導事項。

　　六、其他直轄市、縣（市）兒童及少年福利之策劃及督導事項。

第 10 條　主管機關應以首長為召集人，邀集兒童及少年福利相關學者或專家、民間相關機構、團體代表及目的事業主管機關代表，協調、研究、審議、諮詢及推動兒童及少年福利政策。

　　前項兒童及少年福利相關學者、專家及民間相關機構、團體代表不得少於二分之一，單一性別不得少於三分之一。必要時，並得邀請少年代表列席。

第 11 條　政府及公私立機構、團體應培養兒童及少年福利專業人員，並應定期舉辦職前訓練及在職訓練。

第 12 條　兒童及少年福利經費之來源如下：

　　一、各級政府年度預算及社會福利基金。

　　二、私人或團體捐贈。

　　三、依本法所處之罰鍰。

　　四、其他相關收入。

第 13 條　主管機關應每四年對兒童及少年身心發展、社會參與、生活及需求現況進行調查、統計及分析，並公布結果。

第二章　身分權益

第 14 條　胎兒出生後七日內，接生人應將其出生之相關資料通報衛生主管機關備查；其為死產者，亦同。

接生人無法取得完整資料以填報出生通報者，仍應為前項之通報。

衛生主管機關應將第一項通報之新生兒資料轉知戶政主管機關，由其依相關規定辦理；必要時，戶政主管機關並得請求主管機關、警政及其他目的事業主管機關協助。

第一項通報之相關表單，由中央衛生主管機關定之。

第 15 條　從事收出養媒合服務，以經主管機關許可之財團法人、公私立兒童及少年安置、教養機構（以下統稱收出養媒合服務者）為限。

收出養媒合服務者從事收出養媒合服務，得向收養人收取服務費用。

第一項收出養媒合服務者之資格條件、申請程序、許可之發給、撤銷與廢止許可、服務範圍、業務檢查與其管理、停業、歇業、復業、前項之收費項目、基準及其他應遵行事項之辦法，由中央主管機關定之。

第 16 條　父母或監護人因故無法對其兒童及少年盡扶養義務而擬予出養時，應委託收出養媒合服務者代覓適當之收養人。但下列情形之出養，不在此限：

一、旁系血親在六親等以內及旁系姻親在五親等以內，輩分相當。

二、夫妻之一方收養他方子女。

前項收出養媒合服務者於接受委託後，應先為出養必要性之訪視調查，並作成評估報告；評估有出養必要者，應即進行收養人之評估，並提供適當之輔導及協助等收出養服務相關措施；經評估不宜出養者，應即提供或轉介相關福利服務。

第一項出養，以國內收養人優先收養為原則。

第 17 條　聲請法院認可兒童及少年之收養，除有前條第一項但書規定情形者外，應檢附前條第二項之收出養評估報告。未檢附者，法院應定期間命其補正；逾期不補正者，應不予受理。

法院認可兒童及少年之收養前，得採行下列措施，供決定認可之參考：

一、命直轄市、縣（市）主管機關、兒童及少年福利機構、其他適當之團體或專業人員進行訪視，提出訪視報告及建議。

二、命收養人與兒童及少年先行共同生活一段期間；共同生活期間，對於兒童及少年權利義務之行使或負擔，由收養人為之。

三、命收養人接受親職準備教育課程、精神鑑定、藥、酒癮檢測或其他維護兒童及少年最佳利益之必要事項；其費用，由收養人自行負擔。

　　四、命直轄市、縣（市）主管機關調查被遺棄兒童及少年身分資料。

　　依前項第一款規定進行訪視者，應評估出養之必要性，並給予必要之協助；其無出養之必要者，應建議法院不為收養之認可。

　　收養人或收養事件之利害關係人亦得提出相關資料或證據，供法院斟酌。

第 18 條　父母對於兒童及少年出養之意見不一致，或一方所在不明時，父母之一方仍可向法院聲請認可。經法院調查認為收養乃符合兒童及少年之最佳利益時，應予認可。

　　法院認可或駁回兒童及少年收養之聲請時，應以書面通知直轄市、縣（市）主管機關，直轄市、縣（市）主管機關應為必要之訪視或其他處置，並作成紀錄。

第 19 條　收養兒童及少年經法院認可者，收養關係溯及於收養書面契約成立時發生效力；無書面契約者，以向法院聲請時為收養關係成立之時；有試行收養之情形者，收養關係溯及於開始共同生活時發生效力。

　　聲請認可收養後，法院裁定前，兒童及少年死亡者，聲請程序終結。收養人死亡者，法院應命直轄市、縣（市）主管機關、兒童及少年福利機構、其他適當之團體或專業人員為評估，並提出報告及建議，法院認收養於兒童及少年有利益時，仍得為認可收養之裁定，其效力依前項之規定。

第 20 條　養父母對養子女有下列行為之一者，養子女、利害關係人或主管機關得向法院請求宣告終止其收養關係：

　　一、有第四十九條各款所定行為之一。

　　二、違反第四十三條第二項或第四十七條第二項規定，情節重大。

第 21 條　中央主管機關應保存出養人、收養人及被收養兒童及少年之身分、健康等相關資訊之檔案。

　　收出養媒合服務者及經法院交查之直轄市、縣（市）主管機關、兒童及少年福利機構、其他適當之團體或專業人員，應定期將前項收出養相關資訊提供中央主管機關保存。

　　辦理收出養業務、資訊保存或其他相關事項之人員，對於第一項資訊，應妥善維護當事人之隱私，除法律另有規定外，應予保密。

　　第一項資訊之範圍、來源、管理及使用辦法，由中央主管機關定之。

第 22 條　主管機關應會同戶政、移民主管機關協助未辦理戶籍登記、無國籍或未取得居留、定居許可之兒童、少年依法辦理有關戶籍登記、歸化、居留或定居等相關事項。

　　前項兒童、少年於戶籍登記完成前或未取得居留、定居許可前，其社會福利

服務、醫療照顧、就學權益等事項，應依法予以保障。

第三章　福利措施

第 23 條　直轄市、縣（市）政府，應建立整合性服務機制，並鼓勵、輔導、委託民間或自行辦理下列兒童及少年福利措施：

一、建立發展遲緩兒童早期通報系統，並提供早期療育服務。

二、辦理兒童托育服務。

三、對兒童、少年及其家庭提供諮詢服務。

四、對兒童、少年及其父母辦理親職教育。

五、對於無力撫育其未滿十二歲之子女或受監護人者，視需要予以托育、家庭生活扶助或醫療補助。

六、對於無謀生能力或在學之少年，無扶養義務人或扶養義務人無力維持其生活者，予以生活扶助、協助就學或醫療補助，並協助培養其自立生活之能力。

七、早產兒、罕見疾病、重病兒童、少年及發展遲緩兒童之扶養義務人無力支付醫療費用之補助。

八、對於不適宜在家庭內教養或逃家之兒童及少年，提供適當之安置。

九、對於無依兒童及少年，予以適當之安置。

十、對於因懷孕或生育而遭遇困境之兒童、少年及其子女，予以適當之安置、生活扶助、醫療補助、托育補助及其他必要協助。

十一、辦理兒童課後照顧服務。

十二、對結束安置無法返家之少年，提供自立生活適應協助。

十三、辦理兒童及少年安全與事故傷害之防制、教育、宣導及訓練等服務。

十四、其他兒童、少年及其家庭之福利服務。

前項第五款至第七款及第十款之托育、生活扶助及醫療補助請領資格、條件、程序、金額及其他相關事項之辦法，分別由中央及直轄市主管機關定之。

第一項第九款無依兒童及少年之通報、協尋、安置方式、要件、追蹤之處理辦法，由中央主管機關定之。

第 24 條　文化、教育、體育主管機關應鼓勵、輔導民間或自行辦理兒童及少年適當之休閒、娛樂及文化活動，並提供合適之活動空間。

目的事業主管機關對於辦理前項活動著有績效者，應予獎勵表揚。

第 25 條　直轄市、縣（市）主管機關應辦理居家式托育服務之管理、監督及輔導等相關事項。

前項所稱居家式托育服務，指兒童由其三親等內親屬以外之人員，於居家環

境中提供收費之托育服務。

直轄市、縣（市）主管機關應以首長為召集人，邀集學者或專家、居家托育員代表、兒童及少年福利團體代表、家長團體代表、婦女團體代表、勞工團體代表，協調、研究、審議及諮詢居家式托育服務、收退費、人員薪資、監督考核等相關事宜，並建立運作管理機制，應自行或委託相關專業之機構、團體辦理。

第 26 條 提供居家式托育服務者，應向直轄市、縣（市）主管機關辦理登記後，始得為之。

居家式托育服務提供者應年滿二十歲並具備下列資格之一：

一、取得保母人員技術士證。

二、高級中等以上學校幼兒保育、家政、護理相關學程、科、系、所畢業。

三、修畢保母專業訓練課程，並領有結業證書。

直轄市、縣（市）主管機關為辦理居家式托育服務提供者之登記、管理、輔導、監督等事項，應自行或委託相關專業機構、團體辦理。

第一項提供居家式托育服務者之收托人數、登記、輔導、管理、收退費基準及其他應遵行事項之辦法，由中央主管機關定之。

第 27 條 政府應規劃實施兒童及少年之醫療照顧措施；必要時，並得視其家庭經濟條件補助其費用。

前項費用之補助對象、項目、金額及其程序等之辦法，由中央主管機關定之。

第 28 條 中央主管機關及目的事業主管機關應定期召開兒童及少年事故傷害防制協調會議，以協調、研究、審議、諮詢、督導、考核及辦理下列事項：

一、兒童及少年事故傷害資料登錄。

二、兒童及少年安全教育教材之建立、審核及推廣。

三、兒童及少年遊戲與遊樂設施、玩具、用品、交通載具等標準、檢查及管理。

四、其他防制機制之建立及推動。

前項會議應遴聘學者專家、民間團體及相關機關代表提供諮詢。學者專家、民間團體代表之人數，不得少於總數二分之一。

第 29 條 下列兒童及少年所使用之交通載具應予輔導管理，以維護其交通安全：

一、幼童專用車。

二、公私立學校之校車。

三、短期補習班或兒童課後照顧服務班及中心之接送車。

前項交通載具之申請程序、輔導措施、管理與隨車人員之督導管理及其他應

遵行事項之辦法，由中央教育主管機關會同交通主管機關定之。

第 30 條　疑似發展遲緩、發展遲緩或身心障礙兒童及少年之父母或監護人，得申請警政主管機關建立指紋資料。

前項資料，除作為失蹤協尋外，不得作為其他用途之使用。

第一項指紋資料按捺、塗銷及管理辦法，由中央警政主管機關定之。

第 31 條　政府應建立六歲以下兒童發展之評估機制，對發展遲緩兒童，應按其需要，給予早期療育、醫療、就學及家庭支持方面之特殊照顧。

父母、監護人或其他實際照顧兒童之人，應配合前項政府對發展遲緩兒童所提供之各項特殊照顧。

第一項早期療育所需之篩檢、通報、評估、治療、教育等各項服務之銜接及協調機制，由中央主管機關會同衛生、教育主管機關規劃辦理。

第 32 條　各類社會福利、教育及醫療機構，發現有疑似發展遲緩兒童，應通報直轄市、縣（市）主管機關。直轄市、縣（市）主管機關應將接獲資料，建立檔案管理，並視其需要提供、轉介適當之服務。

前項通報流程及檔案管理等相關事項之辦法，由中央主管機關定之。

第 33 條　兒童及孕婦應優先獲得照顧。

交通及醫療等公、民營事業應提供兒童及孕婦優先照顧措施。

第 34 條　少年年滿十五歲或國民中學畢業，有進修或就業意願者，教育、勞工主管機關應視其性向及志願，輔導其進修、接受職業訓練或就業。

教育主管機關應依前項規定辦理並督導高級中等以下學校辦理職涯教育、勞動權益及職業安全教育。

勞工主管機關應依第一項規定提供職業訓練、就業準備、職場體驗、就業媒合、支持性就業安置及其他就業服務措施。

第 35 條　雇主對年滿十五歲或國民中學畢業之少年員工應保障其教育進修機會；其辦理績效良好者，勞工主管機關應予獎勵。

第 36 條　勞工主管機關對於缺乏技術及學歷，而有就業需求之少年，應整合教育及社政主管機關，提供個別化就業服務措施。

第 37 條　高級中等以下學校應協調建教合作機構與學生及其法定代理人，簽訂書面訓練契約，明定權利義務關係。

前項書面訓練契約之格式、內容，中央教育主管機關應訂定定型化契約範本與其應記載及不得記載事項。

第 38 條　政府應結合民間機構、團體鼓勵兒童及少年參與學校、社區等公共事務，並提供機會，保障其參與之權利。

第 39 條 政府應結合民間機構、團體鼓勵國內兒童及少年文學、視聽出版品與節目之創作、優良國際兒童及少年視聽出版品之引進、翻譯及出版。

第 40 條 政府應結合或鼓勵民間機構、團體對優良兒童及少年出版品、錄影節目帶、廣播、遊戲軟體及電視節目予以獎勵。

第 41 條 為確保兒童及少年之遊戲及休閒權利，促進其身心健康，除法律另有規定者外，國民小學每週兒童學習節數不得超過教育部訂定之課程綱要規定上限。

中央目的事業主管機關應邀集兒童及少年事務領域之專家學者、民間團體代表參與課程綱要之設計與規劃。

第 42 條 為確保兒童及少年之受教權，對於因特殊狀況無法到校就學者，家長得依國民教育法相關規定向直轄市、縣（市）政府申請非學校型態實驗教育。

第四章　保護措施

第 43 條 兒童及少年不得為下列行為：

一、吸菸、飲酒、嚼檳榔。

二、施用毒品、非法施用管制藥品或其他有害身心健康之物質。

三、觀看、閱覽、收聽或使用有害其身心健康之暴力、血腥、色情、猥褻、賭博之出版品、圖畫、錄影節目帶、影片、光碟、磁片、電子訊號、遊戲軟體、網際網路內容或其他物品。

四、在道路上競駛、競技或以蛇行等危險方式駕車或參與其行為。

父母、監護人或其他實際照顧兒童及少年之人，應禁止兒童及少年為前項各款行為。

任何人均不得供應第一項之物質、物品予兒童及少年。

第 44 條 新聞紙以外之出版品、錄影節目帶、遊戲軟體應由有分級管理義務之人予以分級；其他有事實認定影響兒童及少年身心健康之虞之物品經目的事業主管機關認定應予分級者，亦同。

前項物品之分級類別、內容、標示、陳列方式、管理、有分級管理義務之人及其他應遵行事項之辦法，由中央目的事業主管機關定之。

第 45 條 新聞紙不得刊載下列有害兒童及少年身心健康之內容。但引用司法機關或行政機關公開之文書而為適當之處理者，不在此限：

一、過度描述（繪）強制性交、猥褻、自殺、施用毒品等行為細節之文字或圖片。

二、過度描述（繪）血腥、色情細節之文字或圖片。

為認定前項內容，報業商業同業公會應訂定防止新聞紙刊載有害兒童及少年身心健康內容之自律規範及審議機制，報中央主管機關備查。

新聞紙業者經舉發有違反第一項之情事者，報業商業同業公會應於三個月內，依據前項自律規範及審議機制處置。必要時，得延長一個月。

有下列情事之一者，主管機關應應邀請報業商業同業公會代表、兒童及少年福利團體代表以及專家學者代表，依第二項備查之自律規範，共同審議認定之：

一、非屬報業商業同業公會會員之新聞紙業者經舉發有違反第一項之情事。

二、報業商業同業公會就前項案件逾期不處置。

三、報業商業同業公會就前項案件之處置結果，經新聞紙刊載之當事人、受處置之新聞紙業者或兒童及少年福利團體申訴。

第 46 條　為防止兒童及少年接觸有害其身心發展之網際網路內容，由通訊傳播主管機關召集各目的事業主管機關委託民間團體成立內容防護機構，並辦理下列事項：

一、兒童及少年使用網際網路行為觀察。

二、申訴機制之建立及執行。

三、內容分級制度之推動及檢討。

四、過濾軟體之建立及推動。

五、兒童及少年上網安全教育宣導。

六、推動網際網路平臺提供者建立自律機制。

七、其他防護機制之建立及推動。

網際網路平臺提供者應依前項防護機制，訂定自律規範採取明確可行防護措施；未訂定自律規範者，應依相關公（協）會所定自律規範採取必要措施。

網際網路平臺提供者經目的事業主管機關告知網際網路內容有害兒童及少年身心健康或違反前項規定未採取明確可行防護措施者，應為限制兒童及少年接取、瀏覽之措施，或先行移除。

前三項所稱網際網路平臺提供者，指提供連線上網後各項網際網路平臺服務，包含在網際網路上提供儲存空間，或利用網際網路建置網站提供資訊、加值服務及網頁連結服務等功能者。

第 47 條　兒童及少年不得出入酒家、特種咖啡茶室、成人用品零售業、限制級電子遊戲場及其他涉及賭博、色情、暴力等經主管機關認定足以危害其身心健康之場所。

父母、監護人或其他實際照顧兒童及少年之人，應禁止兒童及少年出入前項場所。

第一項場所之負責人及從業人員應拒絕兒童及少年進入。

第 48 條　父母、監護人或其他實際照顧兒童及少年之人，應禁止兒童及少年充當前條

第一項場所之侍應或從事危險、不正當或其他足以危害或影響其身心發展之
工作。

任何人不得利用、僱用或誘迫兒童及少年從事前項之工作。

第 49 條　任何人對於兒童及少年不得有下列行為：

一、遺棄。

二、身心虐待。

三、利用兒童及少年從事有害健康等危害性活動或欺騙之行為。

四、利用身心障礙或特殊形體兒童及少年供人參觀。

五、利用兒童及少年行乞。

六、剝奪或妨礙兒童及少年接受國民教育之機會。

七、強迫兒童及少年婚嫁。

八、拐騙、綁架、買賣、質押兒童及少年。

九、強迫、引誘、容留或媒介兒童及少年為猥褻行為或性交。

十、供應兒童及少年刀械、槍砲、彈藥或其他危險物品。

十一、利用兒童及少年拍攝或錄製暴力、血腥、色情、猥褻或其他有害兒童
　　　及少年身心健康之出版品、圖畫、錄影節目帶、影片、光碟、磁片、
　　　電子訊號、遊戲軟體、網際網路內容或其他物品。

十二、對兒童及少年散布或播送有害其身心發展之出版品、圖畫、錄影節目
　　　帶、影片、光碟、電子訊號、遊戲軟體或其他物品。

十三、應列為限制級物品，違反依第四十四條第二項所定辦法中有關陳列方
　　　式之規定而使兒童及少年得以觀看或取得。

十四、於網際網路散布或播送有害兒童及少年身心健康之內容，未採取明確
　　　可行之防護措施，或未配合網際網路平臺提供者之防護機制，使兒童
　　　或少年得以接取或瀏覽。

十五、帶領或誘使兒童及少年進入有礙其身心健康之場所。

十六、強迫、引誘、容留或媒介兒童及少年為自殺行為。

十七、其他對兒童及少年或利用兒童及少年犯罪或為不正當之行為。

第 50 條　孕婦不得吸菸、酗酒、嚼檳榔、施用毒品、非法施用管制藥品或為其他有害
胎兒發育之行為。

任何人不得強迫、引誘或以其他方式使孕婦為有害胎兒發育之行為。

第 51 條　父母、監護人或其他實際照顧兒童及少年之人不得使兒童獨處於易發生危險
或傷害之環境；對於六歲以下兒童或需要特別看護之兒童及少年，不得使其
獨處或由不適當之人代為照顧。

第 52 條　兒童及少年有下列情事之一者，直轄市、縣（市）主管機關得依其父母、監護人或其他實際照顧兒童及少年之人之申請或經其同意，協調適當之機構協助、輔導或安置之：

一、違反第四十三條第一項、第四十七條第一項規定或從事第四十八條第一項禁止從事之工作，經其父母、監護人或其他實際照顧兒童及少年之人盡力禁止而無效果。

二、有偏差行為，情形嚴重，經其父母、監護人或其他實際照顧兒童及少年之人盡力矯正而無效果。

前項機構協助、輔導或安置所必要之生活費、衛生保健費、學雜費、代收代辦費及其他相關費用，由扶養義務人負擔；其收費規定，由直轄市、縣（市）主管機關定之。

第 53 條　醫事人員、社會工作人員、教育人員、保育人員、警察、司法人員、村（里）幹事及其他執行兒童及少年福利業務人員，於執行業務時知悉兒童及少年有下列情形之一者，應立即向直轄市、縣（市）主管機關通報，至遲不得超過二十四小時：

一、施用毒品、非法施用管制藥品或其他有害身心健康之物質。

二、充當第四十七條第一項場所之侍應。

三、遭受第四十九條各款之行為。

四、有第五十一條之情形。

五、有第五十六條第一項各款之情形。

六、遭受其他傷害之情形。

其他任何人知悉兒童及少年有前項各款之情形者，得通報直轄市、縣（市）主管機關。

直轄市、縣（市）主管機關於知悉或接獲通報前二項案件時，應立即處理，至遲不得超過二十四小時，其承辦人員並應於受理案件後四日內提出調查報告。

前三項通報及處理辦法，由中央主管機關定之。

第一項及第二項通報人之身分資料，應予保密。

第 54 條　醫事人員、社會工作人員、教育人員、保育人員、警察、司法人員、村（里）幹事、村（里）長、公寓大廈管理服務人員及其他執行兒童及少年福利業務人員，於執行業務時知悉兒童及少年家庭遭遇經濟、教養、婚姻、醫療等問題，致兒童及少年有未獲適當照顧之虞，應通報直轄市、縣（市）主管機關。

直轄市、縣（市）主管機關於接獲前項通報後，應對前項家庭進行訪視評估，

並視其需要結合警政、教育、戶政、衛生、財政、金融管理、勞政或其他相關機關提供生活、醫療、就學、托育及其他必要之協助。

前二項通報及協助辦法，由中央主管機關定之。

第 54-1 條　兒童之父母、監護人或其他實際照顧兒童之人，有違反毒品危害防制條例者，於受通緝、羈押、觀察、勒戒、強制戒治或入獄服刑時，司法警察官、司法警察、檢察官或法院應查訪兒童之生活與照顧狀況。

司法警察官、司法警察、檢察官、法院就前項情形進行查訪，知悉兒童有第五十三條第一項各款情形及第五十四條之情事者，應依各該條規定通報直轄市、縣（市）主管機關。

第 55 條　兒童及少年罹患性病或有酒癮、藥物濫用情形者，其父母、監護人或其他實際照顧兒童及少年之人應協助就醫，或由直轄市、縣（市）主管機關會同衛生主管機關配合協助就醫；必要時，得請求警政主管機關協助。

前項治療所需之費用，由兒童及少年之父母、監護人負擔。但屬全民健康保險給付範圍或依法補助者，不在此限。

第 56 條　兒童及少年有下列各款情形之一，非立即給予保護、安置或為其他處置，其生命、身體或自由有立即之危險或有危險之虞者，直轄市、縣（市）主管機關應予緊急保護、安置或為其他必要之處置：

一、兒童及少年未受適當之養育或照顧。

二、兒童及少年有立即接受診治之必要，而未就醫。

三、兒童及少年遭遺棄、身心虐待、買賣、質押，被強迫或引誘從事不正當之行為或工作。

四、兒童及少年遭受其他迫害，非立即安置難以有效保護。

疑有前項各款情事之一，直轄市、縣（市）主管機關應基於兒童及少年最佳利益，經多元評估後加強必要之緊急保護、安置或為其他必要之處置。

直轄市、縣（市）主管機關為前項緊急保護、安置或為其他必要之處置時，得請求檢察官或當地警察機關協助之。

第一項兒童及少年之安置，直轄市、縣（市）主管機關得辦理家庭寄養、交付適當之兒童及少年福利機構或其他安置機構教養之。

第 57 條　直轄市、縣（市）主管機關依前條規定緊急安置時，應即通報當地地方法院及警察機關，並通知兒童及少年之父母、監護人。但其無父母、監護人或通知顯有困難時，得不通知之。

緊急安置不得超過七十二小時，非七十二小時以上之安置不足以保護兒童及少年者，得聲請法院裁定繼續安置。繼續安置以三個月為限；必要時，得聲

請法院裁定延長之，每次得聲請延長三個月。

繼續安置之聲請，得以電訊傳真或其他科技設備為之。

第 58 條 前條第二項所定七十二小時，自依前條第一項規定緊急安置兒童及少年之時起，即時起算。但下列時間不予計入：

一、在途護送時間。

二、交通障礙時間。

三、其他不可抗力之事由所生之遲滯時間。

第 59 條 直轄市、縣（市）主管機關、父母、監護人、受安置兒童及少年對於第五十七條第二項裁定有不服者，得於裁定送達後十日內提起抗告。對於抗告法院之裁定不得再抗告。

聲請及抗告期間，原安置機關、機構或寄養家庭得繼續安置。

安置期間因情事變更或無依原裁定繼續安置之必要者，直轄市、縣（市）主管機關、父母、原監護人、受安置兒童及少年得向法院聲請變更或撤銷之。

直轄市、縣（市）主管機關對於安置期間期滿或依前項撤銷安置之兒童及少年，應續予追蹤輔導至少一年。

第 60 條 安置期間，直轄市、縣（市）主管機關或受其交付安置之機構或寄養家庭在保護安置兒童及少年之範圍內，行使、負擔父母對於未成年子女之權利義務。

法院裁定得繼續安置兒童及少年者，直轄市、縣（市）主管機關或受其交付安置之機構或寄養家庭，應選任其成員一人執行監護事務，並負與親權人相同之注意義務。直轄市、縣（市）主管機關應陳報法院執行監護事項之人，並應按個案進展作成報告備查。

安置期間，兒童及少年之父母、原監護人、親友、師長經直轄市、縣（市）主管機關同意，得依其約定時間、地點及方式，探視兒童及少年。不遵守約定或有不利於兒童及少年之情事者，直轄市、縣（市）主管機關得禁止探視。

直轄市、縣（市）主管機關為前項同意前，應尊重兒童及少年之意願。

第 61 條 安置期間，非為貫徹保護兒童及少年之目的，不得使其接受訪談、偵訊、訊問或身體檢查。

兒童及少年接受訪談、偵訊、訊問或身體檢查，應由社會工作人員陪同，並保護其隱私。

第 62 條 兒童及少年因家庭發生重大變故，致無法正常生活於其家庭者，其父母、監護人、利害關係人或兒童及少年福利機構，得申請直轄市、縣（市）主管機關安置或輔助。

前項安置，直轄市、縣（市）主管機關得辦理家庭寄養、交付適當之兒童及

少年福利機構或其他安置機構教養之。

直轄市、縣（市）主管機關、受寄養家庭或機構依第一項規定，在安置兒童及少年之範圍內，行使、負擔父母對於未成年子女之權利義務。

第一項之家庭情況改善者，被安置之兒童及少年仍得返回其家庭，並由直轄市、縣（市）主管機關續予追蹤輔導至少一年。

第二項及第五十六條第四項之家庭寄養，其寄養條件、程序與受寄養家庭之資格、許可、督導、考核及獎勵之規定，由直轄市、縣（市）主管機關定之。

第 63 條　直轄市、縣（市）主管機關依第五十六條第四項或前條第二項對兒童及少年為安置時，因受寄養家庭或安置機構提供兒童及少年必要服務所需之生活費、衛生保健費、學雜費、代收代辦費及其他與安置有關之費用，得向扶養義務人收取；其收費規定，由直轄市、縣（市）主管機關定之。

第 64 條　兒童及少年有第四十九條或第五十六條第一項各款情事，或屬目睹家庭暴力之兒童及少年，經直轄市、縣（市）主管機關列為保護個案者，該主管機關應於三個月內提出兒童及少年家庭處遇計畫；必要時，得委託兒童及少年福利機構或團體辦理。

前項處遇計畫得包括家庭功能評估、兒童及少年安全與安置評估、親職教育、心理輔導、精神治療、戒癮治療或其他與維護兒童及少年或其他家庭正常功能有關之協助及福利服務方案。

處遇計畫之實施，兒童及少年本人、父母、監護人、其他實際照顧兒童及少年之人或其他有關之人應予配合。

第 65 條　依本法安置兩年以上之兒童及少年，經直轄市、縣（市）主管機關評估其家庭功能不全或無法返家者，應提出長期輔導計畫。

前項長期輔導計畫得委託兒童及少年福利機構或團體為之。

第 66 條　依本法保護、安置、訪視、調查、評估、輔導、處遇兒童及少年或其家庭，應建立個案資料，並定期追蹤評估。

因職務上所知悉之秘密或隱私及所製作或持有之文書，應予保密，非有正當理由，不得洩漏或公開。

第 67 條　直轄市、縣（市）主管機關對於依少年事件處理法以少年保護事件、少年刑事案件處理之兒童、少年及其家庭，應持續提供必要之福利服務。

前項福利服務，得委託兒童及少年福利機構或團體為之。

第 68 條　直轄市、縣（市）主管機關對於依少年事件處理法交付安置輔導或感化教育結束、停止或免除，或經交付轉介輔導之兒童、少年及其家庭，應予追蹤輔導至少一年。

前項追蹤輔導，得委託兒童及少年福利機構或團體為之。

第69條　宣傳品、出版品、廣播、電視、網際網路或其他媒體對下列兒童及少年不得報導或記載其姓名或其他足以識別身分之資訊：

一、遭受第四十九條或第五十六條第一項各款行為。

二、施用毒品、非法施用管制藥品或其他有害身心健康之物質。

三、為否認子女之訴、收養事件、親權行使、負擔事件或監護權之選定、酌定、改定事件之當事人或關係人。

四、為刑事案件、少年保護事件之當事人或被害人。

行政機關及司法機關所製作必須公開之文書，除前項第三款或其他法律特別規定之情形外，亦不得揭露足以識別前項兒童及少年身分之資訊。

除前二項以外之任何人亦不得於媒體、資訊或以其他公示方式揭示有關第一項兒童及少年之姓名及其他足以識別身分之資訊。

第一、二項如係為增進兒童及少年福利或維護公共利益，且經行政機關邀集相關機關、兒童及少年福利團體與報業商業同業公會代表共同審議後，認為有公開之必要，不在此限。

第70條　直轄市、縣（市）主管機關就本法規定事項，必要時，得自行或委託兒童及少年福利機構、團體或其他適當之專業人員進行訪視、調查及處遇。

直轄市、縣（市）主管機關、受其委託之機構、團體或專業人員進行訪視、調查及處遇時，兒童及少年之父母、監護人、其他實際照顧兒童及少年之人、師長、雇主、醫事人員及其他有關之人應予配合並提供相關資料；必要時，該直轄市、縣（市）主管機關並得請求警政、戶政、財政、教育或其他相關機關或機構協助，被請求之機關或機構應予配合。

第71條　父母或監護人對兒童及少年疏於保護、照顧情節嚴重，或有第四十九條、第五十六條第一項各款行為，或未禁止兒童及少年施用毒品、非法施用管制藥品者，兒童及少年或其最近尊親屬、直轄市、縣（市）主管機關、兒童及少年福利機構或其他利害關係人，得請求法院宣告停止其親權或監護權之全部或一部，或得另行聲請選定或改定監護人；對於養父母，並得請求法院宣告終止其收養關係。

法院依前項規定選定或改定監護人時，得指定直轄市、縣（市）主管機關、兒童及少年福利機構之負責人或其他適當之人為兒童及少年之監護人，並得指定監護方法、命其父母、原監護人或其他扶養義務人交付子女、支付選定或改定監護人相當之扶養費用及報酬、命為其他必要處分或訂定必要事項。

前項裁定，得為執行名義。

第 72 條　有事實足以認定兒童及少年之財產權益有遭受侵害之虞者，直轄市、縣（市）
　　　　主管機關得請求法院就兒童及少年財產之管理、使用、收益或處分，指定或
　　　　改定社政主管機關或其他適當之人任監護人或指定監護之方法，並得指定或
　　　　改定受託人管理財產之全部或一部，或命監護人代理兒童及少年設立信託管
　　　　理之。

　　　　前項裁定確定前，直轄市、縣（市）主管機關得代為保管兒童及少年之財產。

　　　　第一項之財產管理及信託規定，由直轄市、縣（市）主管機關定之。

第 73 條　高級中等以下學校對依少年事件處理法交付安置輔導或施以感化教育之兒童
　　　　及少年，應依法令配合福利、教養機構或感化教育機構，執行轉銜及復學教
　　　　育計畫，以保障其受教權。

　　　　前項轉銜及復學作業之對象、程序、違反規定之處理及其他應遵循事項之辦
　　　　法，由中央教育主管機關會同法務主管機關定之。

第 74 條　法務主管機關應針對矯正階段之兒童及少年，依其意願，整合各主管機關提
　　　　供就學輔導、職業訓練、就業服務或其他相關服務與措施，以協助其回歸家
　　　　庭及社區。

第五章　福利機構

第 75 條　兒童及少年福利機構分類如下：

　　　　一、托嬰中心。

　　　　二、早期療育機構。

　　　　三、安置及教養機構。

　　　　四、心理輔導或家庭諮詢機構。

　　　　五、其他兒童及少年福利機構。

　　　　前項兒童及少年福利機構之規模、面積、設施、人員配置及業務範圍等事項
　　　　之標準，由中央主管機關定之。

　　　　第一項兒童及少年福利機構，各級主管機關應鼓勵、委託民間或自行創辦；
　　　　其所屬公立兒童及少年福利機構之業務，必要時，並得委託民間辦理。

　　　　直轄市、縣（市）主管機關為辦理托嬰中心托育服務之輔導及管理事項，應
　　　　自行或委託相關專業之機構、團體辦理。

第 76 條　第二十二條第一項第十一款所稱兒童課後照顧服務，指招收國民小學階段學
　　　　童，於學校上課以外時間，所提供之照顧服務。

　　　　前項兒童課後照顧服務，得由各該教育主管機關指定國民小學辦理兒童課後
　　　　照顧服務班；或由鄉（鎮、市、區）公所、私人、團體申請設立兒童課後照
　　　　顧服務中心辦理之。

前項兒童課後照顧服務班與兒童課後照顧服務中心之申請、設立、管理、人員資格、設施設備、改制及其他應遵行事項之辦法，由中央教育主管機關定之。

直轄市、縣（市）主管機關為辦理兒童課後照顧服務班及中心，應召開審議會，由機關首長或指定之代理人為召集人，成員應包含教育學者專家、家長團體代表、婦女團體代表、公益教保團體代表等。

第 77 條 托嬰中心應為其收托之兒童辦理團體保險。

前項團體保險，其範圍、金額、繳費方式、期程、給付標準、權利與義務、辦理方式及其他相關事項之辦法，由直轄市、縣（市）主管機關定之。

第 78 條 兒童及少年福利機構之業務，應遴用專業人員辦理；其專業人員之類別、資格、訓練及課程等之辦法，由中央主管機關定之。

第 79 條 依本法規定發給設立許可證書，免徵規費。

第 80 條 直轄市、縣（市）教育主管機關應設置社會工作人員或專任輔導人員執行本法相關業務。

前項人員之資格、設置、實施辦法，由中央教育主管機關定之。

第 81 條 有下列情事之一者，不得擔任兒童及少年福利機構或兒童課後照顧服務班及中心之負責人或工作人員：

一、有性騷擾、性侵害行為，經有罪判決確定。

二、行為不檢損害兒童及少年權益，其情節重大，經有關機關查證屬實。

三、罹患精神疾病或身心狀況違常，經主管機關委請相關專科醫師認定不能執行業務。

主管機關或教育主管機關應主動查證兒童及少年福利機構或兒童課後照顧服務班及中心負責人是否有前項第一款情事；兒童及少年福利機構或兒童課後照顧服務班及中心聘僱工作人員之前，亦應主動查證。

現職工作人員有第一項各款情事之一者，兒童及少年福利機構或兒童課後照顧服務班及中心應即停止其職務，並依相關規定予以調職、資遣、令其退休或終止勞動契約。

第 82 條 私人或團體辦理兒童及少年福利機構，以向當地主管機關申請設立許可者為限；其有對外勸募行為或享受租稅減免者，應於設立許可之日起六個月內辦理財團法人登記。

未於前項期間辦理財團法人登記，而有正當理由者，得申請核准延長一次，期間不得超過三個月；屆期不辦理者，原許可失其效力。

第一項申請設立許可之要件、程序、審核期限、撤銷與廢止許可、督導管理、

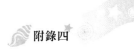

停業、歇業、復業及其他應遵行事項之辦法,由中央主管機關定之。

第83條 兒童及少年福利機構或兒童課後照顧服務班及中心,不得有下列情形之一:

一、虐待或妨害兒童及少年身心健康。

二、供給不衛生之餐飲,經衛生主管機關查明屬實。

三、提供不安全之設施或設備,經目的事業主管機關查明屬實。

四、發現兒童及少年受虐事實,未向直轄市、縣(市)主管機關通報。

五、違反法令或捐助章程。

六、業務經營方針與設立目的不符。

七、財務收支未取具合法之憑證、捐款未公開徵信或會計紀錄未完備。

八、規避、妨礙或拒絕主管機關或目的事業主管機關輔導、檢查、監督。

九、對各項工作業務報告申報不實。

十、擴充、遷移、停業、歇業、復業未依規定辦理。

十一、有其他情事,足以影響兒童及少年身心健康。

第84條 兒童及少年福利機構不得利用其事業為任何不當之宣傳;其接受捐贈者,應公開徵信,並不得利用捐贈為設立目的以外之行為。

主管機關應辦理輔導、監督、檢查、獎勵及定期評鑑兒童及少年福利機構並公布評鑑報告及結果。

前項評鑑對象、項目、方式及獎勵方式等辦法,由主管機關定之。

第85條 兒童及少年福利機構停辦、停業、歇業、解散、經撤銷或廢止許可時,對於其收容之兒童及少年應即予適當之安置;其未能予以適當安置者,設立許可主管機關應協助安置,該機構應予配合。

第六章 罰則

第86條 接生人違反第十四條第一項規定者,由衛生主管機關處新臺幣六千元以上三萬元以下罰鍰。

第87條 違反第十五條第一項規定,未經許可從事收出養媒合服務者,由主管機關處新臺幣六萬元以上三十萬元以下罰鍰,並公布其姓名或名稱。

第88條 收出養媒合服務者違反依第十五條第三項所定辦法中有關業務檢查與管理、停業、歇業、復業之規定者,由許可主管機關通知限期改善,屆期未改善者,處新臺幣三萬元以上十五萬元以下罰鍰,並得按次處罰;情節嚴重者,得命其停辦一個月以上一年以下,並公布其名稱或姓名。

依前項規定命其停辦,拒不遵從或停辦期限屆滿未改善者,許可主管機關應廢止其許可。

第89條 違反第二十一條第三項、第五十三條第五項、第六十六條第二項或第六十九

條第三項而無正當理由者，處新臺幣二萬元以上十萬元以下罰鍰。

第 90 條 違反第二十六條第一項規定者，處新臺幣六千元以上三萬元以下罰鍰，並命其限期改善，屆期仍未改善者，得按次處罰。

違反第二十六條第四項所定辦法有關收托人數、登記及輔導結果列入應改善而逾期未改善之規定，應令其限期改善，屆期仍未改善者，處新臺幣六千元以上三萬元以下罰鍰，並得按次處罰；其情節重大或經處罰三次後仍未改善者，得廢止其登記。

第 91 條 父母、監護人或其他實際照顧兒童及少年之人，違反第四十三條第二項規定，情節嚴重者，處新臺幣一萬元以上五萬元以下罰鍰；其未禁止兒童及少年為第四十三條第一項第二款行為者，並得命其接受八小時以上五十小時以下之親職教育輔導。

供應酒或檳榔予兒童及少年者，處新臺幣三千元以上一萬五千元以下罰鍰。

供應毒品、非法供應管制藥品或其他有害身心健康之物質予兒童及少年者，處新臺幣六萬元以上三十萬元以下罰鍰。

供應有關暴力、血腥、色情或猥褻出版品、圖畫、錄影節目帶、影片、光碟、電子訊號、遊戲軟體或其他物品予兒童及少年者，處新臺幣二萬元以上十萬元以下罰鍰。

第 92 條 新聞紙以外之出版品、錄影節目帶、遊戲軟體或其他經主管機關認定有影響兒童及少年身心健康之虞應予分級之物品，其有分級管理義務之人有下列情形之一者，處新臺幣五萬元以上二十五萬元以下罰鍰，並命其限期改善，屆期未改善者，得按次處罰：

一、違反第四十四條第一項規定，未予分級。

二、違反依第四十四條第二項所定辦法中有關分級類別或內容之規定。

前項有分級管理義務之人違反依第四十四條第二項所定辦法中有關標示之規定者，處新臺幣三萬元以上十五萬元以下罰鍰，並命其限期改善，屆期未改善者，得按次處罰。

第 93 條 新聞紙業者未依第四十五條第三項規定履行處置者，處新臺幣三萬元以上十五萬元以下罰鍰，並限期命其履行；屆期仍不履行者，得按次處罰至履行為止。經主管機關依第四十五條第四項規定認定者，亦同。

第 94 條 網際網路平臺提供者違反第四十六條第三項規定，未為限制兒童及少年接取、瀏覽之措施或先行移除者，由各目的事業主管機關處新臺幣六萬元以上三十萬元以下罰鍰，並命其限期改善，屆期未改善者，得按次處罰。

第 95 條 父母、監護人或其他實際照顧兒童及少年之人，違反第四十七條第二項規定

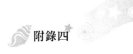

者，處新臺幣一萬元以上五萬元以下罰鍰。

場所負責人或從業人員違反第四十七條第三項規定者，處新臺幣二萬元以上十萬元以下罰鍰，並公布場所負責人姓名。

第 96 條　父母、監護人或其他實際照顧兒童及少年之人，違反第四十八條第一項規定者，處新臺幣二萬元以上十萬元以下罰鍰，並公布其姓名。

違反第四十八條第二項規定者，處新臺幣六萬元以上三十萬元以下罰鍰，公布行為人及場所負責人之姓名，並命其限期改善；屆期未改善者，除情節嚴重，由主管機關移請目的事業主管機關命其歇業者外，命其停業一個月以上一年以下。

第 97 條　違反第四十九條第一款至第十一款或第十五款至第十七款規定之一者，處新臺幣六萬元以上三十萬元以下罰鍰，並得公布其姓名或名稱。但行為人為父母、監護人或其他實際照顧兒童及少年之人，經命其接受親職教育輔導且已依限完成者，不適用之。

違反第四十九條第十二款規定者，除新聞紙依第四十五條及第九十三條規定辦理外，處新臺幣五萬元以上二十五萬元以下罰鍰，並公布其姓名或名稱及命其限期改善；屆期未改善者，得按次處罰；情節嚴重者，並得勒令停業一個月以上一年以下。

違反第四十九條第十三款規定者，處新臺幣一萬元以上五萬元以下罰鍰，並公布其姓名或名稱及命其限期改善；屆期未改善者，得按次處罰。

違反第四十九條第十四款規定者，處新臺幣十萬元以上五十萬元以下罰鍰，並公布其姓名或名稱及命其限期改善；屆期未改善者，得按次處罰；情節嚴重者，並得勒令停業一個月以上一年以下。

第 98 條　違反第五十條第二項規定者，處新臺幣一萬元以上五萬元以下罰鍰。

第 99 條　父母、監護人或其他實際照顧兒童及少年之人違反第五十一條規定者，處新臺幣三千元以上一萬五千元以下罰鍰。

第 100 條　醫事人員、社會工作人員、教育人員、保育人員、警察、司法人員、村（里）幹事或其他執行兒童及少年福利業務人員，違反第五十三條第一項規定而無正當理由者，處新臺幣六千元以上三萬元以下罰鍰。

第 101 條　父母、監護人或其他實際照顧兒童及少年之人使兒童及少年有第五十六條第一項各款情形之一，其情節嚴重者，得命其接受八小時以上五十小時以下之親職教育輔導。

第 102 條　父母、監護人或其他實際照顧兒童及少年之人經主管機關依第九十五條第一項、第九十六條第一項或第九十九條處罰，其情節嚴重者，並得命其接

受八小時以上五十小時以下之親職教育輔導。

父母、監護人或其他實際照顧兒童及少年之人依第九十一條第一項、前條或前項規定應接受親職教育輔導，如有正當理由無法如期參加，得申請延期。

不接受親職教育輔導或拒不完成其時數者，處新臺幣三千元以上一萬五千元以下罰鍰；經再通知仍不接受者，得按次處罰至其參加為止。

第 103 條　宣傳品、出版品、廣播、電視、網際網路或其他媒體之負責人違反第六十九條第一項規定者，由目的事業主管機關處新臺幣三萬元以上十五萬元以下罰鍰，並得沒入第六十九條第一項規定之物品、限期命其移除內容、下架或其他必要之處置；屆期不履行者，得按次處罰至履行為止。但經第六十九條第四項審議後，認為有公開之必要者，不罰。

前項媒體無負責人或負責人對行為人之行為不具監督關係者，前項所定之罰鍰，處罰行為人。

第 104 條　兒童及少年之父母、監護人、其他實際照顧兒童及少年之人、師長、雇主、醫事人員或其他有關之人違反第七十條第二項規定而無正當理由者，處新臺幣六千元以上三萬元以下罰鍰，並得按次處罰至其配合或提供相關資料為止。

第 105 條　違反第七十六條或第八十二條第一項前段規定，未申請設立許可而辦理兒童及少年福利機構或兒童課後照顧服務班及中心者，由當地主管機關或教育主管機關處新臺幣六萬元以上三十萬元以下罰鍰及公布其姓名或名稱，並命其限期改善。

於前項限期改善期間，不得增加收托安置兒童及少年，違者處其負責人新臺幣六萬元以上三十萬元以下罰鍰，並得按次處罰。

經依第一項規定限期命其改善，屆期未改善者，再處其負責人新臺幣十萬元以上五十萬元以下罰鍰，並命於一個月內對於其收托之兒童及少年予以轉介安置；其無法辦理時，由當地主管機關協助之，負責人應予配合。不予配合者，強制實施之，並處新臺幣六萬元以上三十萬元以下罰鍰。

第 106 條　兒童及少年福利機構違反第八十二條第一項後段規定者，經設立許可主管機關命其立即停止對外勸募之行為而不遵命者，由設立許可主管機關處新臺幣六萬元以上三十萬元以下罰鍰，並得按次處罰且公布其名稱；情節嚴重者，並得命其停辦一個月以上一年以下。

第 107 條　兒童及少年福利機構或兒童課後照顧服務班及中心違反第八十三條第一款至第四款規定情形之一者，由設立許可主管機關處新臺幣六萬元以上三十

萬元以下罰鍰，並命其限期改善，屆期未改善者，得按次處罰；情節嚴重者，得命其停辦一個月以上一年以下並公布其名稱。

未經許可從事兒童及少年福利機構或兒童課後照顧服務班及中心業務，經當地主管機關或教育主管機關依第一百零五條第一項規定命其限期改善，限期改善期間，有第八十三條第一款至第四款規定情形之一者，由當地主管機關或教育主管機關依前項規定辦理。

第 108 條　兒童及少年福利機構或兒童課後照顧服務班及中心違反第八十三條第五款至第十一款規定之一者，經設立許可主管機關命其限期改善，屆期未改善者，處新臺幣三萬元以上十五萬元以下罰鍰，並得按次處罰；情節嚴重者，得命其停辦一個月以上一年以下，並公布其名稱。

依前二條及前項規定命其停辦，拒不遵從或停辦期限屆滿未改善者，設立許可主管機關應廢止其設立許可。

第 109 條　兒童及少年福利機構違反第八十五條規定，不予配合設立許可主管機關安置者，由設立許可主管機關處新臺幣六萬元以上三十萬元以下罰鍰，並強制實施之。

第七章　附則

第 110 條　十八歲以上未滿二十歲之人，於緊急安置等保護措施，準用本法之規定。

第 111 條　直轄市、縣（市）主管機關依本法委託安置之兒童及少年，年滿十八歲，經評估無法返家或自立生活者，得繼續安置至年滿二十歲；其已就讀大專校院者，得安置至畢業為止。

第 112 條　成年人教唆、幫助或利用兒童及少年犯罪或與之共同實施犯罪或故意對其犯罪者，加重其刑至二分之一。但各該罪就被害人係兒童及少年已定有特別處罰規定者，從其規定。

對於兒童及少年犯罪者，主管機關得獨立告訴。

第 113 條　以詐欺或其他不正當方法領取本法相關補助或獎勵費用者，主管機關應撤銷原處分並以書面限期命其返還，屆期未返還者，移送強制執行；其涉及刑事責任者，移送司法機關辦理。

第 114 條　扶養義務人不依本法規定支付相關費用者，如為保護兒童及少年之必要，由主管機關於兒童及少年福利經費中先行支付。

第 115 條　本法修正施行前已許可立案之兒童福利機構及少年福利機構，於本法修正公布施行後，其設立要件與本法及所授權辦法規定不相符合者，應於中央主管機關公告指定之期限內改善；屆期未改善者，依本法規定處理。

第 116 條　本法施行前經政府核准立案之課後托育中心應自本法施行之日起二年內，

向教育主管機關申請改制完成為兒童課後照顧服務班及中心，屆期未申請者，應廢止其設立許可，原許可證書失其效力。

前項未完成改制之課後托育中心，於本條施行之日起二年內，原核准主管機關依本法修正前法令管理。

托育機構之托兒所未依幼兒教育及照顧法規定改制為幼兒園前，原核准主管機關依本法修正前法令管理。

第 117 條　本法施行細則，由中央主管機關定之。

第 118 條　本法除第十五條至第十七條、第二十九條、第七十六條、第八十七條、第八十八條及第一百十六條條文自公布六個月後施行，第二十五條、第二十六條及第九十條條文自公布三年後施行外，其餘自公布日施行。

附錄五　兒童福利專業人員資格要點

中華民國八十四年七月五日內政部（84）台內社字第8477519號函訂定發布
中華民國八十九年七月十九日內政部（89）台內童字第8990037號函修正發布全文12點

一、本要點依兒童福利法（以下簡稱本法）第十一條第二項規定訂定之。

二、本要點所稱兒童福利專業人員如下：

　(一)保育人員、助理保育人員。

　(二)社工人員。

　(三)保母人員。

　(四)主管人員。

　　　1. 托兒機構之所長、主任。

　　　2. 兒童教養保護機構之所（院）長、主任。

　　　3. 其他兒童福利機構之所（園、館）長、主任。

　前項托兒機構係指本法第二十二條第一款所列托兒所；兒童教養保護機構係指本
　法第二十二條第六款及第二十三條所列各款兒童福利機構；其他兒童福利服務機
　構係指本法第二十二條第二款至第五款、第七款及第八款所列兒童福利機構。

三、兒童福利保育人員應具下列資格之一：

　(一)專科以上學校兒童福利科系或相關科系畢業者。

　(二)專科以上學校畢業，並經主管機關主（委）辦之兒童福利保育人員專業訓練及
　　　格者。

　(三)高中（職）學校幼兒保育、家政、護理等相關科系畢業，並經主管機關主（委）
　　　辦之兒童福利保育人員專業訓練及格者。

　(四)普通考試、丙等特種考試或委任職升等考試社會行政職系考試及格，並經主管
　　　機關主（委）辦之兒童福利保育人員專業訓練及格者。

　(五)助理保育人員具有二年以上托兒機構或兒童教養保護機構教保經驗，並經主管
　　　機關主（委）辦之兒童福利保育人員專業訓練及格者。

四、兒童福利助理保育人員應具下列資格之一：

　(一)高中（職）學校幼兒保育、家政、護理等相關科系畢業者。

　(二)高中（職）學校畢業，並經主管機關主（委）辦之兒童福利助理保育人員專業
　　　訓練及格者。

五、兒童福利社工人員應具下列資格之一：

　(一)社會工作師考試及格者。

(二)大學以上社會工作或相關學系、所（組）畢業者。

(三)大專以上畢業，並經主管機關主（委）辦之兒童福利社工人員專業訓練及格者。

(四)高等考試、乙等特種考試、薦任職升等考試社會行政職系考試、普通考試、丙等特種考試或委任職升等考試社會行政職系考試及格，並經主管機關主（委）辦之兒童福利社工人員專業訓練及格者。

六、兒童福利保母人員應經技術士技能檢定及格取得技術士證。

七、托兒機構主管人員應具下列資格之一：

(一)研究所以上兒童福利學系、所（組）或相關學系所（組）畢業，具有二年以上托兒機構或兒童教養保護機構教保經驗者。

(二)大學以上兒童福利學系、所（組）或相關學系、所（組）畢業或取得幼兒保育輔系證書，具有二年以上托兒機構或兒童教養保護機構教保經驗，並經主管機關主（委）辦之主管專業訓練及格者。

(三)大學以上畢業，具兒童福利保育人員資格，具有三年以上托兒機構或兒童教養保護機構教保經驗，並經主管機關主（委）辦之主管專業訓練及格者。

(四)專科學校畢業，具兒童福利保育人員資格，具有四年以上托兒機構或兒童教養保護機構教保經驗，並經主管機關主（委）辦之主管專業訓練及格者。

(五)高中（職）學校畢業，具兒童福利保育人員資格，具有五年以上托兒機構教或兒童教養保護機構保經驗，並經主管機關主（委）辦之主管專業訓練及格者。

(六)高等考試、乙等特種考試或薦任職升等考試社會行政職系考試及格，具有二年以上托兒機構或兒童教養保護機構教保經驗，並經主管機關主（委）辦之主管專業訓練及格者。

八、兒童教養保護機構主管人員應具下列資格之一：

(一)研究所以上兒童福利、社會、心理、輔導學系、所（組）等畢業，具有二年以上社會福利或相關機構工作經驗者。

(二)大學以上兒童福利、社會、心理及輔導學系、所（組）或相關學系、所（組）畢業，具有二年以上社會福利或相關機構工作經驗，並經主管機關主（委）辦之主管專業訓練及格者。

(三)專科以上學校畢業，具第三點至第五點所定兒童福利專業人員資格之一，具有四年以上社會福利或相關機構工作經驗，並經主管機關主（委）辦之主管專業訓練及格者。

(四)高中（職）學校畢業，具第三點至第五點所定兒童福利專業人員資格之一，具有五年以上社會福利或相關機構工作經驗，並經主管機關主（委）辦之主管專業訓練及格者。

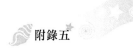

(五)高等考試、乙等特種考試或薦任職升等考試社會行政職系考試及格，具有二年以上社會福利或相關機構工作經驗，並經主管機關主（委）辦之主管專業訓練及格者。

(六)合於相關目的事業主管機關所定資格者。

九、其他兒童福利機構主管人員應具下列資格之一：

(一)研究所以上兒童福利、社會、心理、輔導學系、所（組）等畢業，具有二年以上社會福利或相關機構工作經驗者。

(二)大學以上兒童福利、社會、心理及輔導學系、所（組）或相關學系、所（組）畢業，具有二年以上社會福利或相關機構工作經驗，並經主管機關主（委）辦之主管專業訓練及格者。

(三)專科以上學校畢業，具第三點至第五點所定兒童福利專業人員資格之一，具有三年以上社會福利或相關機構工作經驗，並經主管機關主（委）辦之主管專業訓練及格者。

(四)高中（職）學校畢業，具第三點至第五點所定兒童福利專業人員資格之一，具有四年以上社會福利或相關機構工作經驗，並經主管機關主（委）辦之主管專業訓練及格者。

(五)高等考試、乙等特種考試或薦任職升等考試社會行政職系考試及格，具有二年以上社會福利或相關機構工作經驗，並經主管機關主（委）辦之主管專業訓練及格者。

(六)合於相關目的事業主管機關所定資格者。

十、公立機構兒童福利專業人員，除符合公務人員相關法規外，並應就本要點所定資格者，遴任之。

十一、本要點修正前，兒童福利機構已置之人員未符本要點所定資格者，主管機關應輔導其改善。

十二、本要點各類兒童福利專業人員之訓練事項另定之。

國家圖書館出版品預行編目（CIP）資料

課後照顧經營與管理／劉鎮寧著. --初版.--
　臺北市：心理，2013.09
　　面；　公分.--（幼兒教育系列；51166）
　　ISBN 978-986-191-561-6（平裝）

　1. 托育　2. 兒童教育

523　　　　　　　　　　　　　　102016006

幼兒教育系列 51166

課後照顧經營與管理

作　　者：劉鎮寧

執行編輯：林汝穎

總　編　輯：林敬堯

發　行　人：洪有義

出　版　者：心理出版社股份有限公司

地　　址：231026 新北市新店區光明街 288 號 7 樓

電　　話：(02) 29150566

傳　　真：(02) 29152928

郵撥帳號：19293172　心理出版社股份有限公司

網　　址：https://www.psy.com.tw

電子信箱：psychoco@ms15.hinet.net

排　版　者：臻圓打字印刷有限公司

印　刷　者：正恆實業有限公司

初版一刷：2013 年 9 月

初版六刷：2023 年 9 月

Ｉ Ｓ Ｂ Ｎ：978-986-191-561-6

定　　價：新台幣 400 元